C·H·Beck
PAPERBACK

PaTrick Bahners, geboren 1967, las 1972 sein erstes Micky-Maus-Heft. Zehn Jahre später debütierte er auf dem Bochumer Kongress der Donaldisten mit einem Vortrag unter dem Titel «Mammon vincet omnia – Zur politischen und gesellschaftlichen Lage der Stadt Entenhausen». Er gründete das Donaldistische Institut für Rechtskunde und Politik (Direpol) und forschte über den Bürgermeister von Entenhausen und die Rolle des Adels in der Stadtrepublik, über Sport, Geld und Hexerei, über die Hoffnungen der Raumfahrt und die Melancholie des Wissenschaftlers. Nebenbei studierte er Geschichte und Philosophie in Bonn und Oxford. 1989 trat er in die Redaktion der Frankfurter Allgemeinen Zeitung ein, für die er seit 2015 aus München berichtet. In Entenhausen hat Bahners einen Doppelgänger, der den Antiquitätenhandel Kunst & Krempel betreibt und wohl auch die gleichnamige Kultursendung im dritten Fernsehprogramm moderiert.

PATRICK BAHNERS

Entenhausen
Die ganze Wahrheit

Verlag C.H.Beck

Wozu leben wir
in einem Rechtsstaat?

Donald Duck (Der arme reiche Mann,
10. Sonderheft der Micky Maus, 1954)

ZUM GEDENKEN AN DR. MAX STADLER
(23. MÄRZ 1949 BIS 12. MAI 2013)

Die ersten drei Auflagen dieses Buchs erschienen 2013
und 2014 in gebundener Form im Verlag C.H.Beck.

1. Auflage in C.H.Beck Paperback. 2016

Satz: Fotosatz Amann, Memmingen
Druck und Bindung: Druckerei C.H.Beck, Nördlingen
Umschlaggestaltung: Uwe Göbel, München
Umschlagabbildung: (vorne) aus: Die Macht der Töne,
FC 263, TGDD 78; (hinten) aus: Der Fortismiumbehälter,
Disneyland Birthday Party 1, MM 49–50 / 59,
TGDD 120 © Disney Enterprises, Inc.
Printed in Germany
ISBN 978 3 406 69084 6

www.chbeck.de

Inhalt

Einladung zu einer Forschungsreise 7

KAPITEL 1 Hineinspaziert in die Stadtgeschichte: Das Rätsel der zwei Gründerväter 28

KAPITEL 2 Eine Sternstunde der Wissenschaft: Die Zwei-Welten-Lehre des Hans von Storch 58

KAPITEL 3 Enten in Entenhausen: Minderheit und Oberschicht 79

KAPITEL 4 Olaf und die starken Männer: Die Verfassungskrise des Vierkaiserjahrs 102

KAPITEL 5 Fluchtpunkt Timbuktu: Wo die Gumpe ins Meer fließt 128

KAPITEL 6 Was heißt Globalisierung? Selbst Dagobert Duck kauft jedes Jahr einen neuen Globus 142

KAPITEL 7 Nach dem großen Knall: Die Heimkehr des verlorenen Bruders 171

Hin- und Nachweise 195

Entenhausen ist nicht nur
eine verallgemeinerbare Metapher,
die im «Bild» auf eine jenseits des Bildes
existente Realität verweist, sondern es ist
als soziale Konstruktion der Realität
diese Realität selbst.

Es gibt, mit anderen Worten,
nichts als Entenhausen.

MICHAEL STOLLEIS

Einladung zu einer Forschungsreise

Eldorado, das goldene Land. Hochkarätige Hochhäuser über glänzenden Garagen. Die Leitartikel der Zeitungen bestehen nur aus goldenen Worten, in Goldblech gestanzt. Ein König in der Aura des Mantels aus Aurum. Nur die Zahnärzte verdienen sich keine goldene Nase. Füllungen sind spottbillig.

Die sieben Städte von Cibola. Von sieben Bischöfen gegründet, die sieben Dome bauten. Am höchsten Punkt der obersten Stadt ein Heiligenbild aus einem riesigen Smaragd. Pfeilspitzen aus Rubin, Brunnen voller Opale und Saphire. Die Straßen mit purem Gold gepflastert. Womit sonst?

Atlantis. Eine Insel jenseits der Säulen des Herakles. Reich an Rohstoffen aller Art, insbesondere an Gold, Silber und Oreichalkos, dem feurig schimmernden Metall, das die Bewohner nebst dem Gold am höchsten schätzten. Im Zentrum ein Tempel des Poseidon. Trotzdem untergegangen.

Reisende haben von den abgelegensten Orten berichtet, Philosophen die Nachrichten aus der versunkenen Welt zusammengetragen, Dichter die Kunde vom Goldland fortgesponnen. Eichendorff: «Doch manchmal taucht's aus Träumen, / Als läg es weit im Meer.» Die Wissenschaft sucht, schürft, gräbt, kratzt und gerät ins Schwimmen.

Entenhausen. Auch hier war einmal eine Straße mit Gold gepflastert, die Distelstraße, weil aus dem Duckschen Steinbruch das falsche Material geliefert worden war. Dagobert Duck besitzt genug, um jedem Mitbürger den Lebensabend zu vergolden. Und seinen Neffen sowieso. Trotzdem sucht er den Stein der Weisen. Mit Erfolg. Gehört Entenhausen ins Reich der Sage?

Dass es die Stadt wirklich gibt, ist die Prämisse der Duckforschung, des wissenschaftlichen Donaldismus. Die erste donaldistische Monographie erschien 1970: Die Ducks. Psychogramm einer Sippe, von Grobian Gans. 1977 wurde in Hamburg die Deutsche Organisation nichtkommerzieller Anhänger des lauteren Donaldismus (D.O.N.A.L.D.) gegründet. Die Mitglieder treffen sich zu jährlichen Kongressen und publizieren ihre Ergebnisse in der Fachzeitschrift «Der Donaldist» (bis 1985: «Der Hamburger Donaldist»). Durch Konsens der Gelehrten als Quellen anerkannt sind die Duck-Geschichten des amerikanischen Zeichners Carl Barks in der deutschen Übersetzung von Dr. Erika Fuchs.

Carl Barks (1901 bis 2000) wuchs im Nordwesten der Vereinigten Staaten auf einer Farm in Oregon auf. Von 1935 bis 1942 arbeitete er in den Filmstudios von Walt Disney, hauptsächlich als Gagschreiber für die Kurzfilme mit Donald Duck, der 1934 sein Leinwanddebüt gefeiert hatte. Die Disney-Comics begannen als Comic Strips in den Zeitungen. 1938 erhielt Donald Duck dort seine eigene Serie, gezeichnet von Al Taliaferro: an jedem Werktag ein Streifen mit einem Gag in vier Bildern, sonntags drei Streifen für einen Witz mit längerem Anlauf. In den ersten Comicheften («comic books») der Marke Disney wurden diese Strips nachgedruckt. Das Material reichte nicht aus.

1942 produzierte Carl Barks gemeinsam mit Jack Hannah, seinem engsten Mitarbeiter im Disney-Studio, seine erste und zugleich längste Donald-Duck-Comicgeschichte: «Donald Duck Finds Pirate Gold». Mit 64 Seiten füllte sie ein ganzes Heft, die Nr. 9 der «Four Color Comics», einer Reihe des Western-Verlags, in der neben Disney-Comics auch Hefte mit putzigen Tieren aus anderen Trickfilmstudios und mit Helden anderer Zeitungsstrips erschienen. Den Schurken in der Piratengeschichte, die erst 1983 auch in Deutschland erschien, in Heft 73 der «Tollsten Geschichten von Donald Duck», gab Kater Karlo, im Hauptberuf der Gegenspieler von Micky Maus. Von 1943 bis 1966 lieferte Barks fast jeden Monat eine Donald-Duck-Geschichte von zehn Seiten für das Heft «Walt Disney's Comics and Stories». Er war kein Angestellter von Disney, sondern lebte wieder wie in seiner Kindheit auf dem Land und wurde pro Seite bezahlt.

Ungewöhnlich war, dass Barks für die allermeisten seiner Geschichten sowohl den Text schrieb als auch die Bilder zeichnete. Normal war in der Comic-Industrie eine ähnliche Arbeitsteilung wie bei der Trickfilmproduktion. In den «Four Color»-Heften erschienen längere Geschichten von Barks mit Donald und Dagobert Duck als Titelhelden; jeder von ihnen erhielt später seine eigene Heftreihe. Das Impressum eines Disney-Hefts nannte die Namen der Autoren und Zeichner nicht. Bei den Liebhabern war der gleichermaßen durch zeichnerischen wie erzählerischen Schwung unverwechselbare Schöpfer von Werken wie «Im Land der viereckigen Eier» («Four Color» Nr. 223) und «Der große Zerstörer» («Walt Disney's Comics and Stories» Nr. 264) eine Legende. Man gab ihm wie einem anonymen Meister der Buchmalerei oder der Kirchenbaukunst den Künstlernamen «the good artist». Schon bevor Barks 1966 in den Ruhestand trat, verbreitete sich in Fankreisen die Kunde, wie der gute Zeichner hieß. Er wurde 99 Jahre alt und lernte Glanz und Schatten des Weltruhms kennen.

1994 konnte der Künstler, der für seine Ansichten von Ägypten und Labrador Vorlagen aus der Zeitschrift «National Geographic» verwendet hatte, sich auf einer Europareise zujubeln lassen. In der letzten von Carl Barks gezeichneten Geschichte, gedruckt 1968 in einem Comic-Taschenbuch, «Walt Disney's Comic Digest» Nr. 5, tritt weder Donald noch Dagobert Duck auf. Es geht um das moderne Lebensproblem von Daisy Duck, die keine Lust mehr hat, vorsorglich für einen künftigen Ehemann Strümpfe zu stricken, sondern einen Beruf ergreift.

Was unterscheidet den Donald Duck der Comichefte vom Donald Duck der Zeitungscomics und Filme? Mit einem Wort: Entenhausen. Barks versieht Donalds irrwitzige Einfälle und waghalsige Taten mit einer gesellschaftlichen Umwelt. Erbonkel Dagobert tritt erst im Comicheft («Four Color» Nr. 178 von 1947) hinzu. Die Neffen Tick, Trick und Track sind im Film nur zu Besuch. Schon bei Taliaferro im Zeitungsstrip bleiben sie bei Donald wohnen, aber erst bei Barks werden sie erzogen – unter der verschärften Bedingung, dass im Disney-Comicheft wie in den Disney-Zeitungscomics die Zeit nicht voranschreitet.

Die meisten längeren Comic-Erzählungen von Barks sind dem Genre nach Abenteuergeschichten, handeln von der Suche nach vergrabenen Schätzen, einbruchsicheren Orten für den Duckschen Geldspeicher und Absatzmärkten für exotische Waren in noch exotischeren Ländern. Aber auch der Witz dieser Geschichten liegt regelmäßig in dem, was sie über Denkungsart und Wirtschaftsweise der Entenhausener verraten, über das systematische Vorgehen der Wissenschaftler und die kühnen Spekulationen der Unternehmer. «Mir hat auch keiner gesagt, wie man Kapitalist wird.» Dieses Selbstzeugnis, in dem sich das Traditionslose, notgedrungen Bildungsferne der kapitalistischen Zivilisation zur Sentenz zusammenzieht, hat Dagobert Duck nicht im Entenhausener Kontor formuliert, sondern hinter den Steuerknüppeln eines Hubschraubers im Longhorn Valley, wo er die Big-Dollar-Ranch besitzt. Ein krisenfester Kandidat für jede Sammlung weiser Worte weiser Manager –

mit der Besonderheit, dass Ducks Diktum ungesagt geblieben ist. Wir finden es nicht in einer Sprechblase, die in einen zugespitzten Verweis auf den Kopf des Sprechers ausläuft, sondern in einer Denkblase, die über eine Reihe kleinerer Blasen mit dem Kopf des Denkers verbunden ist. Duckforscher können Gedanken lesen – das haben sie anderen Historikern oder Soziologen voraus.

Zitiert werden die Entenhausener Geistesblitze und Mutterwitze in der Forschung in der deutschen Fassung von Erika Fuchs. Wie die Romanistik ist der Donaldismus eine deutsche Erfindung. In den Vereinigten Staaten ist gründliche Sekundärliteratur zum Werk von Carl Barks entstanden, die zeitweise eigene Zeitschriften füllte, aber über das literaturwissenschaftliche Paradigma nicht hinausgelangt. Untersucht werden Einflüsse, Anspielungen und Erzählformen. Auf den Gedanken, die Barks-Geschichten unter der Prämisse zu studieren, dass Barks sie sich nicht ausgedacht hat, sind zuerst skandinavische Leser gekommen. Deutsche Leser haben den Ansatz aufgegriffen und sind am hartnäckigsten bei der Sache geblieben.

Die Ahnung, dass Entenhausen Wirklichkeit ist, vermittelt die Übersetzung von Erika Fuchs mit schlagender Evidenz dank ihrer spezifischen Dichte. Der tiefschürfenden Einsicht in den Kapitalismus ohne Leitbild entspricht im amerikanischen Text ein harmloser Scherz über Bankleute, die sich die Hände nicht schmutzig machen wollen. Dagobert Duck ruft seinen Neffen aus dem Cockpit des Hubschraubers zu, sie sollten das Handwerk des Viehhüters «by experience» erwerben. Dazu denkt er sich: «I learned that way! That's why I became a banker!» Frau Fuchs hat den Wortsinn ihrer Vorlage beinahe ins Gegenteil verkehrt. Wo der Besitzer der Big-Dollar-Ranch bei Barks aus der Erfahrung des Cowboylebens gelernt hat, dass er das Viehtreiben lieber Lohnarbeitern oder Verwandten überlässt, da ist bei Fuchs Erfahrung die Schule des Kapitalisten – die Art von Erfahrung allerdings, die alles Ständische und Stehende verdampfen lässt, in dem die Erfahrung der Vorfahren aufgehoben war, standesethische Regeln, stehende Redewendungen und sonstige Schulweisheiten.

Erika Fuchs geb. Petri (1906 bis 2005) wuchs in Belgard an der Persante in Hinterpommern auf, wo ihr Vater Direktor der Elektrizitätswerke war. Vom Unterricht auf der Höheren Töchterschule gelangweilt, erwirkte sie einen Beschluss des Stadtrats, der ihr erlaubte, als erstes Mädchen auf dem Knabengymnasium das Abitur abzulegen. Sie studierte Kunstgeschichte in Lausanne, München und London. Ihren Doktortitel, dem sie es zu verdanken hatte, dass sie im Impressum der «Micky Maus» als Chefredakteurin geführt wurde, obwohl sie ihre Übersetzungen vom heimischen Schreibtisch lieferte und an redaktionellen Entscheidungen nicht beteiligt war, erwarb sie 1931 mit einer Arbeit über Johann Michael Feichtmayr, einen Stuckbildhauer, der süddeutsche Barockkirchen im Rokokostil verschönerte.

In Entenhausen, wie wir es durch Frau Fuchs kennenlernen, werden akademische Titel wichtig genommen – zu wichtig, von Studierten und Unstudierten. Der Astrophysiker Professor Uranus bemerkt zu seinem Kollegen Professor Sirius über den Rivalen ihres Labors in einem Wettrennen der Mondraketenbauer, dieser Mensch sei noch nicht einmal Akademiker: Ausdruck einer Hybris, die sich rächen wird. Ein mit Fotoapparaten beladener Schmuggler überlistet einen Grenzposten, indem er ihm erzählt, er wolle von einem seltenen Kaktus Aufnahmen für die Universität machen. «Ach so, Sie sind Professor», nimmt der brave Beamte zu Protokoll, das sei etwas anderes.

Erika Petri heiratete 1932 den Fabrikanten, Erfinder und Zweckmöbeldesigner Günter Fuchs, mit dem sie 1933 nach Schwarzenbach an der Saale zog. In diesem oberfränkischen Städtchen entstanden ihre Übersetzungen für die «Micky Maus», das deutsche Pendant von «Walt Disney's Comics and Stories», das von Ehapa in Stuttgart verlegt wurde, einer Filiale des dänischen Gutenberghus-Konzerns. Die erste Barks-Geschichte im ersten Heft der «Micky Maus» im September 1951 war «Der Perlsamen». Drei Jahre nach der westdeutschen Währungsreform lernte man Donald Duck und seinen Vetter Gustav Gans als kapitale Windmacher kennen, die sich durch atomwissenschaftliches Halbwissen Kredit verschaffen wollten.

Für die «Tollsten Geschichten von Donald Duck», die seit 1965 erscheinen, überarbeitete Erika Fuchs die meisten ihrer Barks-Übersetzungen. In den achtziger und neunziger Jahren nahm sie sich alle Geschichten vor, die zum vollständigen deutschen Barks noch fehlten. Nach dem Tod ihres Mannes im Jahre 1984 zog sie nach München, wo sie 1994 mit Carl Barks zusammentraf. Sie wurde 98 Jahre alt. 2012 hat die Stadt Schwarzenbach den Bau eines Erika-Fuchs-Museums beschlossen.

Der vermeintliche Kaktusforscher erklärt dem Grenzpolizisten, warum er mehr als eine Kamera importiert: Bei wissenschaftlichen

Aufnahmen brauche man einen Apparat für Großaufnahmen, einen für Kleinaufnahmen, einen für Nahaufnahmen, einen für Fernaufnahmen und so weiter und so fort. Die klare Linie von Carl Barks hat die Präzision hochauflösender Fotografie. In einer frühen Fuchs-Übersetzung wird eine Panoramaansicht der Stadt Entenhausen in der Bildlegende ausdrücklich als Werk eines Fotografen bezeichnet. Man wird es als Glück für die Wissenschaft bewerten, dass Barks Autodidakt war und nicht durch die Becher-Schule gegangen ist. In seinen Ansichten von Entenhausen stehen, um im Bild zu bleiben, Fernaufnahmen aus äußerster Ferne neben Nahaufnahmen aus größter Nähe. Mehrfach sehen wir den Planeten, auf dem Entenhausen liegt, aus der Perspektive von Raumfahrern. Andererseits können wir die Inneneinrichtung des Hauses von Donald Duck so genau unter die Lupe nehmen, dass allein die Kleinplastik ein Dissertationsthema in der Tradition der Fuchsschen Feichtmayr-Studie hergäbe. Ducks Kollektion von Athletenfiguren illustriert die olympische Idee: Zwischen Diskuswerfer und Gewichtheber steht der Durchhänger, um zu zeigen, dass nicht Siegen, sondern Dabeisein wichtig ist.

Dieser Fokus auf Donald Duck deutet auf ein methodisches Problem des Donaldismus hin. Der Name dieser Wissenschaft ist doppelt missverständlich. Erstens klingt Donaldismus nach einer Weltanschauung; die Fachdisziplin müsste eigentlich Donaldistik heißen. Und zweitens ist Donald Duck nicht der Gegenstand dieses Faches. Eine Wissenschaft von einer einzelnen Person ist wohl nur als Theologie möglich. Die donaldistische Forschung will die Stadt Entenhausen beschreiben, verstehen und erklären – und die Umwelt dieser Stadt. An der Grenze zum Landkreis Gänseburg macht das Interesse des Forschers nicht halt. Über Knotenpunkte des Eisenbahnnetzes wie Kornberg, Kronberg und Kronburg dringt es vor in die Reservate der glatzköpfigen Drahthaarindianer und der wetterkundigen Männer vom Stamm der Kakimaw; über ferne Länder wie Afghanistan, Kubistan und Unstetistan greift es aus bis ins Weltall; es springt hinüber zu Mars und Venus, passiert die Planetoiden und erreicht mit einem Satz den Planeten Diana, dessen Astronauten zwei Jahre lang zur Erde unterwegs waren und Dagobert Duck drei Mais- und drei Weizenkörner abkauften.

Zur Beantwortung aller Fragen der Astrobiologie, Geographie und Ethnologie, der Verkehrs- und Verwaltungswissenschaft, die sich an diese hier ganz willkürlich herausgegriffenen Orte knüpfen, müssen Quellenberichte genügen, die sich fast ausschließlich um Begebenheiten aus dem Leben einer einzigen Familie drehen. Das Corpus der Disney-Comics von Carl Barks umfasst immerhin mehr als 6000 Seiten. Aber selbst Daniel Düsentrieb, der geniale Wissenschaftler, Held einiger weniger Geschichten, in denen kein Duck auftritt, gehört nach Angaben von Dorette Duck, der Schwester Dagoberts, zur Verwandtschaft. Und es ist noch nicht einmal das für den Lauf der Welt wichtigste, wenn nicht gar unentbehrliche Mitglied der Familie Duck, das im Zentrum der meisten Berichte steht, nicht Dagobert Duck, sondern sein Neffe Donald, der zwar von Zeit zu Zeit für die Übernahme von Führungsaufgaben im Duck-Konzern geschult wird, aber immer dann, wenn er seine Beförderung zum Geschäftsführer der 9999 Kettenhotels in der Tasche zu haben glaubt, in die Hotelküche versetzt wird, wo er die Kartoffelschalen im Abfalleimer feststampfen muss. Ein futuristisches Gedankenspiel zum Vergleich: Nach einem Systemabsturz im Datenspeicher des Freiburger Instituts für abschließende Totalgeschichte (FRIAT) bleiben für Doktoranden zur deutschen Geschichte des zwanzigsten Jahrhunderts nur 6000 Blatt aus den privaten Papieren der Familie Mann übrig – überwiegend aus dem Nachlass nicht von Thomas, sondern von Michael Mann.

Wenn Tick, Trick und Track herausfinden wollen, ob es möglich ist, dass ihr Onkel Donald in einem früheren Leben als Bootsmann auf einer britischen Fregatte mit dem Namen Delphin diente, gehen sie in die Stadtbibliothek und schlagen in der «Geschichte der englischen Flotte» nach. Auf solche Hilfsmittel kann der donaldistische Historiker nicht zurückgreifen. Konteradmiral a. D. von Kielwasser, der von seiner glorreichen Dienstzeit schwärmt, begegnet uns als Teilnehmer der alljährlichen Segelregatta von Entenhausen nach Bahamalulu, der seinen militärischen Ruhmesblättern den silbernen Lorbeer des Sportsmanns hinzufügen will. Wo Kielwasser sein Trafalgar erlebte, das er wundersamerweise überlebte, wissen wir nicht, da uns die «Geschichte der Entenhausener Flotte» nicht zugänglich ist.

Dieses Buch lädt Sie ein zu einer Forschungsreise nach Entenhausen. Vorkenntnisse sind nicht erforderlich, Sie sollten lediglich Spaß am Detektivspiel mitbringen. Der Duckforscher blättert in einem Familienalbum voller Schnappschüsse und sammelt Indizien. Für ihn gilt, was Hermann Heimpel in der Einleitung zu seiner dreibändigen Geschichte der Vener von Gmünd und Straßburg schrieb, einer Familie gelehrter, das heißt schreibfreudiger Räte, die im Hintergrund an den welthistorischen Entscheidungen im Zeitalter der Konzilien von Konstanz und Basel beteiligt waren: «Wir gehen nicht von den Problemen zu den Quellen, sondern von den Quellen zu den Problemen.» Was im Alltag der Familie Duck nebenbei ins Bild kommt, gibt Hinweise auf die großen Themen der Politik und Geschichte ihrer Stadt. So böte schon der Inhalt der Schränke im Haus von Donald Duck genug Stoff für eine Geschichte des Entenhausener Bürgergeistes. Was bedeutet es, dass Tick, Trick und Track einem Schneemann in ihrem Vorgarten ein echtes Gewehr in die Hand drücken können? Was schwingt mit, wenn Donald Duck seinen Neffen, die das Baden boykottieren, mit einer Plattenaufnahme eines norddeutschen Posaunenchors den Marsch blasen will?

Wenn Entenhausen wirklich existiert, dann muss es irgendwo liegen – und nicht überall. Man muss die Stadt auf einer Karte eintragen können. Nach Karten richteten sich schon die Wikinger, die Amerika nicht entdeckten. Oder vielleicht doch. Grobian Gans widmete der Lokalisierung Entenhausens verdächtig wenig Aufmerksamkeit und lud dadurch geradezu dazu ein, seine Abhandlung als Wissenschaftssatire zu lesen. Dagegen haben die Autoren des «(Hamburger) Donaldisten» von Anfang an mit Hingabe erörtert, wo auf dem Globus der Stecknadelkopf für die Stadt Entenhausen zu plazieren ist – beziehungsweise auf welchem Globus. Denn nur wenn wir die geographischen Koordinaten angeben können, werden die Zweifler zu widerlegen sein, die darauf verweisen, dass kein Reisebüro Flüge nach Entenhausen anbietet und dass man selbst

während einer globalen Finanzkrise über die Aktivitäten des angeblich reichsten Mannes der Welt nicht in den Wirtschaftsteilen der Tageszeitungen informiert wird, sondern in Bilderheften, die hauptsächlich für Kinder gedacht sind. Auch das vorliegende Buch folgt daher dem Imperativ Gottfried Benns: Erkenne die Lage! Im Licht der Siedlungsgeschichte erschließt sich auch, wie die Entenhausener nach Erkenntnis und nach Gewinn streben, wie sie Recht und Unrecht, mein und dein unterscheiden und wie sie es mit der Religion halten.

Eine Großtat der donaldistischen Grundlagenforschung, die auch eine breite Öffentlichkeit jenseits der Fachwelt faszinierte, war die Publikation des «einzig wahren Stadt- und Umgebungsplans Entenhausens» durch Jürgen Wollina im Jahre 2008. Der Diplom-Ingenieur für Landkartentechnik hatte 1995 M.Ü.C.K.E. gegründet, das kartographische Institut der D.O.N.A.L.D. Die Abkürzung steht für Meisterhafte Überarbeitung chaotischer Kartengrundlagen Entenhausens. Wollina stellte alle Karten und Kartenausschnitte zusammen, die in Berichten von Carl Barks bildlich dokumentiert sind. Er fand 23 Dokumente dieser Art. Ein Stadtplan, auf dem das rechtwinklige Straßenraster gut zu erkennen ist, hängt an der Wand im Büro der Intertel, einer privaten internationalen Telegraphiegesellschaft, spezialisiert auf Glückwunschtelegramme auf aparten Schmuckformularen. Ein Ausschnitt aus einem Stadtplan kommt auch ins Bild, wenn Tick, Trick und Track als Detektive Jagd auf einen Bankräuber machen.

In dreizehn Jahren mühevollster Kleinarbeit erstellte Wollina überdies eine Datenbank mit allen kartographisch verwertbaren Informationen aus dem Gesamtwerk von Barks. Jede Kreuzung, jede Sackgasse, jeder Schleichweg wurde aufgenommen; die allermeisten Straßennamen sind unbekannt. Immerhin weiß man, dass in Entenhausen die Benennung von Straßen nach lebenden Personen statthaft ist. Die «D. Duck-Allee» im Stadtzentrum, deren breite Bürgersteige zum Flanieren einladen, stellt womöglich einen Kompromiss dar. Wer aus Gründen der republikanischen Hygiene Anstoß an dieser öffentlichen Ehrung des mächtigsten Privatmanns nimmt, kann den abgekürzten Vornamen auf dem Straßenschild auf einen Vorfahren des Bankiers wie David Duck, einen Wohltäter aus der Generation der Stadtgründer, beziehen.

Schiller hat es zum Straßenpatron gebracht, was angesichts der Beliebtheit der Trauerspiele des deutschen Dichters im rührigen Milieu der Amateurtheatertruppen nicht verwundert. Schon eher mag es überraschen, dass man in Entenhausen auf eine nach dem Schweizer Maler Arnold Böcklin benannte Straße trifft. Sie liegt in einer vornehmen, bei Adeligen beliebten Wohngegend. Der alltägliche Staatsbürgerkundeunterricht durch Straßennamensgebung erschöpft sich allerdings nicht im Kanon der Bürgertugendhelden. Die Friedensallee trifft auf die Kanonengasse: So machen die Stadtväter anschaulich, dass die lautersten Absichten durchkreuzt werden können. Auch für eine Stadt friedliebender Menschen ist es dann Zeit zu kämpfen. Das Ideal eines blühenden Gemeinwesens der Selbstversorger rufen Baumallee, Blumenstraße, Rosenrondell, Grüner Weg und Grünkohlstraße auf. Dass in der Grünkohlstraße ausgerechnet Gustav Gans wohnt, der auf der Landwirtschaftsausstellung einmal einen mit zehn Kreuzern dotierten Sonderpreis für den faulsten Gärtner Entenhausens gewann, zeigt, dass der öffentliche Raum am Gartenzaun endet. Innerhalb der Stadtgrenzen herrscht Freizügigkeit; in einem Freistaat muss es auch Müßiggänger geben.

Christian Pfeiler assistierte Wollina bei der Integration der Kartenschnipsel, die auf einen einheitlichen Maßstab gebracht werden mussten, und bei der kartographischen Reinzeichnung. In Entenhausen geht alles mit rechten Winkeln zu: Auf hundertfünfzig Planquadraten führten Wollina und Pfeiler den Mitforschern vor Augen, dass sich auf der Grundlage des Werkes von Carl Barks und Erika Fuchs tatsächlich eine widerspruchsfreie Welt rekonstruieren lässt. Es enthält weder zu wenige noch zu viele Informationen. Dagegen sorgen Wissenschaftler wie Boemund von Hunoltstein, die auch Duck-Geschichten anderer Zeichner heranziehen, mit antiquarischem Sammlerfleiß dafür, dass es am Ende in ihrem Entenhausen zu viele Dinge am Himmel und auf der Erde gibt. Die Prämisse, dass alle diese Geschichten Berichte aus ein und derselben Welt sind, lässt sich nicht mehr glaubwürdig durchhalten. Wollina hat auf barksistischer Grundlage zwanzig Geldspeicher Dagobert Ducks sowie 33 von Donald Duck bewohnte Häuser identifiziert. Wer im Sinne Hunoltsteins auf dem Entenhausener Stadtplan auch alle von Tony Strobl, Romano Scarpa, Volker Reiche und Dutzenden Kollegen gezeichneten Duckschen Domizile unterbringen wollte, dürfte auf vierstellige Zahlen kommen.

Auf dem einzig wahren Stadt- und Umgebungsplan Entenhausens gibt es keine weißen Flecken. Aber ein vom Geist der M.Ü.C.K.E.-Forschung gestochener Benutzer könnte die Frage «Ubi sunt leones?» an den Rand kritzeln. Die auf dem Plan erfasste Umgebung erstreckt sich bis zur Möweninsel im Norden, zur Dorfgemeinde Antenbüttel im Südwesten und zum Gumpensee im Osten. Was liegt dahinter? Wo bitte geht's nach Hollywood, New York, Wien und Timbuktu? Von Jürgen Wollina darf man erwarten, dass er spätestens dreizehn Jahre nach dem Stadtplan die einzig wahre donaldistische Weltkarte vorlegen wird. Im Weltall bleibt danach ja immer noch genug zu tun; mehrere Berichte dokumentieren die Mondoberfläche recht genau. Einstweilen sichert Wollina die Wahrheit seines Stadtplans auch dadurch ab, dass dem Plan nicht zu entnehmen ist, auf welchem Kontinent die Kartographen die Stadt ansiedeln.

Wo liegt Entenhausen? Die erste, jedermann vor Augen liegende Antwort lautet: am Meer. Entenhausen ist eine Hafenstadt. Aus allen Weltgegenden fahren hier täglich gewaltige Schiffe ein, die Waren für jeglichen Bedarf an Bord haben. Im Bauch eines dicken Bananendampfers ist für 23 708 Bananenbündel Raum; kein Äffchen eines Leierkastenmanns soll vergeblich betteln. Wer zwischen den Docks spazieren geht, entdeckt überall Kisten und Koffer mit exotischen Herkunfts- und Inhaltsangaben: Haifischzähne aus Tasmanien oder Fischbein aus der Antarktis. Einfuhrverbote zum Schutz gefährdeter Tierarten kennt dieser Umschlagplatz des Welthandels nicht: Krokodile aus Ägypten werden unverpackt verschickt. Die Nachfrage nach Krokodilledertaschen ist

enorm; sechs muss man schon haben, wenn man in den Zirkeln der hochfeinen Damen dazugehören will, die sich in Luxushotels zum Tee treffen.

Für den Export ist der Hafen nicht weniger wichtig als für den Import. Dagobert Duck unterhält hier eine vollautomatische Eindosungs- und Verpackungsanlage. Das Fließband transportiert die Spinatkonserven bis zu den Frachtern; die wenigen für das Verladen erforderlichen Handgriffe übernehmen Roboter. Die Globalisierung nötigt auch mittelständische Betriebe zu riskanten Investitionen in größtem Stil. Der Konservenfabrikant Köberle kam auf die Idee, die saure Runkelrübe als Alternative zur Essiggurke anzubieten, weil er davon überzeugt war, dass seine Kundschaft nach Abwechslung hungerte. Köberle sparte sich Tests vor der Markteinführung und blieb auf 23 Millionen Gläsern Essigrunkeln sitzen.

Ohne Risiko kein Reichtum: Aus dieser Entenhausener Redensart spricht die Lebenserfahrung eines Volkes, das nah am Salzwasser gebaut hat. Der Anblick des Meeres lässt die Entenhausener glauben, dass Unsicherheiten sich berechnen lassen, und gewöhnt sie zugleich daran, dass Untergänge abgeschrieben werden können. Alljährlich feiert man das Deichfest. Ein Deichhauptmann holländischer Abstammung bewahrte die Stadt Ende des achtzehnten Jahrhunderts vor einer Überschwemmung, indem er ein Loch im Deich mit seinem Finger verstopfte. Zu seinen Ehren tragen die Herren Kappen, Pumphosen und schwarze Jacken, die Damen Spitzenhauben, lange Röcke und Schultertücher. Wenn der Herr die Dame zum Holzschuh-Tanz auffordert, schenkt er ihr Tulpen aus Amsterdam. Eine Seeschlange aus Gips, das Symbol des feindlichen Meeres, wird zum Abschluss des Festes in die Luft gesprengt.

Die Entenhausener verkleiden sich als Holländer, das heißt aber: sie sind keine Holländer. Das holländische Verhältnis zum Meer wird nach Elias Canetti dadurch bestimmt, dass in Zeiten der Krise die Deiche durchstoßen werden. «Auf die Deiche verlässt man sich im Frieden; aber wenn sie vor dem Feinde zerstört werden müssen, geht ihre Kraft auf die Männer über, die sie nach dem Krieg wieder errichten werden.» In Entenhausen erinnert man sich daran, dass der Deich hielt. Von den Holländern sagt Canetti: «Die Masse der Männer setzt sich selber dem Deiche gleich; vereint stemmen sie sich dem Meere entgegen.» Beim Entenhausener Deichfest umtanzen dagegen Männer und Frauen schon am Mittag den Gipsdrachen, dem sie mit spöttischen Sprüchen seine Machtlosigkeit unter die Nase reiben. Vorsorge schlägt in Übermut um: Erstaunlicherweise hat die Festgemeinde die Seeschlange nicht draußen vor dem Deich aufgestellt, sondern in die Stadt geholt – wie die Trojaner das Pferd. Wer sich im Entenhausener Hafen herumtreibt, dem kann widerfahren, dass er sich noch vor Sonnenuntergang als Exportkaufmann selbständig macht, bloß weil ihm das Aroma der Ferne in die Nase gestiegen ist, der Hauch von Muskat und Musik.

Donald Duck bewohnt mit seinen Neffen ein Einfamilienhaus mit großem Wohnzimmer, zwei Schlafzimmern, Keller und Dachboden, das er wie eine Burg gegen Hausierer, Maulwürfe und Termiten verteidigt. Ihm gehört sein Haus. Während Professor Popanz, diplomierter Hypnotiseur, der in seiner Wohnung in einem der Mietshäuser Dagobert Ducks auch seine Praxisräume untergebracht hat, bei Zahlungsverzug die fristlose Kündigung riskiert, muss Donald Duck sich auf die Preisvorstellungen seines Onkels nicht einlassen, als dieser ihm sein Haus abkaufen will, weil er Baugrund für eine Posaunenfabrik braucht. Gleichwohl wechselt Donald Duck seine Häuser fast so schnell wie seine Berufe. Nach Berechnung von Henner Löffler liegt Ducks durchschnittliche Verweildauer unter einem Dach noch nicht einmal bei einem halben Jahr. Die Rechtsordnung ist dieser Mobilisierung des Immobilienvermögens noch nicht angepasst worden. Der Grundbesitz ist in der Verfassung als eine Art Supergrundrecht geschützt: Das Grund-Recht liegt allen anderen Rechten zugrunde. Die Panzerknacker können rechtmäßig vom Geldspeicher Dagobert Ducks Besitz ergreifen, indem sie einen Stollen unterhalb des Speichers graben und dafür sorgen, dass er über die Grundstücksgrenze in eine Grube unter der Firmenzentrale ihrer AG rutscht. Entsprechend dieser Verfassungsbestimmung sieht das geltende Wasser- und Seerecht vor, dass dem Eigentümer des Grundstücks unterhalb eines Stausees alles gehört, was dort im Fall eines Dammbruchs angeschwemmt wird – auch wenn er diesen Fall selbst herbeigeführt hat.

Wie Donald Ducks Umzüge im Halbjahrestakt zeigen, wird der Entenhausener nicht eigentlich sesshaft. Das erklärt, warum beim Festessen zu Ehren der berühmtesten Männer Entenhausens im Dachgarten des Palast-Hotels auch für Geheimrat Stachelbart, den Ehrenpräsidenten des Landstreicherverbandes, ein Platz reserviert ist. Sollte einer der Superlativmänner des Dachgartengipfels, der dunkelste Denker, den Kodex des Wasser- und Seerechts ausgearbeitet haben? Dunkel bleibt nämlich, wie sich die Lizenz zur Eigentumsverschiebung mit dem ebenfalls hochentwickelten Schutz des Erbrechts vereinbaren lassen soll. Die Prämierung der faktischen Verfügung über Grund und Boden hat eine lange Vorgeschichte im Recht, die sogar noch hinter die Anfänge der Besiedlung Entenhausens zurückreicht. Das vierte Kapitel erzählt die abenteuerliche Geschichte, wie ein norwegischer Ahnenforscher mit einer Vorliebe für angebräunte Pergamente und gleichfarbige Redensarten unter Berufung auf diese uralte Rechtsfigur um ein Haar ein amerikanisches Kaisertum aufgerichtet hätte.

Aus der auf dem Dach des Palast-Hotels gehaltenen Festrede wissen wir, dass Entenhausen «nicht die größte Stadt» der Welt oder auch nur des Landes ist. Man ist aber stolz darauf, so der Redner weiter, dass die Stadt «auf allen Gebieten der Wissenschaft, der Kunst und des Sportes Spitzengrößen aufweist». Eine vergleichsweise kleine Stadt bringt vergleichsweise viele große Männer der Art hervor, wie sie sich auf dem Hoteldach versammelt haben. Frauen sind nicht geladen. Die Bürger kennen sich, sehen sich, messen sich – aneinander.

Jacob Burckhardt hat in seiner «Griechischen Kulturgeschichte» die Figur des agonalen Menschen eingeführt. In der Polis «wird alles höhere Leben der Griechen, das äußere wie das geistige, zum Agon», zum Wettkampf. «Alles geschieht um die Wette, wie vielleicht noch nie bei einem andern Volke.» Der Basler kannte die Entenhausener noch nicht. Entenhausen ist die agonale Stadt. Um die Raketentechniker dazu zu bringen, Flugkörper zu bauen, mit denen sich der Menschheitstraum der Reise zum Mond verwirklichen ließ, setzte das Raketenzentrum kein Kolloquium, sondern ein Rennen an. Der Wettkampf wurde nicht nur in Fachzeitschriften ausgeschrieben, sondern auf Plakatwänden bekanntgemacht. Der Hinweis auf die Preissumme von 100 000 Talern erübrigte dort die Aufzählung aller anderen Teilnahmebedingungen. Und damit eben nicht nur Akademiker sich angesprochen fühlten, war Näheres nicht beim Vorstand des Raketenzentrums zu erfahren, sondern beim Pförtner. Wo die deutsche Exzellenzinitiative als Wettbewerb im Antragsprosaschreiben verpuffte, zündete das konsequent agonale Unternehmen der Entenhausener Wissenschaftspolitik: Beide Piloten erreichten den Mond.

Ein Kapitalist steht von morgens bis abends im Wettbewerb. Trotzdem sucht Dagobert Duck abseits des Marktes die förmliche Auseinandersetzung mit seinen Konkurrenten. Von Patrick Pork, dem Spross einer alten Baumwollpflanzerfamilie, lässt er sich zu einem Raddampferrennen auf dem Mississippi herausfordern, um den Streit um ein Herrenhaus beizulegen, der 85 Jahre zuvor mit einer Wette der Großväter von Pork und Duck begonnen hatte. Ist Duckolin der bessere Motorboottreibstoff oder Erpol mit dem Wirkstoff K? Die Hersteller überlassen die Entscheidung nicht dem Markt, sondern suchen sie in einem Rennen, in dem von

hundert teilnehmenden Fahrern hundert auf Rechnung der beiden Tycoons unterwegs sind.

Der Titel des reichsten Mannes der Welt wird nicht von einer Börsenzeitschrift vergeben, sondern in einem Duell der Aspiranten auf der Grundlage spezieller zwischen beiden Parteien vereinbarter Regeln, ähnlich wie der Titel eines Boxweltmeisters. Nach Ducks Sieg über seinen schottischen Rivalen und Nachahmer MacMoneysac erhielt der Verlierer die Chance zur Revanche unter den Augen von Ducks Mitbürgern: Die Konkurrenten tauschten ihr gesamtes Vermögen in Bargeld um und schichteten es zu zwei Haufen auf dem Gelände des Entenhausener Flughafens auf.

Wettkämpfe unter der Schirmherrschaft des Bürgermeisters oder dem Patronat von Honoratioren sind die typische Form der Entenhausener Geselligkeit und gliedern den Jahreslauf. Im Mai stellen sich die liebreizenden Töchter der Stadt der Wahl zur Maikönigin, während zwischen den Herren der Stadt das Mairennen ausgetragen wird. Der Sieger dieses Autorennens darf die Königin zum Tanz führen. Im Herbst findet die Entenhausener Herbstparade unserer vierbeinigen und gefiederten Lieblinge statt. Die Stadt sucht sozusagen in jedem Jahr ein neues Wappentier. Welche Bedeutung die Raumfahrt für das Selbstbild der Stadt besitzt, illustriert der Knabe mit Propeller an der Mütze, der seinen Frosch Sputnik getauft hat – und dann den Schock erlebt, dass dem Stadtmeister im Springen eine Gruppe Mäuse vorgezogen wird. In einer Stadt, in der jedermann berühmt werden will, muss von Zeit zu Zeit auch ein Preis für Bescheidenheit vergeben werden.

Burckhardt vermerkt, dass das agonale Prinzip in Griechenland auch «im Kleinen» verwirklicht wurde, durch «Wettkämpfe von Hähnen, Wachteln etc.» In diesem Genre haben die Entenhausener die Griechen über- oder besser unterboten. Die Abrichtung von Vögeln zu Wettkampfmaschinen ist das Geschäft der Falknerei Sturmhelm, wo Jungfalken eingeimpft wird, dass sie schnell wie der Blitz, hart wie Stahl und tollkühn wie die Teufel zu sein haben. Aber das Mikroskop macht es möglich, das agonale Treiben noch auf ganz anderen Ebenen des Mikrokosmos wiederzufinden: Durch ein Okular verfolgt die Familie Duck ein Wettrennen zwischen einer stachelhäutigen Blattwanze und einem pfeilnasigen Erdfloh.

Mit seinem darwinistischen

Motto «Das Leben ist Kampf» spricht Dagobert Duck seinen Mitbürgern aus der Seele. Warum gehört er dann nicht zu den dreißig Smokingträgern, die der Einladung zum Rendezvous des Ruhms auf der Hotelterrasse Folge geleistet haben? Eine Erklärung könnte sein, dass er die Kosten für den Smoking gescheut hat. Dafür mag sprechen, dass der Stuhl an der Stirnseite der Tafel, gegenüber dem Redner, frei geblieben ist. Aber dieser Platz wird wohl freigehalten für einen namenlosen Mitbürger, einen Mann, der den Ruhm noch nicht genießt, der ihm schon längst gebührt. Als wäre Ruhm nichts Exklusives, soll republikanische Vortrefflichkeit zugleich aristokratisch und demokratisch sein. Tatsächlich wird der freie Stuhl noch vor dem Dessert von einem kühnen Sportsmann reklamiert. Der Weltrekord im Geldverdienen sichert Dagobert Duck noch keinen Platz unter den Spitzengrößen von Wissenschaft, Kunst und Sport – obwohl er nach eigener glaubwürdiger Aussage die Industrie in Entenhausen ins Leben gerufen hat, deren Erträge die Trainingszentren der Sportler, die Labors der Wissenschaftler und durch die Patronage der Unternehmer und ihrer Gattinnen auch die Ateliers der Künstler finanzieren.

Ducks Leben ist ein Kampf um Anerkennung. Wie die Finanzkraft eines einzelnen Bürgers die Verfassungswirklichkeit der Stadtrepublik prägt, erläutert das dritte Kapitel. Die Verwandlung Entenhausens in die Welthauptstadt des Kapitalismus kam einer Neugründung gleich – der Einwanderer aus Schottland kann behaupten, dass seine Rolle von der Familiengeschichte vorgezeichnet war. Obwohl es größere Städte gibt, erhielt Entenhausen in der Tradition von London, Paris, Chicago und New York den Zuschlag für eine Weltausstellung. Ehrengästen wie dem Maharadscha von Monsun wurden die Vorzüge einer Wirtschaftsordnung vorgeführt, in der auch der Eisverkäufer Eigeninitiative zeigt, weil die Idee einer Sonderportion für Prominente mit einer Sonderzahlung aufs Gehaltskonto belohnt wird. Warum man in Entenhausen so häufig fürstliche Besucher aus Indien trifft, wird im sechsten Kapitel erörtert.

Daheim in Monsun hat der Maharadscha ein Prominenzmonopol. Der Orient, sagt Burckhardt, «kennt keine Verherrlichung des Individuums (von den Königen abgesehen)» und gönnt dem treuesten Fürstendiener gerade einmal den Namen auf dem Grabstein. Mit dem poetischen Grabschmuck begann bei den Griechen die Demokratisierung des Ruhms; der nächste Schritt war «die Verherrlichung abgelöst vom Grabe, als Ehrenstatue». Die Entenhausener Ruhmeshalle, eine Sammlung von Porträtbüsten auf besonders hohen Sockeln, repräsentiert einen Stadtbewusstseinszustand, den Griechenland im fünften Jahrhundert vor Christus erreichte: Das «eherne und marmorne ‹zweite Volk›», von dem «der Orient keine Ahnung hatte», wartet auf Besucher, «Statuen jeder Art von Zelebritäten, Staatsmänner, Strategen, Dichter und Musiker, Redner etc.» Aus welchen historischen Quellen sich dieser republikanische Individualismus speist und wie er zurückwirkt auf das Bild, das sich die Stadt von ihrer Vergangenheit macht, ist das Thema des ersten Kapitels.

Anders als die Walhalla bei Regensburg, die der bayerische König Ludwig I. 1842 als Ruhmestempel für Persönlichkeiten deutscher Zunge stiftete, nimmt die Entenhausener Ruhmeshalle auch Büsten lebender Persönlichkeiten auf. Die im Herbst 1963 von einer Abordnung der Zeitschrift «pardon» in der Walhalla aufgestellte Büste des Schriftstellers Günter Grass wurde vom Aufsichtspersonal unverzüglich entfernt. Dagegen konnte sich Dagobert Duck Hoffnung auf den Einzug in die Ruhmeshalle machen. Sein Neffe Donald empfahl ihm, die Büste bei Professor Plastilino zu bestellen – der sei am berühmtesten. Der Ruhm des Schöpfers hätte den Ruhm des Porträtierten verbürgen sollen – möglicherweise wäre mit der Annahme des Auftrags durch den Bildhauer die Aufnahme des Bildnisses in die Ruhmeshalle beschlossene Sache gewesen. Der Schwung, mit dem der empörte Meister den Kunden aus seiner Werkstatt hinauskomplimentierte, ist jedenfalls gut mit der Annahme vereinbar, dass er als Türhüter des Museums der großen Männer agiert. Die Bedeutung der Kunst für die Modellierung der öffentlichen Erinnerung wäre damit förmlich anerkannt: Wenn der Herr Künstler sagt, dass es jemand Besonderes ist, der da Einlass begehrt, wird dem Wunsch entsprochen, sonst nicht.

Als Beleidigung für einen freischaffenden Künstler hatte Plastilino das von Duck in Aussicht gestellte Honorar von 1 Taler zurückgewiesen. Der berühmteste Meister seines Faches wird wohl eine Professur an der Kunstakademie oder Kunsthochschule bekleiden; seinem Ruhm zum Trotz ist sie nicht mit einer Dotation verbunden. Wie der Fall des Schlafwissenschaftlers Popanz zeigt, herrschen die gleichen Verhältnisse in der Universität. Hartmut Hänsel und Ernst Horst haben der Entenhausener Universität schon 1984 in Vorträgen auf dem Berliner Kongress der D.O.N.A.L.D. den Status einer Elite-Universität zugesprochen. Die Biowissenschaften haben Züchtungsprogramme zur Optimierung des Lebens in die patentierbare Tat umgesetzt, wie sie noch nicht einmal im Berliner «Humanprojekt» des Philosophen Volker Gerhardt ausgebrütet worden sind. Ein Biophysiker experimentiert mit Ameisen, denen er durch Vermehrung der in ihren Zellen enthaltenen Protonen die Körpergröße von Menschen verleihen kann. Dagobert Duck erkennt bei einem Zufallsbesuch im Labor des Protonenforschers mit einem Blick eine industrielle Reservearmee von Möbelpackern und Schauerleuten ohne Instinkt für Lohnforderungen und Streikrecht.

Das Labor befindet sich im Privathaus des

Wissenschaftlers, der mit einem Professorentitel ausgestattet ist, aber nicht mit Assistenten. Seine Höchstleistungen erbringt er in unternehmerischer Einsamkeit und Freiheit. Offensichtlich waren die Professoren selbst die Kaninchen in Versuchsreihen eines «Programms» der «kulturellen Evolution» (Gerhardt). Ergebnis: Die Wissenschaftsförderung wurde komplett auf privatwirtschaftliche Finanzierung umgestellt; jeder Professor muss sehen, wo seine Drittmittel bleiben. Beim Festessen der berühmtesten Entenhausener sitzt Professor Puhwedel mit am Banketttisch, der erfolgreiche Haarologe. Er bezieht seine Finanzspritzen von der kosmetischen Industrie. Um die Gelehrtenbrille herum ist sein Gesicht lückenlos zugewachsen: effektvolle Werbung für seine Erfolge mit dem Nachteil, dass er ein Haar in der Suppe finden wird und in den folgenden Gängen auch. Zwischen Puhwedel und Geheimrat Stachelbart sitzt Dr. Ehrenspeck, der Entdecker des Vitamins M gegen die Magerkeit, ein Forscher von besonders breiter Brust. Der Ruhm ernährt seinen Mann.

Ehrenspecks Kollege Gündher von Grün wird sich wohl nie im Palast-Hotel sattessen können. Er ist auf extraterrestrische Ökotrophologie spezialisiert und findet Sponsoren für dieses entlegene Forschungsinteresse nur auf dem Wiesenrummel. Von der Weltraumbehörde hat er sich einen Raumschuss genehmigen lassen: Mit einer Kanone will er vor einer feixenden Menge einen Königsberger Klops auf den Mond befördern, um herauszufinden, was für Lebewesen dort wohnen. Wenn sie den Klops nicht zurückschießen, wird er es als bewiesen annehmen, dass sie nicht eben heikel in ihrer Nahrung sind. Er selbst kann es sich nicht erlauben, heikel in der Wahl seiner Geldgeber zu sein. Sein Gesicht versteckt er hinter einer roten Clownsnase und einer dicken Clownsbrille. Wenn ihm die Ruhmeshalle verschlossen bleibt, will Gündher von Grün auf der Straße auch nicht erkannt werden. Drei minderjährige Jahrmarktbesucher sabotieren das Experiment. Wäre der Fleischklopsstart geglückt, hätten die Empfänger den Ball womöglich an ihre Nachbarn weitergegeben. Unser alter Mond ist nicht allein. Die Erde hat mindestens so viele Trabanten wie Donald Duck Neffen. Das zweite Kapitel wägt die Konsequenzen dieser Entdeckung für die donaldistische Kosmologie ab.

Dass es im Wartezimmer des Patentmaklers Dr. Grillenkrämer meistens leer ist, wenn

Daniel Düsentrieb es betritt, deutet nicht auf ein Absterben des Erfindergeistes in Entenhausen hin. Die meisten Kollegen Düsentriebs benötigen vermutlich Grillenkrämers Hilfe nicht, weil sie wie Ehrenspeck auch im Vermarkten ihrer Erkenntnisse erfinderisch sind. Düsentrieb, der seine Erfindungen mit dem Bauchladen unter die Leute bringt, fällt wegen seiner Weltfremdheit aus dem Rahmen der berühmten Entenhausener und genießt gerade deshalb die besondere Verehrung seiner Mitbürger. Sie haben vor seinem Geburtshaus in Entenhausen-Nord schon zu seinen Lebzeiten eine Gedenktafel aufgestellt – diese Form der Verherrlichung des Individuums ist in den modernen Zeiten häufiger Umzüge besonders sinnig. Der Ingenieur scheint aus bescheidenen Verhältnissen zu stammen, die für die Pflege der Familienerinnerung keinen Raum ließen. Die standesamtlichen Unterlagen über seine Geburt sind wohl in einer der Flutkatastrophen vernichtet worden, die Entenhausen von Zeit zu Zeit heimsuchen, weil man sich blind auf den Deich verlässt. Jedenfalls ist Düsentriebs Geburtsjahr so unbekannt wie der Erfinder des Senkbleis, weshalb es auf der Tafel mit «Anno soundso» angegeben wird.

Das Gegenstück zum Deichfest im Festkalender ist das Seefest. An diesem Tag wird das Meer als freundliche Macht beschworen, die mit der Stadt im Bunde ist. Die Teilnehmer des großen Bootskorsos erfreuen das Publikum mit allegorischen Variationen auf das Thema der glücklichen Fahrt. Eine der höchsten städtischen Auszeichnungen wurde Düsentrieb zuteil, als der Festausschuss ihn aufforderte, sich mit einem von ihm entworfenen Wasserfahrzeug am Umzug zu beteiligen. In einem von vier Delphinen gezogenen Schlitten glitt der Ingenieur über das Wasser, kostümiert als Neptun, der König der Meere. Obgleich er auf die Dekoration von Ornat (Algenperücke) und Gefährt (Muschelthron) eine Sorgfalt verwendete, die ihm hundert Jahre zuvor einen Auftrag König Ludwigs II. von Bayern eingetragen hätte, blieb der Beifall der Zuschauer verhalten. Melancholisch notierte Düsentrieb, nachdem er den Dreizack aus der Hand gelegt hatte, dass die antiken Götter- und Sagengestalten aus der Mode gekommen seien. Wahrscheinlich steht auch die Umbenennung der Böcklinstraße bevor.

Die Ehrentafel vor dem Geburtshaus brachte Düsentrieb in Verlegenheit, als ihn der Baseballklub von Entenhausen-Nord in die lokalpatriotische Pflicht nahm, im Derby gegen den Süden als Werfer anzutreten, obwohl ihn die Süd-Entenhausener als Spielertrainer und Zeugwart engagiert hatten. Die Rivalität der beiden Amateurmannschaften wird von sozialen Gegensätzen befeuert: Die Rocker-Nord sind ein alter Arbeiterverein, dessen Mitgliedern die Arbeitslosigkeit droht, wenn die Ameisen des Protonen-Professors wirklich in Serienproduktion gehen; bei den Poppern-Süd sammelt sich eine bürgerliche Klientel bebrillter Taktikspezialisten. Das Spiel Entenhausen gegen Entenhausen ist der Höhepunkt der Sportsaison. Wo alles um die Wette geschieht, tritt die Stadt auch gegen sich selbst an. Die Aussicht, das Endspiel zu verlieren, statistisch gesehen ein Ereignis mit der Eintrittswahrscheinlichkeit von 50 Prozent, bewertete ein Anhänger der Popper unter Tränen als Schande.

Vom Ruhm ist die Schande nicht zu trennen. Der öffentlichen Sphäre, in der Sieger sich brüsten, korrespondiert ein Reich der schamvollen Unsichtbarkeit. Wie die Berühmten im Palast-Hotel zusammenkommen, gibt es auch für die Entenhausener, die Schande auf sich geladen haben, feste Treffpunkte. Einem solchen Exilort verdanken wir einen verblüffend präzisen Hinweis auf die Lage Entenhausens. Wer die Beweisführung des fünften Kapitels nachprüfen will, bewaffne sich mit Zirkel und Weltkarte.

Der agonale Mensch kann nicht im Verborgenen leben; in der Besenkammer müssten seine Kräfte verkümmern. Die Verbindung von allseitigem Kräftemessen und größtmöglicher Öffentlichkeit ist das Prinzip der Olympischen Spiele. Burckhardt bemerkt: «Olympia war und blieb die einzige Stätte der ganz allgemeinen griechischen Publizität.» Auf nationaler Ebene nahmen die Wettkämpfe den Gedanken der Weltausstellung vorweg: «Wer etwas an alle Griechen bringen wollte, musste entweder in Olympia selber auftreten, oder ein Bildwerk mit Inschrift hinstiften.» Es war eine bittere Demütigung für Entenhausen, dass sämtliche heimischen Spitzengrößen des Sports gleich zweimal in den Ausscheidungskämpfen für die Olympischen Spiele alles verpatzten, und das auch noch in der Königsdisziplin der Leichtathletik. Die Entenhausener zogen aus diesem Debakel den Schluss, dass der erste Schritt zum Sieg die Festlegung der Regeln ist. In die Laudatio auf die berühmtesten Entenhausener beim Festessen über den Dächern der Stadt wird neben dem dunkelsten Denker, dem modernen Nachfolger des Heraklit, der den Beinamen «der Dunkle» trug, auch der langsamste Läufer eingeschlossen. Über wie viele Tage der Wettlauf sich hinzog, in dem im Helden-Stadion der Inhaber dieses Titels ermittelt wurde, ist leider nicht überliefert.

Das klassische Ideal vom Athleten, der stark und schön wie ein Gott ist, herrscht nicht mehr unangefochten. Wer selbst nicht einmal zwei mittelschwere Hanteln zur Hochstrecke bringen kann, wird geneigt sein, dem Muskelaufbau die moralische Bedeutung abzusprechen und die Zeitschrift «Der Kraftathlet» als eine reine Sportzeitung abzutun. Und doch bleibt die gesamte Presse der olympischen Idee verpflichtet, die das öffentliche Leben auch außerhalb der Sportstätten regiert. Wozu braucht man Zeitungen? Um Tabellen und ewige Bestenlisten abzudrucken, die Bedingungen von Backwettbewerben und den Terminkalender für Brieftaubenrennen. Dass ein zehnjähriges Mädchen beim Drachenfestival der Entenhausener Jugend siegt, ist Titelseitenthema der örtlichen Tagespresse, natürlich mit Foto der Nachwuchsspitzengröße und Glückwunsch des Bürgermeisters: «Ein kleines sportliches Genie, dabei bescheiden und wohlerzogen!» Der Wettbewerb der Zeitungen untereinander garantiert, dass keine Siegespalme unbestaunt welkt. In nachrichtenarmer Zeit vergeben die Zeitungen einfach selber Preise – nach dem Vorbild des langsamsten Läufers etwa für den am meisten vom Pech verfolgten Golfspieler eines bestimmten Tages.

Von Zeitungskrise kann in Entenhausen keine Rede sein – obwohl sich noch nicht einmal der reichste Mann der Welt ein Abonnement leistet. Der Straßenverkauf spielt eine große Rolle; den ambulanten Händlern werden die Blätter aus der Hand gerissen, wenn wieder einmal irgend so ein Scheich die Preissumme für ein Raketenrennen gestiftet hat. An mancher belebten Straßenecke preisen drei oder vier Zeitungsverkäufer ihre Waren an. Es gibt noch Abendausgaben und Extrablätter. Der Leser hat die Wahl zwischen dem Entenhausener Amtsblatt und dem Entenhausener Kurier, der Morgenpost, der Abendpost und dem Abendblatt, der Täglichen Rundschau, dem Tagesspiegel und den Neuesten Nachrichten. Obwohl Dagobert Duck gleich mehrere Zeitungsverlage besitzt, muss er befürchten, dass ein Chefredakteur, dem das neueste Produkt der Duckschen Kunstmühlen auf den Magen geschlagen ist, mit dem Anzetteln einer großen Mehldebatte im Feuilleton die Hausfrauen vom Kaufen abhalten wird.

In einer Stadt mit so lebendiger Presselandschaft bleiben nur die Geheimnisse gewahrt, die von vornherein als öffentliche Angelegenheiten behandelt werden. Am Stadtrand liegt eine Straße mit dem Namen Geheimstraße. Der Name ist nicht geheim, steht auf den Straßenschildern und im Stadtplan: Kinder, die den Straßennamen auf einem Adresszettel lesen, wissen ohne weiteres, wo die Straße sich befindet. Hier ist das Atomenergielaboratorium angesiedelt, das unter Leitung von Professor Wunderlich streng geheime Tierversuche durchführt. Ratten werden flüssige Isotope verabreicht, die ihnen die Stärke von Elefanten verleihen. Mit der Atomenergie und den Entenhausenern hat es eine besondere Bewandtnis. Das letzte Kapitel enthüllt dieses offenkundige Geheimnis der Stadtgeschichte, bevor es auf die letzten Dinge zu sprechen kommt.

Carl Barks und Erika Fuchs wurden beide fast hundert Jahre alt. Beide waren Ehrenmitglieder der D.O.N.A.L.D. Hätten die Donaldisten sie nicht darum bitten können, mit der Autorität der authentischen Berichterstatter die verbleibenden dunklen Stellen der Quellen zu erhellen? Am 24. Juni 1994 machte der Verfasser die Probe auf diese Methode der Aufklärung. Carl Barks gab im Stuttgarter Kunstverein eine Pressekonferenz vor der Eröffnung einer Ausstellung mit seinen Ölbildern. Seit den frühesten Zeiten des Donaldismus wird darüber diskutiert, warum

Daisy Duck, Dorette Duck und Daisys Nichten Dicky, Dacky und Ducky Schuhe tragen, Donald Duck, Dagobert Duck, Gustav Gans und Tick, Trick und Track dagegen nicht. Gibt evolutionäre Determination diese scheinbar invariable Mode vor, oder haben wir es mit einer alltäglichen Machtdemonstration des Patriarchats zu tun, wie bei den eingeschnürten Füßen der Chinesinnen? In der öffentlichen Selbstdarstellung der Duckforschung avancierte die Schuhproblematik lange vor der Entdeckung der Gender-Kategorie in den Nachbarfächern zum Musterbeispiel einer Forschungsfrage, deren definitive Beantwortung wohl ewig auf sich warten lassen wird. Wir haben Zeit! Massenhaft Zeit! Prinzipiell geht der donaldistische Erkenntnisfortschritt in das Unendliche. Trotzdem ergriff ich meine Chance und legte Carl Barks die Frage vor: «Warum tragen nur die weiblichen Ducks Schuhe?» Der Dreiundneunzigjährige antwortete ohne zu zögern: «Die Enten ohne Schuhe sind die Jungs, die Enten mit Schuhen sind die Mädchen.» Dass das Orakel sich tautologisch äußerte, konnte die Forschung nicht entmutigen. Im Gegenteil: Sie muss sich ihre Theorien selber basteln.

Barks und Fuchs werden in der donaldistischen Erkenntnistheorie manchmal als Reporter charakterisiert. Besser beschreibt man sie als Medien. Wir wissen nicht, wie sie ihre Informationen aus Entenhausen erhielten, und sie wussten noch nicht einmal, dass sie diese Informationen erhielten. Sie ahnten nichts von ihrer medialen Veranlagung, und diese Schimmerlosigkeit verbürgt die Objektivität der von ihnen übermittelten Nachrichten. Entenhausen existiert. Aber wo liegt es?

KAPITEL 1

Hineinspaziert in die Stadtgeschichte: Das Rätsel der zwei Gründerväter

Auf dem Höhepunkt des lokalhistorischen Enthusiasmus stand die ganze Stadt im Schatten ihres Gründers. Fünfzehnmal höher als die höchsten Gebäude von Entenhausen, zwei am Stadtrand gelegene Wohnanlagen im Stil Le Corbusiers, war das Marmorstandbild von Emil Erpel, das Dagobert Duck der Stadt stiftete. Die Kuppel des Rathauses und die Turmspitzen der großen Kirchen reichten nicht einmal bis an den unteren Rand der Inschrift auf dem Sockel. Die Zahl der von Duck beschäftigten Steinmetze, die in Handarbeit die Lichtgestalt der Stadtgeschichte aus dem weißen Stein holten, ist nicht überliefert. Es soll ein Heer gewesen sein. Trotzdem wirkt kaum glaublich, dass die vom Bau des modernen Weltwunders verschlungene Zeit in Wochen gemessen wurde und nicht in Jahren. Wie die Raketenbauer in der Zeit der Raumfahrteuphorie nach dem Fund von Gold auf dem Mond konnten die Meister des Meißels exorbitante Lohnforderungen stellen. Denn wenn Duck seine Baukunsthandwerker mit Kreuzern hätte abspeisen wollen, hätten sie auf der anderen Straßenseite anheuern können, wo auf einer weiteren Baustelle eine weitere Marmorfigur von Emil Erpel entstand – in jeder Einzelheit ein exaktes Pendant des von Duck bestellten Werkes, nur in der Größe nicht.

In beiden Inschriften wird der Bauherr als der reichste Mann der Welt ausgewiesen. Ducks Konkurrent, der Maharadscha von Zasterabad, hatte sich verkalkuliert, als er eine Höhe von lediglich zwanzig Stockwerken vorgab. Der indische Fürst, der sich zu Urlaubszwecken in Entenhausen aufhielt, hatte keine Vorstellung von den verborgenen Ressourcen des Bankiers, weil er Berührungen mit der Geldwirtschaft vermied. Das Grundkapital seiner Stiftung Denkmalbau waren Diamanten, die Elefanten von Zasterabad nach Entenhausen transportierten. Schon beim feierlichen Einzug in die Stadt, im Fond einer offenen Limousine mit einem Elefanten als Kühlerfigur thronend, hatte der Besucher die nach orientalischen Maßstäben schlichte Kleidung der Schaulustigen als Zeichen der Bedürftigkeit missverstanden. Für dieses Volk der kleinen Leute musste eine zwanzig Stockwerke hohe Gründerfigur genügen. Zu den Maßen ist allerdings anzumerken, dass hier offenbar die Geschosshöhe von Tempeln zugrunde zu legen war, die die Großzügigkeit der Wohnungen der Götter in den Bergen des Himalaja nachbilden. Denn wenn der mit Diamantensäcken bezahlte Marmorerpel auch zwei Köpfe kleiner geriet als das aus dem Duckschen Panzerschrank für Kleingeld finanzierte Gegenstück, war er doch immer noch zehnmal größer als die Wohnmaschinen mit ihren mindestens zehn Stockwerken. Im Kampf der Stifter markierte der doppelte Koloss von Entenhausen die dritte Runde. Es handelte sich um das fünfte und das sechste Exemplar einer Serie von Emil-Erpel-Denkmälern, von denen jedes größer ausfiel als das Vorgängermodell.

Als der deutsche Bundeskanzler Helmut Kohl 1993 für die Neue Wache Unter den Linden eine vierfach vergrößerte Kopie der Skulptur «Mutter und Sohn» von Käthe Kollwitz gießen ließ, wurde ihm in der Presse kunstpolitischer Größenwahn attestiert. Auf entsprechende Kommentare der Kunstkritiker von Entenhausener Kurier und Entenhausener Amtsblatt musste der Bürgermeister als Schirmherr des Denkmalwettbewerbs nicht gefasst sein. Die ersten vier Stück standen nebeneinander entlang eines Spazierwegs im Stadtpark. Ein Monarch mag seine Residenzstadt mit einer Skulpturenallee schmücken, die den Untertanen durch die Familienähnlichkeit der Figuren die Erblichkeit der Herrschertugenden vor Augen führt. In der Stadtrepublik wird auf Schritt und

Tritt das Ideal des ersten Bürgers reproduziert. Der Maharadscha war in seiner Fürstenehre gekränkt, als Duck ihm bei der ersten Denkmalseinweihung durch synchrone Enthüllung des Gegenmonuments die Schau stahl. Wenn er ein Denkmal stifte, schrieb er den Stadtoberen ins Kontobuch, wolle er keine Konkurrenz haben. Da war er in Entenhausen am falschen Ort! Philanthropie ist in dieser amerikanischen Metropole eine Wettbewerbssportart und unterhaltsamer für das Publikum als andere Reichensportarten wie Pinkepott, das Werfen mit Geldsäcken. Konkurrenz belebt das Gedächtnis: Die Vervielfältigung der Emil-Erpel-Ebenbilder erleichterte dem Mann auf der Straße die Identifikation mit dem Herrn auf dem Sockel. Durch das Gesetz der Steigerung, dem die Serienproduktion gehorchte, wurde der Pionier der Pioniere als Urbild der Mitbürger erkennbar. Aus der experimentellen Psychologie kennen wir nämlich den geheimsten Wunsch des Entenhauseners, der ihm von allen Algorithmen der mentalen Fernsteuerung nicht ausgetrieben werden kann: Er möchte lieber etwas Größeres sein.

Als Donald Duck einmal als Schuldeneintreiber für seinen Onkel tätig war, entwendete ihm ein Schuldner seine Dienstwaffe, eine Hypnotisierpistole. Der Räuber verwandelte seinen Verfolger in ein manisch Körner pickendes Huhn. Ein Gedanke ging Duck nicht aus dem malträtierten Kopf: der evolutionäre Karrierewunsch, der Wille zum Aufstieg unter die großen Tiere. So schwillt dem Lokalpatrioten, der im Stadtpark den Emil-Erpel-Pfad abschreitet, die Brust vor Stolz. Jedes Mal, wenn er zum Stadtgründer aufblickt, darf er den Hals etwas weiter recken. Für das dritte Denkmalspaar boten die städtischen Grünanlagen nicht mehr genug Platz. Mehrere Stadtviertel mussten dem Erdboden gleichgemacht werden. Die steinernen Ehrengäste vertrieben die Innenstadtbevölkerung in die Vorstädte, und Emil Erpel sorgte von seinem Sockel aus dafür, dass die Stadt um ihn herum seiner immer weiter raumgreifenden Erscheinung ähnlich sah: Entenhausen brauchte Platz, um sich auszudehnen. Das in der Geschichte der Weltreiche nachgewiesene Gesetz des «imperial overstretch», der Überforderung durch Expansion, gilt auch für das Reich des Ge-

dankens und insbesondere des Gedenkens, weil auch beim besten Willen zum Lernen aus der Geschichte die Kapazitäten des Gedächtnisses nicht mitwachsen.

Dagobert Duck fand eine unüberbietbar ökonomische Formulierung für das Gesetz der Verausgabung, als er seinem Ärger über naive Zeitungsreporter Luft machte, die aus der standesgemäßen Freigebigkeit des Maharadschas von Zasterabad auf dessen Reichtum zurückgeschlossen hatten. «Wer viel ausgibt, ist eines Tages pleite.» Zusatz: «Das weiß jedes Kind.» Man möchte den Bankier wegen der Eleganz seiner aus der Erfahrung geschöpften ökonomischen Theorie den vollkommenen Feuilletonisten nennen: Alles kommt darauf an, was unter dem Strich steht. Als global gefragter Gastprofessor brachte Duck aufstiegswilligen Völkerschaften bei, wie sich der innere *homo oeconomicus* aus den Fesseln des albernen Aberglaubens primitiver Religionen befreien lässt. In die Theorie der Entwicklungshilfe führte er den Gedanken ein, dass die erste Voraussetzung der volkswirtschaftlichen Selbständigkeit die Existenz eines Bankwesens ist. «Zuerst muss man ein paar Taler sparen», führte er in seiner Einführungsvorlesung beim Stamm der Muskateller-Indianer aus. «Die tut man auf die Bank.» Mit seinem Satz von der Pleite, die eines Tages jeden ereile, der mehr ausgebe als einnehme, widersprach Duck einem volkstümlichen Lehrstück des einflussreichsten Wirtschaftswissenschaftlers des zwanzigsten Jahrhunderts, John Maynard Keynes. Der Erfinder der Defizitfinanzierung, der Konjunkturankurbelung durch Staatsverschuldung, gab seinen Kollegen zu bedenken, dass die lange Sicht ein schlechter Ratgeber für die laufenden Geschäfte sei – denn auf lange Sicht seien wir alle tot. Dass Duck auch dem einzelnen Marktteilnehmer die lange Sicht nahelegte, hat wohl mit der längeren Lebenserwartung in Entenhausen zu tun. Duck selbst war schon in der Zeit des Burenkriegs (1899 bis 1902) als Waffenhändler tätig und steuerte seinen weltumspannenden Konzern ins Zeitalter von Kaiser Franz und Udo Jürgens. Je mehr Zeit zum Geldausgeben vorhanden ist, desto geringer die Chance, der Pleite mit dem Tod zuvorzukommen.

Ein warnendes Beispiel liefert bereits die Geschichte des alten Ägypten, die Regierungszeit jenes Pharaos mit dem Königsnamen Ramses, der schon zu Lebzeiten den Beinamen «der reichlich Berappende» erhielt – auch in der amtlichen Titulatur. Im dreizehnten Jahr seiner Herrschaft gab Ramses den Befehl zum Bau einer Pyramide, die seine Mumie mit allen seinen Schätzen aufnehmen sollte, wie es sich schickte für einen Sohn des Sonnengottes. Als Entenhausener Amateurarchäologen die jahrtausendelang im Sand vergrabene Stufenpyramide freischaufelten, fanden sie in der Grabkammer lediglich ein Tontäfelchen vor, das die Leere des riesigen Raumes erklärte: Die steigenden Baupreise hatten die Schätze aufgezehrt. Nicht einmal zur Verbringung der Mumie reichte das Geld des überreichlich berappenden Monarchen noch.

Die Emil-Erpel-Denkmäler der dritten Runde wurden abgerissen, wahrscheinlich bald nach dem Ende des Wettbewerbs, mutmaßlich zur Begleichung der Staatsschulden von Zasterabad. Der Bürgermeister, in dessen Denkmalbaugruben der Maharadscha seine gesamten Ersparnisse versenkt hatte, ging nach dem Eintritt des von Duck vorhergesagten Staatsbankrotts ohne Verzug zur Eintreibung der Außenstände der Entenhausener Bauwirtschaft über und pfändete sogar die Gewänder des Staatsgastes. Der Stadtplanforscher Jürgen Wollina vermutet, dass einer der beiden Sockel der Megastatuen nach seinem Rückbau einem neuen Stadtteil die Form gegeben hat, dem Bankenviertel. So findet das quadratische Raster eines gegenüber dem Gitter der übrigen Innenstadt versetzten Quartiers seine Erklärung. Das unterirdische Fundament blieb erhalten und nahm die Tresorräume der Geldinstitute auf. Diese Schatzkammern erinnern daran, dass die Entenhausener Geschichte in ihr Zeitalter der Pyramiden eingetreten wäre, wenn die beiden Marmorriesen stehengeblieben wären. Die Stadtsilhouette auf dem schon bei Grobian Gans abgedruckten Panoramabild weckt noch heute jene Verunsicherung des Welt- und Zeitgefühls, die nach Hegel von den Ansichten der ägyptischen Pyramiden hervorgerufen wird: «Was zunächst beim Anblick dieser staunenswerten Konstruktionen in Verwunderung setzen kann, ist ihre unermessliche Größe, die sogleich zu der Reflexion über die Dauer der Zeit und die Mannigfaltigkeit, Menge und Ausdauer menschlicher Kräfte führt, welche dazu gehörten, dergleichen kolossale Bauten zu vollenden.»

Carl Barks hat den Moment festgehalten, in dem die verhüllenden Tücher soeben gefallen sind. Vom Standpunkt des Zeichners weit jenseits der Stadtgrenze sieht man die Stoffbahnen, die weite Teile des Stadtgebiets bedecken, ebenso wenig wie die gleichfalls in die Straßenschluchten gestürzten Stangen in der Höhe des höheren der beiden Denkmäler, die die Hülle gehalten haben müssen. Erst mit der Entfernung der Tücher wird ja sichtbar, dass der indische Herausforderer dem einheimischen Verteidiger des Titels des reichsten Mannes der Welt zum dritten Mal unterlegen ist. Ein gewaltiger Windstoß muss durch das Lüften der Verhüllung ins Land gegangen sein. Verstört wenden zwei Rinder die Köpfe, als müsste das Himmelfahrtskommando des monumentalen Stadtgedächtnisses die ganze Natur in Verwunderung versetzen. Hätte man Emil Erpel gestattet, das bunte Gewimmel der Nachgeborenen für alle Zeit zu überschatten, wäre für den Besucher Entenhausens schon aus weiter Ferne offensichtlich gewesen: Wie das Volk der Pharaonen hat sich diese Stadt dem Totenkult geweiht. Laut Hegel steht der ägyptische Geist als ein «ungeheurer Werkmeister» vor uns, der kein anderes Material der Selbstverwirklichung hat «als dieses Hineinarbeiten in den Stein, und was er in den Stein hineinschreibt, sind seine Rätsel, die Hieroglyphen». Die Denkmalsinschriften in haushohen Lettern wären die Rätsel der Entenhausener gewesen, denn sie hätten sie von unten nicht entziffern können.

«Ehrt eure großen Männer»: Unter dieses Motto hatte der Bürgermeister die Spendenkampagne für den Denkmalplan gestellt. Übergroße Männer ziehen statt Verehrung nur noch Furcht auf sich. Dass sich die Erben Emil Erpels plötzlich ganz klein und hässlich vorkamen, kann die Stadtregierung nicht gewollt haben. Gewiss, nach dem bekannten Wort von Jacob Burckhardt ist Größe das, was wir nicht sind. Aber wir müssen doch Maß nehmen können, um überhaupt eine Vorstellung vom Abstand der Größenverhältnisse zu bekommen. Hätte man von irgendeinem Punkt in der Stadt das Standbild als Bild einer Person identifizieren können? Die extreme Untersicht hätte die noble Figur des Gemeinwohltäters in ein groteskes Monster verwandelt. Vollends wäre Entenhausen zur Totenstadt geworden, wenn der Bankier und der Maharadscha sich auch im vierten Durchgang ihres Finanzkräftemessens vorgenommen hätten, Emil Erpel durch Hinausschieben des Rekords für das welthöchste Denkmal zu ehren. Die ganze Stadt hätte evakuiert und verlegt werden müssen. Unheimliches Paradox der Ahnenverehrung: Zum ewigen Ruhm des Gründers hätte man sein Werk rückgängig gemacht. In Entenhausen wäre kein Maiskorn mehr auf fruchtbaren Boden gefallen. Der Maharadscha hatte schon neue Marmorlieferungen veranlasst, als der Bürgermeister vor ihm auf die Knie fiel, um im letzten Moment abzuwenden, dass, mit Nietzsche zu sprechen, das Vergangene zum Totengräber des Gegenwärtigen wurde.

Die Regel, dass Lebenden keine Denkmäler errichtet werden, scheint man in Entenhausen nicht zu kennen. Daran erkennt man, dass die Bebilderung der Stadtgeschichte im öffentlichen Raum im Dienst des bürgerlichen Lebens stehen soll: Die großen Männer regen die Nachwachsenden zur Nachahmung an und sterben deshalb nicht aus. Es war also kein Bruch mit dem republikanischen Selbstbewusstsein, keine Unterwerfungsgeste wie in der römischen Provinzhauptstadt Syrakus, wo eine Statue des korrupten Statthalters Verres aufgestellt wurde, dass die Stadtoberen dem Maharadscha vorschlugen, den Entenhausenern keine vierte Emil-Erpel-Figur, sondern ein Denkmal seiner eigenen Person zu schenken. Duck ließ sich nicht lumpen und stand seinen Bildhauern ebenfalls Modell. Die Wohltätigkeit ist die erste Bürgertugend und tut auch dem Wohltäter gut. Ganz von selbst belohnt der Selbstlose sich selbst. Eine Formel für diesen Mechanismus der moralischen Gratifikation fand Donald Duck, als er sich gegenüber dem Club seiner Cousine Daisy verpflichtete, einen hungrigen Mitbürger zu sich nach Hause zum Mittagessen einzuladen: «Köstliches Gefühl, mildtätig zu sein!» Diesen Selbstgenuss bringen die kostbaren Materialien der beiden Stifterfiguren zum Ausdruck: Gold und Platin als Grundstoffe, Diamanten und Saphire als Dekoration. Die funkelnde Oberfläche er-

laubt bescheidene Dimensionen. Bei einer Höhe von zehn beziehungsweise zwanzig Metern machen der Fürst und der Bankier Emil Erpel die Würde der überragenden Gestalt der Entenhausener Geschichte nicht streitig.

Zur Enthüllung der beiden Spenderstatuen fanden sich erheblich mehr Zuschauer im Stadtpark ein als bei den Zeremonien zu Ehren des Stadtgründers. Vom Dagobert-Duck-Denkmal war zunächst nur der Zylinderhut zu sehen. Den Rest holte Duck mittels einer in den Boden eingelassenen hydraulischen Vorrichtung ans Licht. Das Publikum überforderte diese durch und durch moderne Skulptur, die mit dem Begriff des Standbilds nicht mehr zu fassen ist. Der reichste Mann der Welt steht dann gut da, wenn er immer reicher wird. Wachstum ist das Daseinsgesetz des Großunternehmers, das hier von einer kinetischen Skulptur zur Anschauung gebracht wird. Duck fährt empor, sein Leben ist wesentlich Aufstieg. Man darf von einem Werk in zwei Teilen oder besser zwei Phasen sprechen. Schon der Zylinderhut, scheinbar ein Fragment der Ganzkörperfigur, in Wahrheit eine emblematische Variante, ergibt ein Porträt, das an Ähnlichkeit nichts zu wünschen übrig lässt: Man sieht sofort, dass man nicht den Turbanträger aus Zasterabad vor sich hat. Wie man von der Pranke auf den Löwen schließt, erkennt man am Zylinder den Bankier. Die Kopfbedeckung verspricht Kontendeckung: Der Hut ist das Symbol der Bonität.

Als Tick, Trick und Track Duck von der Schulbank ins Bankfach wechseln wollten, nahmen sie einen Kredit auf, um sich Homburghüte zuzulegen. Die Startinvestition in die Standesuniform fand die ausdrückliche Billigung des vom Erziehungsberechtigten der drei Jungbankiers um Rat gebetenen Ordinarius für Pädagogik der Entenhausener Universität, Professor Plappert, eines Pioniers der antiautoritären Erziehung. Auch die Mitglieder des Magistrats, allen voran der Bürgermeister, tragen Zylinderhüte: Treuhänderisch verwalten sie die Einlagen der Bürger. Auf dem Sockel des Dagobert-Duck-Denkmals steht die Figur des Bankiers in einem Bett von Münzen. Duck signalisierte seinen Mitbürgern, dass er im Gegensatz zum Maharadscha noch flüssig war. Mit dem Zeichen des Hutes erneuerte Duck aber auch einen Anspruch, den er in der Inschrift seines ersten Emil-Erpel-Denkmals erhoben hatte. Alle Entenhausener waren aufgerufen, dem großen Mann nachzueifern; Dagobert Duck zählte sich zu den Nachfahren des Gründers, zur Familie Emil Erpels.

Kostümgeschichtlich gesehen ist der Patriarch auf dem Sockel eine synthetische Figur: Zu den Schnallenschuhen und dem steifen Hut der englischen Puritaner, die 1620 mit der Mayflower nach Amerika kamen, trägt er nicht deren zugeknöpften schwarzen Rock, sondern ein ledernes Trapperhemd mit Fransen. So überblenden sich in dieser Heldenfigur die Erinnerungen an zwei Phasen der europäischen Besiedlung Amerikas: die Landnahme im Osten und die Eroberung des Westens. Der hohe, nach oben leicht zulaufende Pilgerhut ist die Urform des Zylinders. Als Tick, Trick und Track Duck sich am Wettbewerb um den Schneemann-Preis der Stadt Entenhausen beteiligten, setzten sie ihrem Schnee-Erpel einen Zylinder auf, wie ihr Großonkel einen trägt. Trapperhemd und Schnallenschuhe formten sie aus Schnee – und fertig war «der berühmte Gründer von Entenhausen», der Lieblingsheld des Bürgermeisters, der ohne Beiziehung einer Fachjury die Schneeskulpturpreise verteilte.

Der sechsfache Emil Erpel aus Marmor wechselt weder Kleidung noch Stellung. Andreas Platthaus nennt es bemerkenswert, «dass sowohl die Schöpfer des Emil-Erpel-Denkmals des Maharadschas als auch die Beschäftigten Dagobert Ducks trotz höchster Geheimhaltung der Bautätigkeiten unabhängig voneinander völlig identische Statuen schufen». Nun scheint Platthaus allerdings übersehen zu haben, dass es dem

Baustellenspion Donald Duck gelang, die Geheimpläne des Maharadschas in Erfahrung zu bringen. Freilich bezog sich der Erkundungsauftrag Dagobert Ducks an seinen Neffen vorrangig auf Größe und Material des Denkmals und nicht ausdrücklich auch auf die Auffassung des Gegenstands.

Viel spricht dafür, dass feststand, wie Emil Erpel darzustellen war, ohne dass es in einer Ausschreibung hätte festgehalten werden müssen. Der Gründer wird als Stifter gezeigt, als Schenkender: Er streckt die Arme aus und reicht einem unbekannten Gegenüber einen Haufen Maiskolben dar. In dieser Haltung ist Emil Erpel ins Gedächtnis der Entenhausener eingegangen. Genauso breitbeinig und hochherzig steht er schon der Jugend vor Augen, auf Sammelbildern in Knusperflockenpackungen oder im Lesebuch für die Unterstufe neben dem Turnvater Jahn, der einen Gulden über den Rhein wirft, oder einem Stationsvorsteher, der sich einem ins sichere Verderben rollenden Zug entgegenstellt. Möglicherweise hat ein Absolvent der Düsseldorfer Malerschule für das Entenhausener Rathaus ein Wandgemälde mit einer

Allegorie der Stadtgründung geschaffen. Düsseldorf ist in Entenhausen nicht unbekannt. Als Donald Duck sein Glück im Immobilienkauf suchte, diente ihm die Stadt als Beispiel für einen Nominalismus der Flurnamen: «Düsseldorf heißt auch Düsseldorf und ist kein Dorf.»

Ein gewisser Expressionismus im gestischen Detail des Emil-Erpel-Denkmals – das selige Lächeln, die gewölbte Brust – zielt auf Fernwirkung, könnte aber sowohl auf die Überdeutlichkeit volkstümlicher Bildquellen wie auf das Pathos der Historienmalerei zurückgehen. Jedenfalls war der Stadtgründer den Entenhausenern so plastisch gegenwärtig, dass an eine steinerne Verewigung sehr lange gar nicht gedacht wurde. Gegen die Hypothese vom verbindlichen Schema der Emil-Erpel-Erinnerung spricht, dass der von den jungen Ducks geschaffene Schneeheld keine Maiskolben mit sich herumträgt. Den linken Arm stemmt er herausfordernd in die Seite, mit der rechten Hand hält er den Lauf eines auf dem Boden aufgesetzten Gewehrs, das wie der Zylinder nicht aus Schnee ist, sondern im Haushalt vorhanden war. Gerade die Schneemannwettbewerbsbeiträge belegen freilich den Schematismus des Entenhausener Heldengedächtnisses und die Verbindung von Volkskunst und Staatskunst. Nachdem Donald Duck die Skulptur seiner Neffen zum Schmelzen gebracht hatte, stellte er aus Kunststoff mit Kunstschneeüberzug einen Doppelgänger des Zerflossenen her. Einen Plagiatsvorwurf musste der Schöpfer dieses Kunstkunstwerks nicht fürchten, da Originalität für das Preisgericht kein Kriterium war.

Ein Weltstar der Abstraktion, der Henry-Moore-Schüler Pissinasso aus Rom, war nach Entenhausen gekommen und hatte seinen «Spähenden Faun» in den Schnee gesetzt, ein visionäres Sinnbild für den Prozess der theoretischen Neugierde: Im Lande der Blinden sieht der Einäugige am weitesten. Der Bürgermeister hielt nicht nach Neuem Ausschau, sondern belohnte das Vertraute. Er hatte Donald Duck den ersten Preis schon zugesprochen, als der Materialbetrug platzte. Ducks Neffen waren überzeugt, dass ihr weißer Erpel schöner sei als die Marmorstatue im Städtischen Museum. Offensichtlich kopierte die Pose des bewaffneten Wächters das Museumsstück. Als nämlich der Bürgermeister den säkularen Eisheiligen im Duckschen Vorgarten erblickte, wusste er sogleich, wer gemeint war. «Der kühne Gründer unserer Stadt! Wie sinnig!» Man darf mit Gewissheit annehmen, dass es von Anfang an in Entenhausen mehr als einen Schusswaffenbesitzer gab. Aber dass ein anderer Held der Gründerzeit im Park der vergänglichen Skulpturen seinen Platz an der Sonne erhalten könnte, war ausgeschlossen.

Als Donald Duck das Werk seiner Neffen

entdeckte, gab er vor, den patriotischen Heros nicht zu erkennen. Die Künstler reagierten empört: «Na hör mal! Das sieht man doch, dass das Erasmus Erpel ist.» Erasmus Erpel? Nicht Emil? Nein, für die kleinen Ducks war ihr überlebensgroßer Schneemann «unser Erasmus», für ihren Onkel die auf Menschenmaß geschrumpfte Figur «euer komischer Erasmus». Der Gebrauch des Vornamens beweist die Volkstümlichkeit des Helden. Johnny Grote behandelt in seinem Standardwerk «Who's who in Entenhausen», das als allgemeine donaldistische Biographie auch sämtlich namentlich bekannten historischen Persönlichkeiten des Entenhausener Universums verzeichnet, die beiden nachnamensgleichen Gründergestalten als ein und dieselbe Person: «Emil Erasmus Erpel» lautet die in dieser Form quellenmäßig nicht belegte Überschrift des Autors. Für die Annahme, dass der alte Erpel zwei Vornamen gehabt habe, spricht, dass sowohl beim Denkmal- wie beim Schneemannbau vom Stadtgründer im Singular und mit bestimmtem Artikel geredet wird. Es wirkt freilich merkwürdig, dass bei der Benennung einer schlechthin kanonischen Figur der Frühzeit, mit der schon die kleinen Kinder bekannt gemacht werden, eine solche Beliebigkeit herrschen soll – während gleichzeitig die bildliche Überlieferung schematisiert ist. Und sollte man dann nicht annehmen, dass im Stadtgespräch über die Schnee- oder Marmormänner auch einmal der andere Vorname fallen würde?

Die Zwei-Gründer-Theorie vertritt Jürgen Wollina. Aus den unterschiedlichen Requisiten der beiden Gründerdenkmalstypen schließt er auf zwei historische Personen, denen er unterschiedliche Rollen zuweist. Nachnamensidentität und Familienähnlichkeit legen nahe, dass es sich um Brüder oder um Onkel und Neffen handelt. Da jedem der beiden der Ruhmestitel des Gründers angeheftet wird, dürften sie wohl derselben Generation angehört haben. In Emil Erpel sieht Wollina einen Getreidehändler – aber müsste er dann nicht die Maiskolben in der einen Hand halten und die andere nach dem gerechten Gegenwert ausstrecken? «Sein Bruder Erasmus soll sich mehr um die Verteidigung sowie die Jagd gekümmert haben.» Auch Grote schloss sich in seinem späteren, halbfiktionalen Werk über den Stammbaum der Ducks der Auffassung an, dass es unter den Ur-Entenhausenern zwei Brüder Erpel gegeben hat. Ein Problem für die Zwei-Gründer-Theorie wirft der Denkmalbauwettbewerb auf. Als der Bürgermeister die Überversorgung mit Emil-Erpel-Standbildern beklagte, schlug er dem Maharadscha von Zasterabad nicht vor, durch eine Erasmus-Erpel-Statue Abwechslung zu schaffen. Warum nicht?

Das Stichwort für die Lösung des Rätsels liefert Matthias Oppermanns Untersuchung über den Entenhausener Bürgergeist. Oppermann, als Historiker aus der Bonner Schule Klaus Hildebrands möglicherweise einem historistischen Restidealismus der einheitlichen Staatsleitung verpflichtet, geht von einem Gründer aus und über den Vornamensunterschied stillschweigend hinweg. Er entscheidet sich für Erasmus – vielleicht wegen des reineren Stabreims, den man für einen evolutionären Vorteil im Kampf um einen Platz im kollektiven Gedächtnishaushalt halten mag. Der Name Erasmus Erpel, stellt Oppermann fest, «ist in aller Munde, er ist ein Mythos gleich Romulus und Remus». Richtig muss es heißen: Emil und Erasmus Erpel sind ein Mythos gleich Romulus und Remus – für sich allein wäre Erasmus ja nur ein Mythos gleich Romulus.

Warum bestellte der Bürgermeister kein Doppeldenkmal, als er den Staatsschatz von Zasterabad anzapfen konnte? Emil und Erasmus sind feindliche Brüder. Vorsichtiger gesagt: Sie stehen auf ihren Sockeln für politische Tugenden im Widerstreit. Unschwer kann man den Haltungen der beiden Pioniere noch die Situation ablesen, mit der die ersten europäischen Siedler konfrontiert waren, eine Situation, die von jedem Mann, der eine Gruppe um sich scharte, eine Grundentscheidung zu verlangen schien, eine politische Tat. Emil demonstriert mit vollen Händen den Reichtum des Landes. Die Erde belohnt den Fleißigen; die Ernte fällt so üppig aus, dass der Farmer von Natur aus großzügig ist. Kein Wunder, dass die beiden Stifter der Statuen der Figur des Maisspenders so viel abgewinnen konnten. Unter den Bedingungen des Überflusses wurde durch die Landnahme niemandem etwas weggenommen. Dagegen verkörpert Erasmus die Gewissheit, dass das Erworbene verteidigt werden muss.

Das im zweiten Zusatz der Verfassung der Vereinigten Staaten verbriefte Recht auf Waffentragen wird von den Entenhausenern als Urrecht des freien Mannes beansprucht. Zuhause bei Donald Duck hängt ein historisches Jagdgewehr an der Wand, das einwandfrei funktionsfähig ist. Lediglich für Waffen, die nicht klassischerweise zur Ausrüstung eines Bürgerwehrmanns gehören, gelten Beschränkungen. So ist es verboten, innerhalb des Stadtgebiets eine Kanone abzufeuern. Nicht verboten ist es dagegen, eine Kanone zu laden. In diesem scheinbaren Widerspruch kommt zum Ausdruck, dass die Bewaffnung der Selbstverteidigung dient. Erasmus Erpel hat den Finger nicht am Abzug und hält nicht nach Feinden Ausschau. Ein geöltes Gewehr ist das Versprechen, dass es nicht in Gebrauch genommen werden muss. Das stolze Lächeln des Gewappneten kann den Betrachter gleichwohl auf den Gedanken bringen, dass die Wacht an der Gumpe die Grenze von Zivilisation und Barbarei markiert.

In der Gründerfigur verdichtet sich nach Oppermann der «Gründungsmythos» der Entenhausener, «an dem ihre Stadt wie jedes große Gemeinwesen gewachsen ist». Das Wachstum der Stadt speist sich aus einem Wettbewerb der Selbstbilder, die in der Mentalität und in der Stadtpolitik vielfältigste Spuren hinterlassen haben. Eine Festungsstadt ist das erasmische Entenhausen, eine Gartenstadt das emilianische. Man kann eine charakteristische Leistung des mythischen Denkens darin sehen, dass Handlungsmaximen, die für das Gemeinwesen auf die Dauer gleichermaßen überlebensnotwendig sind, obgleich der Politiker in einer gegebenen Lage zwischen ihnen wählen muss, im symbolischen Gedächtnis zwei verschiedenen Personen zugeordnet werden, freilich zwei Personen, deren Verbundenheit inniger nicht sein könnte. Moderne Leser der Geschichte von den Gebrüdern Erpel laufen Gefahr, hinter die dialektische Weisheit des

Mythos zurückzufallen und die Identität des Gemeinwesens einseitig zu definieren.

Warum steht die Statue des Erasmus nicht vor dem Rathaus? Der politische Wettbewerb in der Stadtrepublik ist auch ein Kampf der Erinnerungsparteien, ein geistiger Bürgerkrieg von Händlern und Helden. Die Emil-Fraktion kann gegen den Erasmus-Bund Jonathan Swift anführen, wie ihn Franz Schnabel in seiner «Deutschen Geschichte im neunzehnten Jahrhundert» zitiert: «Der Mann, welcher bewirkt, dass da zwei Ähren wachsen, wo vorher nur eine gediehen ist, hat seinem Vaterlande mehr genützt als ein Feldherr, der hundert Schlachten gewonnen hat.» Eine pazifistisch gesinnte Stadtregierung ließ die Marmorfigur des Tag-und-Nachtwächters ins Museum verbringen.

Das heißt nicht, dass sie ewig dort bleiben wird. In Entenhausen gelten die Regeln der amerikanischen Museumswirtschaft: Deakzessionierung ist kein Tabu. Dagobert Duck kauft im Museumsshop Ersatzteile für sein Auto, ein Gefährt aus der Frühzeit des Kraftfahrzeugbaus, das noch ohne Lenkrad auskommt. Alteisen aus der Autowerkstatt ist kein unwichtiges Sammelgebiet. Die Stadt unterhält ein Verkehrsmuseum; die Akquisition liegengebliebener Oldtimer durch Barzahlung gehört sogar zu den Aufgaben der Verkehrspolizei. Zur Hundertjahrfeier der Stadt fand ein Rennen für gleichaltrige Automobile statt, an dem Dagobert Duck mit einer von Gottfried Daimler persönlich gebauten zweisitzigen Motorkutsche teilnahm.

Auch unverkäufliche Einzelstücke aus den Entenhausener Sammlungen widerlegen den Lebenserfahrungssatz des Bankiers nicht, es gebe nichts, das man für Geld nicht haben könne: Was nicht verkauft werden darf, kann vermietet werden. Leihgaben gibt es in Entenhausen nicht nur im Geschäftsverkehr der Museen, sondern auch für den Bürger. Ein Privatmann kann ohne bürokratischen Umstände eines der größten und schwersten Objekte des städtischen Museums ausleihen, ein Objekt, das so groß ist, dass es im Museumsgebäude gar keinen Platz findet: eine der beiden Kanonen vor dem Portal. Anruf genügt! Die haushohen Geschütze, Wunderwerke des Eisengießereihandwerks, stammen wohl aus der Zeit, als an der Küste das kolossale Fort Fliegentrutz errichtet wurde. Der Mietvertrag enthielt keine Klausel, die den Gebrauch der Mietsache auf Ausstellungszwecke begrenzt hätte. Tatsächlich war die Riesenkanone ohne alle Restaurierungsarbeiten sofort funktionsfähig. Wegen unsachgemäßer Verwendung einer Spezialmunition passte die Kanone nach Rückgabe dann doch durch die Tür.

Den Bürgermeister, der dem Abbruchunternehmer Donald Duck den Auftrag zum Abriss von Fort Fliegentrutz erteilte, darf man wohl derselben Partei zuschlagen wie den Amtsvorgänger, der Erasmus Erpel ins Museum abschob. Auf dem Gelände der Festungsanlage wurde der Entenhausener Strandpark gebaut. Ein Grand Projet der Naherholung bringt den optimistischen Glauben zum Ausdruck, dass die Weltmeere ein Reich der Lust und der Freude geworden sind. Der Bürgermeister, den auch die Durchnässung seines Anzugs nicht davon abbrachte, die Schneebildhauer zu ehren, plante dagegen womöglich, sein Idol Erasmus wieder ins Freie zu holen. Unter den Gebilden von behandschuhter Menschenhand, die dem Hass der Elemente trotzen und dem Geschmack des Bürgermeisters schmeicheln, dominieren jedenfalls heroische Archetypen: der Häuptling der Apatschen mit gespanntem Bogen, der Trapper mit Hund und geschultertem Gewehr, der Gladiator mit gezücktem Schwert.

Die Ansprache des Stadtoberhaupts zu Ehren des später disqualifizierten ersten Preisträgers fiel glücklicherweise nicht so kurz aus, wie der Redner angekündigt hatte. So können wir am Redetext die reflexive Reproduktion des Gründungsmythos studieren. Die Erinnerung an den Gründer wird selbst zum Stoff einer nach mythischer Logik bearbeiteten Geschichte. Mit Recht, so beschloss der Bürgermeister den historischen Abschnitt der Ansprache, sei «die Verehrung, die der Gründer unserer Stadt genießt, von Jahr zu Jahr gewachsen». Diese Aussage enthält zweierlei mythische Momente. Mythischem Denken entspringt die Figur des ungestörten, ununterbrochenen, natürlichen Wachstums. Wir sahen, dass dieses tief in der Entenhausener Mentalität sitzende Denkmuster auch den Verlauf des Wettbewerbs um das Denkmal des Erpel-Bruders bestimmte. Ein Mythos ist die Behauptung, die Zuneigung der Entenhausener zu Erasmus Erpel habe sich so still und beharrlich vermehrt wie das Zinsguthaben eines Postsparbuchs, aber auch im alltagssprachlichen Sinne. Die Perioden, da sich die Maiskolben Emil Erpels vor das Gewehr des Erasmus schoben, werden in dieser offiziellen Lesart der Stadtgeschichte einfach aus dem Stadtgedächtnis gestrichen.

Während wir den Gang des Bruderverehrerkrieges aus verstreuten Indizien rekonstruieren müssen, ist uns eine verwandte Episode der Geschichtspolitik in allen Einzelheiten überliefert. In einem dörflichen Vorort von Entenhausen wurde das Umdeuten und Umwidmen eines Monuments, das der Obrigkeit anachronistisch schien, ganz wörtlich als Umschmelzen ins Werk gesetzt. Der Dorfschmied erhielt den Auftrag, die Kanone vor dem Kriegerdenkmal auf dem Hügel oberhalb der Schmiede einzuschmelzen und aus dem verflüssigten Eisen ein Symbol des Friedens zu formen, einen Pflug. Das Geschütz ist keine Attrappe, sondern mitsamt fünf Kanonenkugeln authentisches Relikt des Ereignisses, über das, solange die Dorfbewohner zum Denkmal aufschauen, kein Gras wachsen soll. Durch

eine Schlacht ist das Dorf angeblich in der Kriegsgeschichte berühmt geworden. Schlachten gehören in Entenhausen zur Allgemeinbildung. Als Donald Duck sich durch eine populärwissenschaftliche Bibliothek fraß, um sich für die Teilnahme am Radioquiz der Glibberbibb-Pudding AG zu präpapieren, verleibte er sich neben allen möglichen geographischen, zoologischen und kulinarischen Kenntnisbrocken auch das Wissen ein, dass Napoleon sein Waterloo bei Waterloo erlebte.

Wir wissen leider nicht, wie das Waterloo vor den Toren von Entenhausen heißt und wer dort sein Waterloo erlebte. Aber wir kennen den Sieger: General Haudegen steht auf seinem Feldherrnhügel ein paar Meter hinter der Kanone. Wie es dem klassizistischen Geschmack Entenhausener Honoratioren entspricht, glaubt man vor einer Marmorfigur zu stehen. Der Sockel geht allerdings schon bei der ersten Belastungsprobe entzwei – der General ist wohl ein Gipskamerad. Haudegen ist mit gezücktem Degen, angewinkeltem rechten Bein und weit geöffnetem Schnabel dargestellt – im Moment, da er den Befehl zur Attacke gibt. Er ist nicht die Ruhe selbst wie der englische General Lord Rufus D'Ascoyne, der die Buren ewig auf seine Leute zukommen ließ, bevor er ihnen erlaubte, das Feuer zu erwidern. In Haudegens Adern fließt nicht das dickliche blaue Blut eines normannischen Rittergeschlechts; dort pulsiert die revolutionäre Energie einer jungen Nation. Er ist die Verkörperung der Angriffslust. Der Feind muss plötzlich kapituliert haben, denn im Lauf der Kanone auf Haudegens Befehlsstand blieb eine Kugel stecken. So komplett war der Sieg, dass die Gemeinde seitdem, wie es einer der Gemeinderäte in der poetischen Diktion der Entenhausener Politiker formuliert, von Krieg und Kriegsgeschrei verschont geblieben ist. Auf den Tag genau hundert Jahre sollen zwischen der Schlacht und dem Ratsbeschluss zum Einschmelzen der Kanone verstrichen sein. Mit der Zeit wurde aus dem Resultat auf die Intention zurückgeschlossen. In der Rückschau entstand die Legende, Haudegen habe wie später Präsident Woodrow Wilson Krieg führen wollen, um allen Kriegen den Garaus zu machen. Mit behaglichem Pathos tat der Bürgermeister seine Gewissheit kund, dass Haudegens Augen mit Wohlgefallen auf dem Austausch der Insignien der Kriegskunst gegen die Utensilien des Ackerbaus ruhen müssten. Und ein Parteifreund wusste von einem unerfüllten Berufswunsch des Soldaten zu berichten: Er «hätte seinerzeit lieber den

Pflug als das Schwert geführt». Die Heimat seiner Sehnsucht war das Dorf!

Entenhausen ist eine Gesellschaft im Stadium der weit fortgeschrittenen Professionalisierung. Der Beruf bestimmt die Identität des Menschen und lässt sich daher regelmäßig schon aus dem Namen erschließen. Künstlernamen – der Tenor Säuselfein, der Pianist Klimperer – sind im Entenhausener Bürgertum kein Sonderfall. Professor Knall, ein bedeutender Chemiker, gibt Studienanfängern zu verstehen, dass im Labor kein Schönheitspreis zu gewinnen ist. Der Strafrichter, der in konsequent kontrafaktischem Denken auch bei notorischen Wiederholungstätern am Strafzweck der Resozialisierung festhält und die Panzerknacker in unverbesserlichem Optimismus dreizehnmal zur Besserung verurteilt, heißt, wie er ist: «unser guter alter Richter Gnädig». Die Professoren Munkel und Kunkel haben nach Ernst Horsts ingeniöser Vermutung ihre Meriten wohl im Gremienwesen erworben. In den sprechenden Namen der Entenhausener Berufswelt wirken zwei entgegengesetzte soziostrukturelle Tendenzen zusammen. Ein radikaler Individualismus, der es dem Meister seines Faches gestattet, sich als wandelnde Visitenkarte neu zu erfinden, erklärt nicht alles. Insoweit ist der Name beispielshalber des Röntgenologen Dr. Carol Clarsicht das funktionale Äquivalent von Homepage und Facebook-Profil im Dienstleistungssektor einer elektronisch vernetzten Gesellschaft.

Es gibt aber auch Hinweise auf eine berufsständische Ordnung, wie man sie mit den geschlossenen Stadtgesellschaften Alteuropas assoziiert. Bestimmte Berufe sind de jure oder de facto bestimmten ethnischen Gruppen vorbehalten: Am besten sichtbar ist das Eulenmonopol der Richterschaft. Max Mörtel, der Baulöwe, mag von seinem Vater eine Zementfabrik übernommen haben. Aber möglicherweise werden außer Arztpraxen auch Lehrstühle vererbt. Oft bezeugt die Namenswahl einen Akademikerhumor, wie er im Milieu der Burschenschaften blüht. Professor Plappert nimmt den Verächtern der Pädagogik das Wort aus dem Mund. Man darf mit Sicherheit annehmen, dass auch und gerade dem General Haudegen sein Name Befehl war.

Die idyllische Verballhornung der Karriere dieses Berufssoldaten ist nicht das Werk von Dorftrotteln. Der Magistrat der Landgemeinde trägt dieselbe Uniform wie die Amtsgenossen in der Großstadt: Zylinder über dem Morgenanzug, Fliege, Nelke im Knopfloch. Die Eingemeindung Haudegens ist eine Unternehmung des bildungsbürgerlichen Findergeistes.

Der Umbau der Denkmalanlage führt die

emblematische Überblendung zweier Assoziationskreise herbei. Als Beweis dafür, dass es Menschen gebe, denen nichts heilig sei, nahm der Entenhausener Bürgermeister die Zerstörung der Schneestatue von Erasmus Erpel. Matthias Oppermann knüpfte an diesen Ausspruch die Frage, wo in der Stadt eines heiliggesprochenen Gründervaters noch Platz für Gott sei. Die Aktion der Denkmalsrenovierung spielt auf die Verheißung des Propheten Micha im Alten Testament an. Am Ende der Zeiten wird vom Berg Zion aus eine Weisung an die Heidenvölker ergehen: «Sie werden ihre Schwerter zu Pflugscharen und ihre Spieße zu Sicheln machen.»

Haudegen war aller Wahrscheinlichkeit nach kein General der Artillerie. Die Kanone gehört zur Standardausstattung von Kriegerdenkmälern. Den Pflug aber wollte das Denkmalkomitee dem General als persönliches Attribut an die Hand geben. Damit wiesen sie ihm den Part des römischen Diktators Cincinnatus zu, der nach dem Bericht des Livius mit dem Pflügen beschäftigt war, als ihn die Gesandten des Senats aufforderten, die Leitung der Staatsgeschäfte zu übernehmen. Nach der Erledigung seiner Nothelferpflichten kehrte er an den Pflug zurück. George Washington wählte sich Cincinnatus zum Vorbild, um deutlich zu machen, dass er sich nicht nach der königgleichen Stellung des ersten Präsidenten gedrängt hatte. Seit dem Sieg Haudegens war so viel Zeit ins Land gegangen, dass die Kulturpolitiker des Dorfes ihn zum Cincinnatus der Gedanken stilisieren konnten, der nur im Kopf seine Furchen gezogen hatte, ohne den Widerspruch von Angehörigen oder Testamentsvollstreckern fürchten zu müssen. Andererseits war die Überlieferung so dicht, dass es nicht denkbar war, einen Bruder Haudegens mit den Eigenschaften eines Antikriegshelden auszustatten. Im Land der Pioniere markiert ein Abstand von hundert Jahren sozusagen die Grenze der historischen Zeit.

Haudegens Sieg war auch für Entenhausen eine epochemachende Tat. Die Erinnerung an diese Zäsur kann dabei helfen, das größte chronologische Rätsel der Stadtgeschichte zu lösen. Wie konnte Entenhausen zu Lebzeiten Dagobert Ducks seine Hundertjahrfeier begehen, wenn gleich zwei Stadtgründer die Hut- und Schuhmode des siebzehnten Jahrhunderts trugen? Haudegens letztes Gefecht fiel exakt in dieselbe Zeit wie das mit dem Oldtimerrennen gefeierte Gründungsereignis. Die Vermutung liegt nahe, dass Entenhausen nach einem verheerenden Krieg förmlich wiedergegründet wurde. Wahrscheinlich ist die urkundliche Überlieferung der älteren Epochen weitgehend verloren. Viel mehr als ein paar Namen der ersten Siedler dürfte aus der Anfangszeit der ersten Niederlassung von Weißhäuten auf dem Boden des heutigen Entenhausen nicht verbürgt sein. Alles weitere ist Ausgestaltung durch die historische Phantasie.

Welchen Anhaltspunkt kann Dagobert Duck gehabt haben, um vor seinen Mitbürgern den Status eines Nachfahren Emil Erpels zu reklamieren? Duck, Enkel eines Bergmanns, ist schließlich gar kein gebürtiger Entenhausener, sondern aus Schottland eingewandert – den Spuren seiner Vorfahren folgend? Welche Familieneigenschaft der Ducks kehrt im Laufe der Generationen immer wie-

der? Ernst Horst hat 1991 eine biologische Erklärung des Umstands vorgeschlagen, dass Kinder in der Familie Duck nicht bei ihren Eltern aufwachsen, sondern bei Onkel oder Tante. Er gelangte zu seiner Theorie, indem er das Leben der Ameisen studierte. Über diese fleißigen Tiere sagte Donald Duck einmal zu seinen Neffen, sie fragten nicht erst lange, was sie tun sollten, sondern täten eben etwas. Das gilt insbesondere für die Arbeiterinnen, die Töchter der Königin. Sie bringen keine Nachkommen zur Welt, weil jede von ihnen im Durchschnitt mit ihren Schwestern mehr Gene gemeinsam hat, als sie mit eigenen Kindern gemeinsam haben könnte. Den Fortbestand ihrer Gene können sie besser durch Brutpflege bei ihren Schwestern als durch direkte Fortpflanzung garantieren. Horst nimmt an, dass in der Familie Duck ein Drillingsgen vererbt wird: Jeder Duck hat zwei eineiige Mehrlingsgeschwister. Der Onkel, der die Brutpflege übernimmt, ist mit seinen Neffen genetisch in gleichem Maße verwandt wie der Vater. So erklärt sich die erstaunliche Familienähnlichkeit, wie sie nach unserer Erfahrung nur bei Eltern und Kindern vorkommt.

Wenn Dagobert Duck sich den Backenbart abschneidet und einen Matrosenanzug anzieht, halten ihn Donalds Sportskameraden, die diesen im Badeanzug kennen, ohne weiteres für seinen Neffen. Die Adoption durch den genetisch identischen Bruder des Vaters bezeichnet Horst als Veronkelung. Donald Duck muss zwei Brüder haben, Daisy Duck zwei Schwestern. Einer der Brüder Donalds ist wohl jener Onkel Deppi, auf dessen trauriges Schicksal er immer dann anspielt, wenn er Tick, Trick und Track zur Vorsicht im Alltag mahnt. Dieser Onkel ist als Kind durch die Heubodenluke gefallen, bekam wohl sofort nach dem Unfall – Kinder können grausam sein – seinen Spitznamen und wurde später in eine Verwahranstalt abgeschoben. Als Träger des Duckschen Drillingsgens konnte Dagobert Duck genau deshalb das Erbe Emil Erpels in Anspruch nehmen, weil die Stadtgründung ein Familienunternehmen gewesen war. Es muss dann noch einen dritten Bruder von Emil und Erasmus Erpel gegeben haben. Sein Denkmal steht im Stadtpark. Er war der Erbauer der Entenhausener Wasserleitung. Sein Name: David Duck.

Der Vorname David ist in der Familie Duck häufig belegt. David Fürchtegott Duck war ein Fernhandelskaufmann mit Kontor in Glasgow, dessen Geschäfte so gut gingen, dass er es sich leisten konnte, seine infolge von Skorbut ausgefallenen Zähne durch ein Gebiss aus massivem Gold zu ersetzen. Wie viel seine Gottesfurcht dem im strengen Geist der calvinistischen Staatskirche Schottlands erzogenen Spediteur eingebracht hatte, stellte er auch dadurch zur Schau, dass er sein Segelschiff Goldene Gans nannte. 1755 sank der wohlgemästete Segler auf dem Weg nach Jamaika zehn Seemeilen südlich von Haiti, bevor die Gans im Hafen von Kingston wieder goldene Eier legen konnte. Aufgrund eines mit einem gewissen Jean Nepomuk Schubiack geschlossenen Frachtvertrags über die Lieferung einer Kiste Meerrettich haftete Duck mit seinem gesamten unbeweglichen und beweglichen Vermögen. Als er nach Schottland zurückkehrte, hatte der Gläubiger sein Anwesen schon in Besitz genommen. Wieso fiel, bildlich geredet, plötzlich ein Stein vom Himmel? Die Katastrophe ließ die Ducks nicht in ihrem Gottvertrauen irrewerden. Sie gaben ihren männlichen Nachkommen weiter den biblischen Königsnamen. David Duck, ein Großonkel Dagobert Ducks, setzte seinen Großneffen zum Universalerben ein. Als er hochbetagt starb, erwies sich die in der Familie umlaufende Geschichte, er habe nie eine Ausgabe getätigt, allerdings als Legende. Oder sollte die Höhe der schottischen Notariatsgebühren die Erklärung dafür sein, dass der Erbe nur einen winzigen Edelstein in Empfang nehmen konnte?

Grote sortiert in seinem Stammbaum den Erbauer der Entenhausener Wasserleitung in dieselbe Generation ein wie David Fürchtegott Duck. Aber schon ein Blick auf die Kleidung schließt aus, dass die beiden Männer des feuchten Elements einer Alterskohorte angehörten. Der weltläufige Kaufmann trug unter dem Zweispitz eine zum Zopf geflochtene Perücke. Und vor dem Bankrott hatte er in seinem Pariser Jäckchen mit Rüschenkragen und Rüschenmanschette so nett ausgesehen! Grote vermutet, dass die Leitung für die Trinkwasserzufuhr nach Entenhausen erst Anfang des achtzehnten Jahrhunderts gelegt worden sei. Dabei wurde in Boston schon 1652 eine Wasserwerksgesellschaft

gegründet, die über Holzleitungen den Wasservorrat der zentralen Zisterne an die Hausbesitzer verteilte. Die Kluft der Marmorfigur im Stadtpark – Protozylinderhut, Schnallenschuhe, Trapperjacke – lässt keinen Zweifel daran zu, dass der Vorgräber im Gedächtnis der Bürgerschaft in einer Generationsreihe mit Emil und Erasmus Erpel steht. David Fürchtegott Duck, ein Virtuose der Kostensenkung, bevor seine ganze Ladung vom Abwärtstrend erfasst wurde, sparte am Schuhwerk: Als Statussymbol genügten die Schnallen.

Seitdem tragen nur die weiblichen Ducks Schuhe. Grote postulierte, dass Emil Erpel ein Fräulein Duck geheiratet habe, um zu erklären, dass Dagobert Duck als Nachfahre Erpels auftreten kann. Näher liegt die Annahme, dass Duck die englische Übersetzung des Namens Erpel ist beziehungsweise umgekehrt Erpel die Eindeutschung des Namens Duck. Zwei der drei Brüder suchten womöglich auf dem europäischen Festland ihr Glück, bevor sie auf dem Schiff nach Amerika wieder zusammenfanden. Die McDucks, deren Stammsitz die Duckenburgh im schottischen Hochmoor ist, ließen das Präfix der

Clangesellschaft weg, als sie jenseits des Hochlandes auf dem Pfad der bürgerlichen Wohlanständigkeit reüssierten. Das war ein radikaler Schnitt: Der Historiker Thomas Babington Macaulay, der in seiner Geschichte Englands die militärische Niederwerfung der Clans als zivilisatorische Notwendigkeit feierte, verwandelte sich nie in Aulay, selbst dann nicht, als er sich als Lord einen neuen Namen aussuchen durfte. Man darf annehmen, dass die Inschriften der Rüstungen im Ritterflur der Duckenburgh, die schon den 1174 gefallenen Schrecken der Angelsachsen als Sir Daunenstert Duck ausweisen, nachträglich korrigiert wurden. Aber in der Vorliebe für den Vornamen David, den Namen des Landesheiligen von Wales und zweier schottischer Könige, bewahrten die Ducks ein Souvenir des keltischen Abenteurergeistes, einen Tartanflicken auf dem Geschäftsanzug.

Das David-Duck-Denkmal ist ein Brunnen. Wie sinnig! Den Sockel ziert keine Inschrift; er ist dem Felsen nachgebildet, aus dem Ducks Findigkeit das Wasser hervorgelockt hat. Wie aus den Widmungsworten des Bürgermeisters hervorgeht, wird Duck den Spaziergängern als Exempel der *providentia* vor Augen gestellt, der vorgreifenden Weisheit der frühneuzeitlichen Obrigkeit, aus der sich das moderne Planungswesen entwickelt hat: «Und so dreh' ich denn das frische klare Wasser auf, das seine weise Voraussicht den Bürgern unserer Stadt schon so frühzeitig beschert hat!» Nicht als Pionier der technischen Intelligenz, als Schutzpatron der Ingenieure, wird Duck vom Künstler aufgefasst. Vom Ansatz eines Rohres keine Spur. Duck schüttet das Wasser aus einem Krug, den er ebenso gut vom Brunnen geholt haben könnte. Diplom-Ingenieur Daniel Düsentrieb, der Schrittmacher der technischen Avantgarde, glaubte eine Zeitreise zu erleben, als er Ferien auf dem Bauernhof von Oma Duck machte und in einem Gästezimmer ohne fließendes Wasser einquartiert wurde. Dass er sich auf eine Waschschüssel auf der Kommode verwiesen sah, die er aus einem Krug füllen sollte, bewertete er als ein «schon sehr veraltetes System». Seinen Einfall, Wasser aus der Luftfeuchtigkeit zu gewinnen, verfolgte er zunächst nicht weiter. Erst im Jahre 2009 konnten Forscher der deutschen Fraunhofer-Gesellschaft die Entwicklung eines solchen Verfahrens melden. Mit der Stadtgründung, so ist das Denkmal für David Duck zu lesen, wurden Fleiß und Ausdauer der Bauernfamilie nicht obsolet, die dem trockenen Boden durch Handarbeit seine Früchte abgewinnt. Urbanes Leben, das bedeutet, wie jedenfalls die Büroangestellten in der Mittagspause glauben können, denen der Marmordavid mit Schwung ein Glas Wasser einschenkt, von Anfang an die elegante Verrichtung von Alltagsgeschäften.

Andreas Platthaus hat darauf hingewiesen, wie sich die Standbilder Emil Erpels und David Ducks gleichen: Es «verbinden sich stolze Haltung und demütige Geste des Darreichens (Maiskolben bei Erpel, Wasser bei Duck) zum Gesamteindruck eines Opfernden». Die ersten Männer der Stadt sind Versorger, die nicht aus eigener Machtvollkommenheit tätig werden, sondern der höheren Macht einer natürlichen Ordnung Tribut zollen. Ihr Herrschergestus ist nicht imperial, sondern republikanisch, eine Aufforderung zur Teilhabe. Aber wen hat sich das Publikum der Denkmäler als Publikum der denkwürdigen Handlungen vorzustellen, die hier in Stein gebannt worden sind? Wem wird der Getreide- und Wassersegen gespendet, wem soll das Opfer Eindruck machen? Die Bildhauer geben keine Hinweise. Dass die Reisegefährten der Erpel-Drillinge die Beschenkten gewesen sein sollen, verträgt sich nicht gut mit der Gleichheit als der Urtugend des amerikanischen Neuanfangs. Soll man die Leerstelle mit den Amerikanern füllen, die schon da waren, als die Europäer an Land gingen?

Der Anteil der Indianer an der Frühgeschichte Entenhausens wird ausgeblendet. Selbst wenn sich an der Mündung der Gumpe eine indianische Siedlung befunden haben sollte, könnte es sich nach Entenhausener Begriffen nicht um eine Stadt gehandelt haben. Wie sich der Entenhausener die Landnahme vorstellt, wissen wir sehr genau, weil sich Familie Duck auf einer Expedition zu den Planetoiden wider Erwarten in der Situation von Entdeckern wiederfand, die auf Einheimische treffen, und sich um ein lehrbuchmäßiges Verhalten bemühte. Diese Knollennasenmännchen in Blattröckchen erinnerten mit ihrer Feder im Haar auch äußerlich an Indianer. Tick, Trick und Track Duck begrüßten sie sogleich mit der erhobenen rechten offenen Hand, also der gestischen Formel, die in vielen Indianerfilmen den Ausruf «Howgh!» begleitet. Es ist bemerkenswert, dass sie die Angemessenheit dieser Geste nicht in Zweifel zogen, obwohl sie als Mitglieder im Fähnlein Fieselschweif das

hältnisse die Konsequenz der Unterwerfung zieht. Donald Duck glaubt zu erkennen, dass seine Neffen als höhere Wesen behandelt werden. Und sein Onkel Dagobert erinnert sich wohl an den Schulunterricht im imperialistischen Großbritannien, wenn ihm das Bild in den Sinn kommt, wie Kolumbus von den Indianern be-

Schlaue Buch im Gepäck hatten. Diese einbändige Enzyklopädie des Wissens aller Völker und Zeiten aus dem Selbstverlag der Pfadfinderschaft enthält ein Lexikon der Sprache der Bewohner dieses ebenso unscheinbaren wie unwirtlichen Kleinplaneten und sollte auch über ihre Begrüßungssitten informieren. Wenn schon hochrangige Pfadfinder im Vollgefühl ihrer guten Absichten – der angebliche Indianergruß soll ja anzeigen, dass der Gast unbewaffnet gekommen ist – keinen Gedanken an Standards interkultureller Sensibilität verschwenden, ist begreiflich, dass bei der älteren Generation sofort die Reflexe einer aus populären Quellen bezogenen Allgemeinbildung einrasten.

Die unfreiwilligen Gastgeber, Eiersammler mit geringer Chance, sich zu Vogeljägern zu entwickeln, haben den Riesenvogel inspiziert, aus dessen Bauch die Fremden gestiegen sind. Den Gruß erwidern sie, indem sie ihre Stöcke aus den Händen legen und sich vor den Besuchern zu Boden werfen. Den älteren Entenhausenern genügt nicht, dass ein kleines Volk aus der Einsicht in die Machtver-

grüßt wird. Von Donald in die Pflicht des Sippenältesten genommen, schreitet Dagobert mit ausgebreiteten Armen durch die Reihen der am Boden kauernden Einheimischen, die verwundert die Köpfe heben. Mit gerunzelter Stirn richtet der alte Duck, der seinen Stock nicht weggelegt hat, eine Proklamation ans fremde Volk: «Platz gemacht! Ich bin gewissermaßen Kolumbus, und ihr seid gewissermaßen entdeckt, und jetzt verzieht euch!» Das erwartet der Entenhausener von den Indianern: dass sie sich entdecken lassen und sich dann verziehen.

Die Erfahrung des genügsamen Völkchens mit den ungeduldigen Eindringlingen scheint den bekannten Satz Lichtenbergs zu bestätigen: «Der Amerikaner, der den Kolumbus zuerst entdeckte, machte eine böse Entdeckung.» Im Sinne von Carl Schmitt wäre zu ergänzen: Er machte die Entdeckung, dass er selbst kein Entdecker war. Der Witz von Lichtenbergs Diktum, mit Schmitt gelesen, liegt in der Probe auf die «Gegenseitigkeit und Umkehrbarkeit» des Verhältnisses von Entdecker und Entdecktem, die der Begriff der Entdeckung gerade ausschließt – im Verständnis des Entdeckers. Der Entdeckte ist naturgemäß der Überraschte: «Entdeckungen werden ohne die vorherige Genehmigung des Entdeckten gemacht.» Vom Touristen unterscheidet sich der Entdecker dadurch, dass er sich um den Papierkram keine Sorgen machen muss: «Weder Kolumbus noch irgendein anderer Entdecker ist mit einem Einreisevisum des entdeckten Fürsten erschienen.» Der Entdecker kommt dem Entdeckten zuvor und leitet aus diesem Vorsprung sein Recht ab: «Entdecken kann nur, wer geistig und geschichtlich überlegen genug ist, um mit seinem Wissen und Bewusstsein das Entdeckte zu begreifen.» Dieses Wissen, ein Selbstbewusstsein, das größer ist als die Summe aller Einträge des Pfadfinderhandbuchs, prägt die einseitige Kommunikation der Entenhausener, die auf den Planetoiden ein Grundstück für ein Depot des Duckschen Barvermögens suchen, mit den Indianern ohne Jagdgründe. Aber indem die Raumschifflenker gegenüber den Fußgängern, wie von Schmitt dargelegt, die «geschichtlich höhere Position des Entdeckers gegenüber dem Entdeckten» in Anspruch nehmen, wird ihnen diese Position im selben Moment unbequem. Das überlegene Wissen produziert ein schlechtes Gewissen. Einfacher wäre es, das entdeckte Gebiet als unbewohnt behandeln zu können.

In der Gestalt Emil Erpels gelingt die Bewältigung dieses Unbehagens. Das Ausbreiten der Arme auf dem steinigen Winzplaneten war ein Signal des Verscheuchens. Das Ausstrecken der Arme auf den Denkmalsockeln ist ein Signal des Entgegenkommens. Wie sich die Nachfolger des Kolumbus im galaktischen Hinterindien schließlich doch der kleinwüchsigen Eieresser erbarmten und deren Ernährungssituation revolutionierten, so soll sich im Moment der Gründung Entenhausens ein Füllhorn voller Leckereien ins Land der Wilden ergossen haben. Die sanfte Variante des Armeinsatzes wurde belohnt: Die Indianer haben sich verzogen, sind jedenfalls im Entenhausener Geschichtsbild nicht zu sehen. Bezeichnend, dass im Schneemannwettbewerb der von einem deutschen Schriftsteller erfundene Winnetou zu Ehren kommt und keiner der historischen Widersacher von Erasmus Erpel. Steht nicht auch Emil Erpel, der seine Brust den Pfeilschützen darbietet, die er nicht fürchten muss, wie ein höheres Wesen in der Landschaft?

Tatsächlich folgt das Bildschema des spendierfreudigen Gründers einem Muster

der indianischen Götterdarstellung. Ein Indianerstamm, der im Urwald von Hondurica eine gewaltige Tempelanlage errichtet hat, verehrt eine Fruchtbarkeitsgottheit mit dem Namen Chu. Der Mythos von der Entführung Chus, des Gottes der Lebensfreude, durch Bru, den Geist der Finsternis, erklärt den Gang der Jahreszeiten und den Wechsel von Tag und Nacht. Chu, dessen Standbild am Treppenaufgang zum Tempel steht, trägt eine Krone und einen Anzug aus Blättern. Ein breites Lächeln zieht sich über sein Gesicht, und mit den ausgestreckten Armen bietet er üppige Früchte dar. Der Wohltäter dieses Indianervolks von Menschen im engen biologischen Sinne des Wortes ist ein Erpel wie Emil – mit dem Fachausdruck der donaldistischen Biologie: ein Anatide. «Das ästhetische Empfinden der Entenhausener», bemerkt Platthaus, «beruht also auf den Einflüssen der sie antizipierenden Kulturen.»

Die Aneignung der altamerikanischen Figur des heimatlichen Überflusses durch das Emil-Erpel-Gedenken ist bei näherem Hinsehen allerdings eine Enteignung. Der sterbliche Gott der Lebensfreude kostet den Moment aus, da er durch Fortschenken der Feldfrüchte Besitz vom Terrain seiner künftigen Stadt ergreift. Er vergibt sich nichts durch seine Gaben, da er das Geheimnis der Kultivierung des Bodens kennt. Die Maisernte findet im Oktober und November statt. Der Vorweihnachtsmann kann aus dem Vollen schöpfen, greift in einen Sack ohne Boden. Die Beschenkten muss man sich hungrig und staunend vorstellen.

Bei Betrachtung der Denkmäler könnte man auf den Gedanken kommen, die Pilgeronkel hätten den Mais nach Amerika gebracht. Dabei war es in Plymouth, der von den Passagieren der Mayflower gegründeten Siedlung, der Indianer Squanto, der den englischen Neuankömmlingen im ersten harten Winter gezeigt haben soll, wie man Mais anbaut. Da die Auswanderer sich vor allem aus Handwerkerberufen rekrutierten, verstanden sie nicht viel von der Landwirtschaft. Squanto war dort geboren worden, wo nun die puritanische Musterstadt entstand. Man hatte ihn gekidnappt und in die Sklaverei verkaufen wollen. Als er nach fünf Jahren in London in seine Heimat zurückkehrte, hatte eine Seuche alle Bewohner seines Dorfes dahingerafft.

Das Thanksgiving-Fest, mit dem die Pilgerkindeskinder nicht nur dem Herrgott, sondern auch dem nur ein Jahr nach seiner guten Tat verstorbenen Squanto ihren Dank abstatten, wird auch in Entenhausen begangen. Donald Duck hat Pilgerhut und Pilgerhemd für die Truthahnjagd im Kleiderschrank. Aber wenn er seine Schrotflinte mit getrockneten Erbsen lädt, fallen ihm nicht die indianischen Methoden der Gemüsevorratshaltung ein, denen auch Entenhausen sein Überleben verdanken dürfte. Wenn die Damen von Daisy Ducks Kaffeekränzchen ein Erntedankfestessen nach Großväterart ausrichten, ermutigen sie die Herren zur Regression: Nicht der Farmer ist für die Beilagen zur Jagdbeute zuständig, sondern der Sammler. Die Großväter, erinnert man sich, pflegten am Tag vor dem Fest in den Wald zu ziehen, um Pilze und Beeren mitzubringen. Auf eine Maisbrotfüllung des selbstgeschossenen Truthahns muss die Königin des Festes verzichten. Doch auch wenn der Entenhausener mit Emil Erpel sät, statt mit Erasmus auf die Jagd zu gehen, nährt die Erinnerung an die Gründergestalten die Illusion der Autarkie. Auf der Weltausstellung, die Staatsgäste und Bildungstouristen mit den Spitzenleistungen der Entenhausener Wirtschaft und Kultur bekanntmacht, wird die Leitung des Popcornstandes einem der vermeintlich höchstqualifizierten Angestellten anvertraut. Die Selbstvermehrung der Maiskörner, für die man weiter nichts braucht als Fett, Zucker und Hitze, ist das Sinnbild der Prosperität der Erpelstadt.

Was wissen wir von Emil Erpel? So gut wie nichts. Kein eigenhändiges Zeugnis ist auf uns gekommen und noch nicht einmal eine zeitgenössische Nachricht. Wir kennen nur die Erinnerung, zur Legende verdünnt oder verdichtet, in bündige Form gebracht. Man stelle sich vor, einem Historiker des Deutschen Reiches von 1871 stünden über den Reichsgründer keine anderen Informationen zur Verfügung als die Bismarcksäule bei Friedrichsruh. So verhält es sich mit Emil Erpel. Wir haben das Denkmal. Und wir haben ein Denkmal in Worten, den Spruch, mit dem der Bürgermeister während der Spendensammlung auch Passanten gegenüber den Ratsbeschluss zur Errichtung des Denkmals begründete. Rhetorisch werden die Bürger gefragt, wen sie «mehr ehren» sollten «als den Mann, der aus einer Wüstenei eine blühende Stadt gemacht hat». Laut dem Grimmschen Wörterbuch bezeichnet das Wort «Wüstenei» «speziell das durch Krieg, Naturgewalt oder aus anderen Gründen verwüstete angebaute Land». Ernst Jünger bringt in den «Stahlgewittern» die «Aktion Alberich», die Verheerung der Picardie durch die abziehenden Deutschen im April 1917, auf diese Formel: «kurz, wir verwandelten das Land, das den vordringenden Gegner erwartete, in eine Wüstenei». Emil Erpel soll im Mündungsgebiet der Gumpe das Gegenteil vollbracht haben.

Das Rätsel, wie zwei Brüder abwechselnd als Gründer Entenhausens apostrophiert werden können, löst sich auf, wenn schon Emil Erpels Gründung eine Neugründung gewesen ist. Eine erste Siedlung ging im Zuge kriegerischer Auseinandersetzungen mit der verdrängten Urbevölkerung unter, wie am 22. März 1622, im Todesjahr Squantos, die Indianer des Powhatan-Bundes in einer konzertierten Attacke mehrere Niederlassungen der Kolonie von Virginia zerstörten. Ob wirklich der eine Bruder die Verteidiger der Stadt befehligte und der andere den Wiederaufbau leitete oder ob erst die Nachwelt die Rollenverteilung vornahm, nach der jeder von beiden eine Phase der sagenhaften Urgeschichte personifiziert, ist ungewiss. Es kann auch sein, dass die Erfahrung des Neuanfangs nach den Schrecken des Haudegenschen Krieges in die Frühgeschichte zurückprojiziert worden ist. Den Bau der Wasserleitung dürfen wir in die Friedenszeit legen, weil die Überschussproduktion von Mais die ungefährdete Bewässerung zur Voraussetzung hatte. Vielleicht verdeckt die graziöse Brunnenfigur David Ducks die traumatische Erinnerung daran, dass die eingeschlossenen Bürger der ersten Erpel-Gründung jämmerlich verdurstet sind.

Matthias Oppermann hat die singuläre

Stellung Emil Erpels im Leistungsvergleich der welthistorischen Staatsmänner auf den Punkt gebracht: «Blühende Landschaften hat er versprochen – und sein Versprechen gehalten.» Die Metapher vom blühenden Gemeinwesen ist eine immergrüne Floskel der Panegyrik. Man findet sie im Lied der Deutschen ebenso wie im Wahlspruch von Eton College. In Entenhausen hat die tiefsitzende Erinnerung an die Verwüstung vor der Gründung dazu geführt, dass man den Wortsinn des Bildes nie vergessen hat.

Das Wachstum der Stadt hat natürliche Grundlagen. Nutzpflanzen zieren auch, Zierpflanzen nützen auch: Die Gemeinschaft blüht auf, wenn das Gemeinschaftseigentum der Parks und Plätze sich jedes Jahr scheinbar von selbst den Blumenschmuck anlegt, wenn auch Privatgrundstücke zur Verschönerung des Ganzen beitragen. Ethik und Ästhetik wachsen zusammen im geradezu klassischen Schönheitsideal der blühenden Stadt. Andere Metropolen mögen in ihrem Stadtgesellschaftsvertrag den Leitwert der Autogerechtigkeit einbetonieren – das Duckomobil, eines der meistverkauften Modelle der Duckschen Motoren-Werke, war ein Prototyp des Ökoautos mit Blütenplakette am Platz der Kühlerfigur und Blütenkranz auf dem sanft geschwungenen Dach.

Die Entenhausener Kulturpolitik hat ihr besonderes Gießkannenprinzip: Die Stadtväter und ein Zweig des üppig wuchernden Vereinswesens prämieren fruchtbare Ideen für den Kleingartenbau. Im Winter wird die vergänglichste Kunst gefördert, im Sommer die nachhaltigste. Das Pendant des Schneemann-Preises ist der vom Stadtrat ausgelobte Wettbewerb Schöner Garten. Die hohe Dotierung des ersten Preises wird von einer Allparteienkoalition getragen. Kultur- und Sozialpolitik, Schönheitspflege und Überlebensvorsorge greifen ineinander: Einen Preis in gleicher Höhe kann sich der Erziehungsberechtigte der gesündesten Kinder der Stadt verdienen. Wo die Stadträte mutmaßlich den klassizistischen Maßstab der öffentlichen Bauprogramme auch an die Grüngürtel der Einfamilienhäuser anlegen und gründlich geharkte Wege vor säuberlich geschnittenen Hecken am schönsten finden, da honoriert das zivilgesellschaftliche Parallelunternehmen des Klubs der Blumenfreunde zum Ausgleich die individuelle Phantasie mit Preisen für die originellsten Einpflanzungen.

Der postumen Rivalität der Brüder Erasmus und Emil im kollektiven Gedächtnis entspricht nicht nur die Spannung von äußerer und innerer Staatsräson, sondern auch ein Konflikt zwischen Modellen bürgerlichen Verhaltens. Die Gartenverschönerung des

Wettbewerbsteilnehmers Donald Duck beginnt damit, dass er seine Neffen vom Grundstück vertreibt, die sich dort zum Kriegsspiel eingegraben haben. Man sollte meinen, dass ihm die Auflockerung des Bodens gelegen kommen müsste. Aber statt Rittersporn, Schwertlilien und Granatapfelbäume in den Schützenlöchern zu pflanzen, planiert Duck die Erde, bevor er mit dem Säen beginnt. Entgiftung der Kriegsrückstände durch Recycling mag im konzeptkünstlerischen Rahmen der Haudegen-Aktion funktioniert haben. Vor der eigenen Haustür sind Duck die von Mars gezogenen Furchen unheimlich. Zu Ehren des Entenhausener Traumatherapeuten Prof. Dr. Spökenkieker (Doktorarbeit: «Zur Agoraphobie des Privatpatienten», Habilitationsschrift: «Das Diogenes-Syndrom als Spätfolge des Sonnenstichs») möchte man es eine Spökenkiekersche Fehlleistung nennen, dass Donald Duck, als er von seinen Neffen für die Hausaufgabe in Botanik nach fünf Blumenarten gefragt wird, an dritter Stelle statt Freesie oder Küchenschelle die Frikadelle nennt. Die Blumenwiesen Emil Erpels sind mit dem Blut der Opfer Erasmus Erpels gedüngt. Gras wuchs über die Schlachtfelder der Indianerkriege. Längst werden die Sammler von Pfeilspitzen nur noch weit jenseits der Stadtgrenzen fündig. Aber das Gras ist geblieben. Weitläufige Grünanlagen sind städtisches Eigentum. Fünf Blumen: Das kann für Entenhausener Schulkinder doch nicht schwer sein.

Für alle Operationen an der grünen Lunge des Stadtkörpers ist der Stadtgartendirektor zuständig, der eine herausgehobene Position in der Stadtregierung innehat und als einziges Magistratsmitglied den Bürgermeister auf der Fundraising-Tour für das Stadtgründerdenkmal begleitet. Was den New Yorkern der Central Park, ist den Entenhausenern der Stadtpark: ein ausgedehnter Landschaftsgarten mitten in der Stadt, ein Netz von Spazierwegen und Joggingpfaden, ein vielfach geschichtetes System von Aussichtspunkten. Wie das künstliche Paradies von Frederick Law Olmstead und Calvert Vaux umschließt der Stadtpark einen See. Mitten im *hortus conclusus* weitet sich plötzlich der Blick: Segelboote ziehen ihre Kreise, selbst die Mayflower oder das Flaggschiff der Erpel-Sippe, wie immer es hieß (Juniblume? Maisblüte?), hätte wohl genug Wasser unter dem Kiel. Der erhabenen Kulisse zum Trotz sind Emil Erpel und David Duck keine einsamen Helden. Waffenbrüder General Haudegens aus allen Gattungen und Epochen drängen sich dicht an dicht.

Die Knaben, die hier mittags nach der Schule eine Beobachterposition beziehen, könnten etwas für ihre Noten in Geschichte tun. Aber was sie hierher lockt, ist eine Stunde angewandter Sozialkunde aus erster Hand, eine pantomimische Lektion in Sachen Netzwerkbildung, Karriereplanung und Ruhmbewirtschaftung. Die Ärmsten der Armen finden zwar auch ihr Plätzchen im Park, auf einer Bank oder unter einem Laubdach. Aber die Wege gehören denen, die ihren Weg gemacht haben. Justizrat Juxenburg memoriert auf dem Weg zum Landgericht sein Schlussplädoyer, Kammersänger Säuselfein lässt sein Goldkehlchen vor der Probe frische Luft schnappen. Niemand ist hier ein Nie-

strömt? Kategorisch nimmt die Laufbürgerschaft den Imperativ des urbanen Monumentalismus: Ehrt eure großen Männer. So sagt es schon der Dichter, sagt der Bürgermeister, wir sagten es schon. Welcher Dichter eigentlich? Der mit dem bestimmten Artikel, seinerseits ein überlebensgroßer Zeit- oder Ewigkeitsgenosse.

Es liegt in der Entwicklungslogik der Denkmalskultur, dass Individuen zu Typen erhöht werden. Zwischen allen Kriegshelden mit Zwei- oder Dreispitz, mit Pferd und ohne, mit Uniformknöpfen und Schulterstücken steht denn auch ein barhäuptiger Fußgänger mit entblößtem Oberkörper, den die Inschrift als die Generalisierung der Generalität ausweist: «Der Kämpfer», in der allegorischen Gestalt des Boxers. Der Dichter – in der plastischen Ausführung dürfte der Federkiel nicht fehlen – spricht im Duktus einer höheren Allgemeinheit, als hätte er selbst die Zeit noch erlebt, da Poesie und Philosophie eins waren. Er hat gewiss seine Werkausgabe, Halbleder mit Goldschnitt. Aber welcher Name prangt auf den Buchrücken? Das Dichterwort klingt wie ein Echo des ersten Halbverses des 44. Kapitels des Buches Jesus Sirach, eines der apokryphen Bücher des Alten Testaments: «Lasst uns loben die berühmten Männer». Der Kontext passt perfekt: Bei den Berühmtheiten, deren Lob das Volk anstimmen soll, handelt es sich um die Patriarchen, «unsere Väter». Gepriesen wird ihre politische

mand, und blieben die Schüler mittendrin einfach sitzen, wären sie nach ein paar Jahren auch wer, würden Gesellschaftsreporter beim Entenhausener Kurier.

Die tätige Hälfte der feinen Welt zieht im Stadtpark ihre Kreise und stellt ihre Überschaubarkeit zur Schau, das Kleinstädtische im Herzen der Großstadt. Man kennt sich und wird erkannt. Wie kann es Dr. Doppelkopp mit dem hippokratischen Eid vereinbaren, zu Fuß zu einem Notfall zu eilen und dann auch noch den Umweg durch den Park zu nehmen? Er vermehrt sein Ansehen, indem er sich sehen lässt, und wer sich bei einem berühmten Arzt in Behandlung begibt, den macht ein noch berühmterer Arzt natürlich noch gesünder! Die Standbilder Dagobert Ducks und des Maharadschas von Zasterabad waren hier in bester Gesellschaft, denn Knall, der Dauerkandidat für den Nobelpreis, und Kuddelfleck, der «schöne» Konsul mit dem noch schöneren Konto, gehen als Denkmäler ihrer selbst spazieren. Und das Publikum der Namenlosen, das in den Park

Grundlagenarbeit in der Frühzeit. «Sie haben ihre Königreiche wohl regiert und löbliche Taten getan.» Ihr Ruhm wuchs im Maße ihrer Fortzeugungsfähigkeit: «Ihre Nachkommen sind im Bund geblieben, und um ihretwillen sind ihre Kindeskinder immer für und für geblieben». Dem Abraham versprach Gott, «dass durch seinen Samen die Heiden sollten gesegnet werden».

Vielleicht hat die Erinnerung an diese Verse Dagobert Duck dazu angeregt, sich als Erpel vom Stamm Emil Erpels zu erkennen zu geben. Doch wenn der Bürgermeister den jüdischen Weisheitslehrer direkt zitierte, ohne Vermittlung eines anderen Autors, warum nannte er ihn einen Dichter? Es könnte sich um einen Euphemismus handeln, durch dessen Verwendung das Stadtoberhaupt dem Gebot der Trennung von Staat und Kirche Rechnung tragen wollte, wie es im ersten Zusatz zur Verfassung der Vereinigten Staaten steht. Aber würde es nicht eine seltsame Verrenkung der Zunge verlangen, den Puritaner zu rühmen und von der Bibel zu schweigen? Man muss mit der Möglichkeit rechnen, dass der Bürgermeister nicht ganz wörtlich zitiert. Es ist typisch für geflügelte Worte, auf diese Weise Federn zu lassen. Im dritten Aufzug von Richard Wagners «Meistersingern von Nürnberg» richtet Hans Sachs einen Appell an das Publikum des Sängerwettstreits: «Ehrt eure deutschen Meister! Dann bannt ihr gute Geister.» Auch hier ist der Kontext stimmig: Stadtbürgerliches Traditionsbewusstsein artikuliert sich in der öffentlichen Festkultur. Der freie Wiesenplan vor der Stadt kann für den Park in der Stadt stehen. Sollte der Bürgermeister Wagnerianer sein?

Er müsste nicht fürchten, wegen seines Musikgeschmacks beim Volk in Ungnade zu fallen. Der deutsche Tonsetzer ist in Entenhausen in progressiven Zirkeln und breiten Schichten beliebt. Als Daniel Düsentrieb Sprechapparate zur Implantation in Tiermäuler herstellte, enthielt eine der Tonkonserven das von Lohengrin gegenüber Elsa ausgesprochene Frageverbot – und zwar vorwärts und rückwärts. Von einem Kater vorgetragen, wurde dieses «Nie sollst du mich befragen» unter dem populären Namen der Lohengrin-Arie ein Hit im Fernsehen. Ritterdramen garantieren auch volle Häuser im Sprechtheater. Wer wie der junge Thomas Mann in «Tannhäuser»- und «Lohengrin»-Vorstellungen «Stunden tiefen, einsamen Glückes inmitten der Theatermenge» erlebt hat, «Stunden voll von Schauern und Wonnen der Nerven und des Intellektes», der mag davon träumen, selbst an der Produktion solcher Wonnen der Ungewöhnlichkeit mitzuwirken, auch wenn er sich zu diesem Zweck einen Theatersaal mieten muss und das Publikum dazu. Die meisten solcher Träumer mit kompliziertem Gemüt wachen in Schreibstuben oder hinter Schaltern auf, in Versicherungsgesellschaften oder im Staatsdienst. Aber auch das Beamtenleben kann die Kunst imitieren. Einem Aushilfspaketboten der Entenhausener Post, dem Winterurlaubsvertreter einer Brieftaube, widerfuhr es, dass während der Motorschlittenfahrt über den vereisten Sund das Benzin auslief und in Brand geriet, so dass er sich in einem Feuerring gefangen sah. Der entgleiste Beamte rief aus: «Oh, das ist ja furchtbar! Wir sind von einer Waberlohe umgeben.» Das

Grimmsche Wörterbuch definiert «Waberlohe» als «flammendes flackerndes Feuer, namentlich das, von dem die schlafende Brünhild eingeschlossen ist». Nur ein Wagnerianer wird in einer Lage höchster Not dieses Wort gebrauchen.

Thomas Plum hat auf das Faible der Entenhausener für die Anlautwiederholung hingewiesen, in dem wir eine Hommage an Wagner vermuten möchten. Auch außerhalb der Familie Duck mit ihren Davids und Doretten bestimmt der Stabreim die Namenswahl der Nachkommen, von Antonius Abstauber bis Zacharias Zunder. Er dient aber auch als zoologische Klassifikationsmethode im Alltag, wenn ein räudiger Rollmops aus einem Haufen harmloser Heringe herausgezogen wird und ein feudaler Falke sich als garstiger Geier beschimpfen lassen muss. Jene Freiheiten der Abweichung von den Regeln des altgermanischen Verses, die sich Wagner sehr zum Missfallen von Friedrich Ackermann herausnahm, dem Verfasser des 1877 erschienenen Standardwerks über den Stabreim mit besonderer Berücksichtigung seiner Anwendung in der modernen Poesie, werden von den improvisierten Invektiven der Entenhausener Slam-Dichter auf die Spitze getrieben. Wo schon subtile Anklänge an Wagnersche Motivik ein geneigtes Ohr finden, darf man annehmen, dass der vom Bürgermeister zitierte Dichter den Wortlaut des Sachs-Monologs verallgemeinernd abgewandelt hat und dass der Bürgermeister, als Vorsteher der Exekutive zur Buchstabentreue in der Rechtsanwendung verpflichtet, korrekt zitiert. Wer ist dann der Dichter?

Wir kennen zwei Repräsentanten des Berufsstandes. Im vornehmen Luisenpark wohnt ein Schriftsteller, dem seine Eltern nicht nur den Vornamen Theophil, sondern auch ein Ethos der gottgefälligen Unaufdringlichkeit vererbt haben. Man hat in seiner Familie nie die öffentliche Auseinandersetzung gesucht; nach dem Vorbild des Horaz findet er sein Glück im Verborgenen. Wie Marcel Proust geht er seiner Arbeit im Hausmantel nach; es macht ihm nichts aus, in den Augen seiner Gattin als Pantoffelheld dazustehen. Seine Verse wird man sich gedrechselt denken wie die Zierelemente der Jugendstilmöbel in seinem Arbeitszimmer und auf keinen Fall kakophonisch wie die Referenzwerke des symphonischen Brutalismus, deren Aufnahmen sich in seinem Plattenschrank stapeln. Als Gesetzgeber im Sinne Rudolf Borchardts begreift er sich nicht. Er besitzt keine Schreibmaschine und sendet keine Manifeste an Zeitungen. Wahrscheinlich wird man in seinem Gesamtwerk nicht an einer einzigen Stelle der zweiten Person Plural begegnen. Die großen Männer der großen Menge sind seine Helden nicht.

Das Pathos der Distanz im Stil dieses Stillen in der Stadt hält sein Kollege Kritzler für eine Affektation. Kritzlers Habitus ist die Zwanglosigkeit des freien Verses und des offenen Hemdkragens. Als einziger der prominenten Parkbesucher, deren Namen Schulkinder herunterrasseln können, trägt Kritzler in der Mittagszeit keinen Anzug. Seine Variante des Lebens der Boheme hat freilich nichts gemein mit dem zerlumpten Kostüm des ewigen Kunststudenten, in dem die Maler ihre Treue zu einem romantischen Berufsbild demonstrieren. Keine Baskenmütze bedeckt die Glatze, ebenso kahl wie die Stirn ist das Kinn – aus Protest gegen die Gruppe 47, deren Plakataktion «Man geht nicht mehr ohne Bart!» das Friseurgewerbe unter Faschismusverdacht stellt, aber den Uniformzwang der Männerbündelei restauriert. Kritzlers Designerbrille mit großen Gläsern und dickem Gestell markiert ihn als Durchblicker; diese Überdeutlichkeit der Zeichensetzung ist die neue Nonchalance. Mit der lässig erhobenen Rechten begrüßt er einen guten Bekannten, keinen Cheflektor oder Feuilletonredakteur, sondern den Kaufhauskönig Klotzig, der mindestens Millionär sein soll und den Dichter ganz famillionär in die Arme schließen möchte. Volker Reiche richtete schon 1981 in einem Überblick über Desiderate der Forschung nach fünf Jahren «Der Hamburger Donaldist» an Kritzler die Frage: «Warum grüßt Sie der Warenhausbesitzer Klotzig so überschwenglich?» Zu verbergen haben die beiden Herren offenkundig nichts. Als Exponent des kapitalistischen Realismus nutzt Kritzler die Chancen, die das Warenhaus der angewandten Dichtung bietet. Er liefert Wortwaren, und dank Kritzlers so ungereimten wie eingängigen Werbesprüchen für Knusperflocken («Nicht kleckern – Klotzig!») und anderes Qualitätszeug konnte Klotzig den Absatz so sehr steigern, dass er anbauen musste. Während Tick, Trick und Track Duck jeden von ihnen im Stadtpark erkannten Mann von Wichtigkeit mit seinem beruflichen Erfolg charakterisieren, nennen sie Kritzler pauschal den berühmten Dichter. Er ist – so selten ist Ruhm in seinem Metier – *famous for being famous*. Ehrt eure großen Männer: Das klingt nach Kritzler. Er gab die Losung für den Entenhausener Denkmalboom aus und darf darauf hoffen, dass in Sichtweite von Emil Erpel noch Platz für den reichen Poeten sein wird, wenn er dereinst den Stift aus der Hand legt.

KAPITEL 2

Eine Sternstunde der Wissenschaft: Die Zwei-Welten-Lehre des Hans von Storch

Dagobert Duck geht durch den Stadtpark, wenn er von seinem Geldspeicher zum Finanzamt gelangen will. Eines Morgens erlitt er auf dem Weg zu einer Besprechung beim Präsidenten der Behörde einen Nervenzusammenbruch. Gleich mehrere jener modernen Wegelagerer, die sich an den Straßenecken der Finanzmetropolen herumdrücken, um systemrelevante Spitzenverdiener bei der ambulanten Wertschöpfung zu stören, hatten ihm aufgelauert: ein Spendensammler des V.Z.A.D.K., des Vereins zur Ausrottung der Kapitalisten, ein Vereinsgenosse vom Klub der Millionäre, für dessen Jahresversammlung Duck als Redner gebucht war, und die Mutter des kleinen Hermann, dem Duck kurz erklären sollte, wie man ein reicher Mann wird. Im Park entkorkte der Gejagte die Flasche mit seinen Nerventropfen. Bis zum Standbild seines Vorfahren Emil Erpel trugen ihn die zitternden Füße schon nicht mehr; mit einem Eichhörnchen, das von Geld und Geschäften nichts weiß, wollte er plötzlich die Plätze tauschen. Sein Hausarzt berichtete ihm von einem Ort in einem Tal des Himalaja, wo Geld tatsächlich unbekannt sein soll. Obwohl niemand wusste, in welcher Spalte zwischen den gewaltigen Gipfeln dieses Tralla La liegt, empfahl der Arzt seinem Patienten, sich auf die Suche nach dem geheimnisvollen Ort zu machen, um auf andere Gedanken zu kommen.

Man möchte annehmen, dass ein Mediziner nur einem wohlhabenden Patienten zu dieser Art von alternativer Therapie raten wird und dass er selbst sehr gut situiert sein muss, um sich für einen Trip in utopische Gefilde im Jenseits der Geldwirtschaft zu interessieren. Wie Gangolf Seitz errechnet hat, gehören die Ärzte in Entenhausen allerdings zu den Kleinverdienern. Die Chirurgen üben das Tranchieren nicht im Luxusrestaurant. Um sich im Grand-Palast-Hotel für fünf Taler extra eine Kirsche auf der Schlagsahne zum Käse leisten zu können, müsste ein Arzt das Honorar aus zwei Hausbesuchen ansparen. In einem der von Seitz dokumentierten Fälle beläuft sich die Liquidation für eine dringende Visite bei einem psychisch dekompensierten Patienten einschließlich verbaler

Intervention und medikamentöser Therapie nämlich gerade einmal auf drei Taler. So hat wohl selbst ein Arzt, der Dagobert Duck zu seinen Privatpatienten zählt, gute Gründe, nach einem Alterssitz mit gegen null gehenden Lebenshaltungskosten Ausschau zu halten. Duck flog tatsächlich nach Indien. Seine Großneffen nahmen ihr Erdkundebuch aus dem Schulunterricht mit. Das Wasser eines aus dem Gebirge gespeisten Brunnens, das Zweige von Obstbäumen mit sich führte, brachte sie auf die Spur des Talkessels. Als sie ihrem Großonkel vortrugen, was das Buch über den Obstbaumwuchs im Hofgebirge enthält, fuhr er ihnen in die Bildungsparade: «Schluss mit eurer Schulweisheit!»

Es ist eine bewährte Lehre der Entenhausener Lebensweisheit, dass man der Schulweisheit misstrauen soll. Der Autor, den man in der Schule so gründlich durchgekaut hat wie sonst nur noch Schiller, liefert selbst das passende Merkwort. «Es gibt mehr Ding' im Himmel und auf Erden als eure Schulweisheit sich träumt.» Daniel Düsentrieb hält sich für sehr gebildet, weil er nicht nur die Shakespeare-Sentenz, sondern auch die Fundstelle (Hamlet, Erster Akt) parat hat, und verkennt dabei als Naturwissenschaftler, dass es sich um eines der meistbenutzten Zitate überhaupt handelt. Wie der Ingenieur versteht der Bankier Duck den Satz, der im Stück die Möglichkeit spiritistischer Kommunikation plausibel machen soll, nicht als Lizenz zur metaphysischen Phantasieproduktion, sondern als Prämisse einer empirischen Weiterbildung, die das Hinsehen und Hinfahren verlangt. Dass von Dingen die Rede ist, möchte der Materialist im Entenhausener wörtlich nehmen. Die Wissenschaft von Entenhausen kann von Entenhausen lernen, dass die Natur immer solider ist als alle Schulkenntnisse in der Naturkunde. Hans von Storch, der Begründer des deutschen Donaldismus, hat von Anfang an darauf bestanden, dass die Duckforschung eine harte Wissenschaft sein muss. Sie ist bereit, alle Bücherweisheit zur Disposition zu stellen, und darf sich vom Schein der Vertrautheit nicht täuschen lassen, den die Entenhausener Verhältnisse erwecken.

Storch legte 1978 eine Untersuchung über das Klima in Entenhausen vor. Der Aufsatz ging aufs Ganze und sollte die Duckforschung als strenge Naturwissenschaft nach dem Modell der Newtonschen Physik begründen. Storchs Leitfrage war, ob die Eigenschaften der Dinge zwischen dem Himmel über Entenhausen und der Erde unter und um Entenhausen mit den Gesetzen der hiesigen physikalischen Schulweisheit erklärt werden

können. Dreimal ergab die Prüfung ein positives Resultat: Die drei Erhaltungsgesetze für Masse, Impuls und Energie, Varianten des Satzes «Ex nihilo nihil fit», halten auch in Entenhausen die Dinge zusammen. Energie entsteht nicht aus dem Nichts. Autos benötigen Benzin oder Ähnliches. Ein alter Daimler fährt zwar auch mit Rumverschnitt, aber eben nicht ohne Rumverschnitt. Weder der berühmte Name des Erbauers bringt dieses Urkraftfahrzeug auf Touren noch die Geschicklichkeit des Fahrers.

Energie verschwindet auch nicht. Wenn ein von einem von Daniel Düsentrieb erfundenen Treibstoff befeuertes Auto auf eine Mauer prallt, wird die Mauer verschoben. Wenn das Flugzeug eines Wettermachers auf eine vereiste Wolkenwand prallt, wird das Flugzeug verformt.

Zur Demonstration des Impulserhaltungssatzes eignet sich jedes Fußballspiel, beispielsweise das an einem heißen Sommernachmittag ausgetragene Ligaspiel Entenhausen gegen Quakenbrück, dessen Schlüsselszene durch eine Radioreportage dokumentiert ist: «Sepp dreht auf … Flachbombe … das Leder donnert gegen die Latte … Tooor!» Während der von jedermann nur beim Vornamen genannte Publikumsliebling dem Ball entgegenrennt, steigert er seine Laufgeschwindigkeit. Der Fuß trifft den Ball perfekt und wird abgebremst, der Ball beschleunigt erheblich und saust auf das Tor zu. Anders gesagt: Der Impuls wird vom Fuß auf den Ball übertragen. Der scharf geschossene, gut gezielte Ball trifft das Tor nicht direkt, sondern prallt mit voller Wucht gegen die Latte. Es kommt dennoch zum Torerfolg, weil der Impuls des von der Stange gestoppten Balls sich nicht verflüchtigt, sondern erhalten bleibt. Wie genau der Ball über die Linie gelangt, können wir dem Livekommentar nicht entnehmen. Entweder ist im zweiten Versuch noch ein blitzschnell reagierender Angreifer mit Kopf oder Fuß am Ball oder der Ball trifft einen Spieler der verteidigenden Mannschaft und prallt von dessen Körper unglücklich-glücklich ins Tor. In diesem Fall hätte der Reporter zuerst das Tor bejubelt und dann die Information über den entscheidenden Ballkontakt nachgeschoben. Oder aber es handelte sich um ein Wembley-Tor! Für Storchs Beweiszweck kommt es nur darauf an, dass der Ball nicht an der Latte klebengeblieben ist.

Das Prinzip der Erhaltung der Masse kann Storch mit zwei Erfindungen illustrieren, Höchstleistungen der Entenhausener Ingenieure, die sich freilich von dem Gesetz nicht dispensieren können, dass sie mit dem arbeiten müssen, was sie haben. Der Chefkonstrukteur der Duckschen Raketenfabrik hat einen Atom-Dezimator zur Verkleinerung von technischem Gerät gebaut. Wenn es möglich wäre, Materie spurlos verschwinden zu lassen, wäre dieser unter strengster Geheimhaltung entwickelte Apparat überflüssig. Wie der Name andeutet, schießt der Dezimator so lange jedes zehnte Atom aus geeigneten Stoffen heraus, bis die gewünschte Größe des beschossenen Objekts erreicht ist. Eine mit Strom aus der Steckdose betriebene Vorrichtung für drahtlose Übertragung von Materie steht im Labor von Daniel Düsentrieb. Lebensmittel und Haushaltsgegenstände werden in die trichterförmige Sendeanlage geworfen und vom Empfänger im Nachbarzimmer unversehrt wieder ausgespuckt. Auch die Teleportation von Lebewesen funktioniert einwandfrei, sofern die Stromversorgung sichergestellt ist. Das klingt nach Science-fiction, und tatsächlich hat Düsentrieb die Idee in einem Zukunftsroman mit dem Titel «Drahtlose Marsreise» gefunden. Drahtlose Übertragung bedeutet nicht, dass die Versuchsobjekte in ein immaterielles Zwischenreich wandern, aus dem sie mit magischen Mitteln zurückgeholt werden. Das Prinzip der Dematerialisierung ist materialistisch: Zertrümmerung der Materie in Materiestrahlen. Dreifach konnte Storch also verifizieren, dass die Berichte über Entenhausen «den konservativen Vorstellungen unserer Welt» nicht widersprechen.

Die vierte Probe fügte dem Storchschen Bild des Entenhausener Kosmos einen Aspekt hinzu, der den Konservatismus einer Physik der konstanten Rahmenbedingungen reaktionär überbietet – im Sinne einer konstruktiven Entwicklungsdynamik der materiellen Welt. Einen Beweis für das Wirken der Vorsehung hätten die politischen Theologen der Gegenrevolution in Storchs Argumentation gefunden. Reinhard Löw, der Schüler Robert Spaemanns, wäre berufen gewesen, die systematischen Folgerungen aus den mit Storchs Befunden gegebenen Ansätzen einer teleologischen Naturbetrachtung zu ziehen – wie er es in seiner «Philosophie des Lebendigen» am Wissensstand der Biologie vorgemacht hatte. Löws früher Tod vereitelte seinen Plan, seine Pionierarbeit zur Abstammung der Ducks zu einer Geschichte des Entenlebens auszubauen. Das vierte von Hans von Storch auf den donaldistischen Prüfstand gestellte Gesetz ist der zweite Hauptsatz der Thermodynamik. In Storchs Fassung: die Regel, «wonach es bei Abwesenheit äußerer Kräfte nicht passiert, dass sich ein ungeordneter Zustand spontan in einen geordneten Zustand umwandelt». Populär gesagt: Alles wird unordentlicher. Storch führt Ereignisse an, die beweisen sollen, dass in Entenhausen die Dinge von selbst ordentlicher werden.

In seiner lehrbuchartigen Darstellung der «Anatidischen Physik» von 1986 nennt er dieselben drei Fälle wie in der acht Jahre älteren Klimastudie. Erstens: Der Wettermacher Donald Duck erzeugt aus buchstäblich heiterem Himmel einen Schneesturm mit allen Schikanen. Zweitens: Der Abbruchunternehmer Donald Duck lässt die Scharnhorst-Schule so einstürzen, dass ihre Bauteile sich im Fallen sortieren, in Ducks Worten: «alles fein säuberlich nach Abmessung, spezifischem Gewicht und chemischer Zusammensetzung geordnet». Drittens: Unter den Augen des Müßiggängers Gustav Gans setzen sich die in einem Fluss treibenden zerrissenen Schnipsel einer Schatzkarte wieder zusammen. Man mag einwenden, dass die vom zweiten Hauptsatz behauptete Regelmäßigkeit von einzelnen Gegenbeispielen nicht widerlegt werden könne. Diesen Einwand kann Storch abwehren: Die drei von ihm erörterten Vorkommnisse sind typisch für den Entenhausener Gang der Dinge. Das Problematische an den Beispielen ist nicht ihre überschaubare Zahl, sondern ein sachlicher Mangel: Die Ausgangsbedingung für die Gültigkeit des zweiten Hauptsatzes ist nicht gegeben. Von Abwesenheit äußerer Kräfte kann in keinem der drei Fälle die Rede sein. Zweimal, bei der Scharnhorst-Schule und über der Picknickgesellschaft im Höllental, sehen wir den wohldosierten Krafteinsatz eines Fachmanns. Der dritte Vorgang spielt sich in dem Kraftfeld ab, in dem sich das sagenhafte Schoßkind des Glücks bewegt. Die auf dem Wasser trudelnden Lageplanquadrate hätten sich nicht wieder zu der Konstellation gefügt, die dem Betrachter den Ort eines im Urwald von Hondurica abgestürzten Flugzeugs verriet, wenn nicht gerade Gustav Gans vorbeispaziert wäre, dem im richtigen Moment auch ein Gummielefant zuschwimmt oder ein Obstkuchen zufliegt.

Eklatant scheinen Schatzkartenbergung und Schulbeseitigung dem zweiten Hauptsatz zu widersprechen, sobald man diesem die Aussage entnimmt, dass alle natürlichen Prozesse irreversibel sind. Damit ist allerdings nicht gesagt, dass eine einmal zerrissene Karte nicht wieder zusammengesetzt werden kann. Und Storch übersieht, dass die Reversibilität der Errichtung der Schule, die ohnehin kein natürlicher, sondern ein geplanter Prozess war, die Absicht hinter dem Abriss ist, die Pointe der Demonstration der Kunst des Abbruchspezialisten. Duck versetzt das Schulgebäude in den Ausgangszustand zurück, um zu zeigen, dass er als gewerbsmäßiger Zerstörer ökologisch kostenneutral arbeitet.

Seine Bereitschaft zur Annahme des Auftrags, der als Fernschreiben bei ihm eingeht, erklärt er mit den Worten: «Eine Schule einreißen? Das tu' ich gern. Liebend gern!» Das ist nicht als Absage an den Gedanken der formalen Bildung gemeint. Neben seinem Power-Frühstück – einer Schüssel Hartweizengrieß in Wolfsmilch, gewürzt mit Mauerpfeffer und Steinbrech, gefolgt von einem Turm Pfannkuchen, auf Chromstahl gebacken und mit Büffelbutter bestrichen – nimmt Duck auch geistige Kraftnahrung von imposanter Dickleibigkeit zu sich. Im Schlafzimmer hat er nicht nur Axt und Hammer griffbereit, sondern auch die historiographischen Übersichtswerke «Der Untergang Roms», «Die Zerstörung Karthagos» und «Der Sturz Trojas». Ein vierter Band liegt noch auf dem Tisch, unter dem Rom-Wälzer. Wahrscheinlich haben wir eine zweibändige Ausgabe von Edward Gibbons «History of the Decline and Fall of the Roman Empire» vor uns, die den Stoff auf die zwei Hälften von «Niedergang» und «Untergang» verteilt. Könnte Duck bei Gibbon den Gedanken aufgelesen haben, dass die Invasionen der Barbaren nötig gewesen seien, um die altersschwache römische Zivilisation durch eine Spritze Jugendkraft der Unbildung wiederzubeleben? Dieser kulturkritische Topos aufgeklärter Selbstreflexion geht zwar ein in Gibbons allgemeine Betrachtungen über die Ursachen des Verfalls des Römerreiches, wird aber im chronologischen Durchgang durch die Einzelheiten so gründlich hin- und hergewendet, dass John Pococks Untersuchungen über die Karriere der Erklärungsfigur des Zusammenhangs von Barbarei und Religion bei Gibbon fast schon mehr Seiten füllen als die einundsiebzig Kapitel des «Decline and Fall».

Gibbon rühmt Karl den Großen als Gründer von Schulen, gerade weil die eigenen Studien des Kaisers mühselig und unvollkommen waren und er erst in fortgeschrittenem Alter Schreibunterricht nahm. Donald Duck lässt den eisernen Willen zur Durchsetzung der Schulpflicht, den er als Schulpolizist pflichtgemäß zeigte, auch als erziehungsberechtigter Privatmann nicht vermissen. Er freute sich nicht deshalb über den Auftrag zum Einreißen der Scharnhorst-Schule, weil er ein Parteigänger des *home schooling* wäre oder sich für bittere Lektionen seiner Schulzeit hätte rächen wollen. Ganz im Gegenteil erkannte er die Chance für eine eigene didaktische Darbietung. Die Scharnhorst-Schule war ein Zweckbau ohne klassizistischen Zierrat. Sehr wohl bezeugten die Details die Würde dieses Ortes des gemeinschaftlichen Lernens, aber die Würdeformeln blieben eingebunden in den Bauplan, gaben zu verstehen, dass Zurückhaltung und Selbstbeherrschung zugleich Mittel und Ziele des Erziehungsprogramms der Schule waren. Eine breite Treppe führte zur Eingangstür empor: Bildung verspricht Aufstieg und Erhebung. Die großen Fenster der Klassenräume ließen die Schüler spüren, dass sie für das Leben lernten. Ein Flachdach hätte den Funktionalismus überstrapaziert und den trügerischen Gedanken nahegelegt, der Abschluss sei die einfachste Sache von der Welt. Im Gegensatz zu einer solchen Deckel-drauf-Ästhetik versinnbildlichte das Pyramidendach der Scharnhorst-Schule mit seinen vier in der Spitze unter dem Schulglockentürmchen zusammenlaufenden gegeneinander geneigten Dachflächen, dass in der individuellen Bildungsbiographie wie in der Lerngruppe alles ineinandergreifen muss.

Das Schulgebäude war, wie schon die Benennung nach dem preußischen Militärreformer zu erkennen gab, ein Monument des Geistes der Reformpädagogik. Im Verschwinden sollte sich das Gebäude ein letztes Mal als pädagogisch wertvoll erweisen, indem Duck es für einen Grundkurs in der Kunst des Abreißens nutzte. Lebhaftes KLATSCH! KLATSCH! KLATSCH! des am Bauzaun zusammengekommenen Publikums, durchmischt mit einzelnen Bravorufen, war der Dank für Ducks ebenso ausführliche wie fassliche Step-by-Step-Anleitung. Ducks einziges Werkzeug: eine an einem Seilbagger befestigte vier Tonnen schwere Gussstahlkugel. Zunächst sorgte er durch einen wohlgezielten Schlag an die rechte Stelle dafür, dass die gut erhaltenen Fensterscheiben herausfielen, gleich aufs Säuberlichste gestapelt. Danach lockerte er durch weitere kunstgerechte Schläge das innere Gefüge des Hauses, zunächst frontal, sodann in rascher Folge diagonal. Den Schlusspunkt setzte ein leichter Schlag auf die Birne – diesen Einsatz der Abrissbirne darf man homöopathisch nennen.

Bezeichnend für Ducks Methode sind die Ansätze, von denen er sich absetzt, bevor er zum ersten Schlag ausholt. «Es gibt Leute, die reißen so ein Gebäude Stück für Stück mit der Spitzhacke ein. Altmodisch und mühselig! Und es gibt andere, die jagen es mit Dynamit in die Luft. Rücksichtslos und vorschnell!» Die eine Partei bricht Einzelteil um Einzelteil heraus, ohne Rücksicht auf die Struktur, die andere beseitigt mit einem großen Knall das Ganze, so dass nichts übrigbleibt. Der dritte Weg, den Duck einschlägt, ist als Kompromiss oder Mittelweg unzureichend charakterisiert. Die Originalität von Ducks Zugriff kommt so nicht zum Vorschein, das Konstruktive seiner Art von Destruktion. Er macht sich zunutze, dass die Gebäudeteile eine sinnvolle Einheit bilden. Ein wohlplazierter Schlag löst eine Kettenreaktion aus, da in der Schule alles mit allem zusammenhängt. Duck behandelt den Bau wie einen Organismus. Sein Verfahren kann in einem tieferen Sinne homöopathisch heißen, weil er die empfindlichen Stellen des Baukörpers sucht, in denen die Nervenlinien zusammentreffen.

Der Name des Schulpatrons musste für Duck Ansporn sein, die Schulverwaltung mit einer musterhaften Leistung zu überzeugen. Gerrit Walther hat in seinem Buch über Barthold Georg Niebuhr, den kritischen Geschichtsschreiber Roms und preußischen Finanzpolitiker, die These aufgestellt, dass die Staatsgeschäftsgrundlage der Reformzeit die fortgeschrittene Transzendentalphilosophie war, die es möglich machte, sich den Staat als ein lebendiges Ganzes moralischer Bestrebungen vorzustellen. Wo die Staatswissenschaft der Historiker der Universität Göttingen nicht über das Aggregat, die Zusammenstellung von Daten, hinausgelangt war, erkannte Niebuhr in der Verfassung der römischen Republik ein System. Die Schul- und Universitätsreformen Wilhelm von Humboldts richteten die Erziehung auf das systematische Denken aus. General Gerhard von Scharnhorst, Chef des Generalstabs und Vorsitzender der 1807 eingesetzten Militärreorganisationskommission, öffnete die höhere Offizierslaufbahn für bürgerliche Talente. Eine Scharnhorst-Schule steht für die Honorierung des Verdiensts, das in förmlichen Prüfungen nachgewiesen wird. Der Historiker Franz Schnabel charakterisierte Scharnhorst als «eine ausgeprägte Gelehrtennatur» auf der Höhe der philosophischen Diskussionen der Zeit. «Aus zahlreichen Einzelheiten setzte sich die Militärreform zusammen, wie Scharnhorst sie anregte; das Ganze aber stellte sich als ein genial durchdachtes Werk von geschlossener Einheit dar.» Scharnhorst wollte gemäß seinen eigenen Worten den «neuen Einrichtungen» ein «System» zu Grunde legen, jene «tiefe und neue Einsicht», die wir laut Schnabel dem «geistvollen Gelehrten» verdanken, «dass nämlich ein innerer Zusammenhang zwischen der staatlich-gesellschaftlichen Struktur eines Landes und seiner Heeresverfassung» besteht. Mit heiterer Befriedigung nahmen die dem Abriss beiwohnenden Beamten der Schulbehörde zur Kenntnis, dass sich das meritokratische Ethos der Scharnhorst-Tradition just in der Tat bewährte, durch die die Schule Geschichte wurde.

Öffentliche Anerkennung empfiehlt und belohnt den Fachmann, der Kunststücke vormacht, die man so einfach nicht nachmacht: Raffiniert nannten die Beamten das Herauslösen der Glasscheiben ohne Bruchschäden; es hatte seine Richtigkeit, dass «dieser Duck» eine anerkannte Größe auf seinem Gebiet war. Die Umkehrbarkeit von Reformprozessen illustriert im Rahmen eines systematischen Optimismus, dass Reformen möglich waren und bleiben. So ist die virtuose Vorführung des Gussstahlkugelgebrauchs zu verstehen, die Zurückverwandlung des Systems der höheren Lehranstalt ins Aggregat der Baumaterialien. Die äußeren Kräfte, unter deren Einwirkung es zu dieser Zustandsänderung kam, waren fachmännisch portioniert und gebündelt. Auf den Sitzbänken vor dem Scharnhorst-Denkmal in Großgörschen ist der Wahlspruch eingemeißelt: «Ziel erkannt – Kräfte gespannt!» In Zeiten sinkender Schülerzahlen wäre aus Entenhausen zu lernen, wie der Rückbau von Schulbauten ohne Defätismus ins Werk gesetzt werden kann. Die donaldistische Physik sollte der donaldistischen Bauingenieurswissenschaft Arbeitsaufträge erteilen, statt vorschnell zu suggerieren, dieser Duck habe es durch die Gunst abweichender Naturgesetze zur Meisterschaft im Abrissfach gebracht.

Im Leben von Gustav Gans fehlt jeder Anreiz zur Professionalisierung. Wie der Thronfolger einer konstitutionellen Monarchie oder ein tibetanischer Mönch fristet er sein Dasein außerhalb der arbeitenden Gesellschaft. Nicht nur geht er keinem Beruf nach; nicht einmal die alltäglichsten Verrichtungen, die auch der reichste Mann delegieren oder selbst erledigen muss, sind bei ihm mit Arbeit verbunden. Ein Rabenmensch wie aus dem Lukasevangelium: Er sät nicht, er erntet nicht, der Herr ernährt ihn doch. Ist es falsch, ihn einen professionellen Glücksspieler zu nennen? Ja, weil er seine Gewinne nicht mit Anstrengung oder auch nur mit Konzentration erkauft. Er gewinnt bei der Weihnachtslotterie der Schule von Tick, Trick und Track, wenn er ein Los gekauft hat und sein Vetter Donald 49, die dieser außerdem in einer anstrengenden Nachtschicht mit einer Nadel durchlöchert, damit sie dem Klassensprecher, der die Ziehung vornimmt, förmlich in der Hand kleben bleiben. Nachdem Gustavs Los gezogen worden ist, warnt er den Vetter vor der Spielleidenschaft – die ihn nie befallen hat.

Als sein Auge auf die Fetzen der Schatzkarte aus dem Tropenwald fällt, muss er an ein Puzzlespiel denken. Er erkennt also, dass es sich nicht um Konfetti handelt, die von der Parade zu Ehren des größten Kinderfreundes von Entenhausen übriggeblieben sind, sondern um Fragmente eines beschriebenen Blattes, die man in geduldiger Arbeit wieder zusammensetzen könnte. Allerdings unternimmt er keine Anstalten, das Puzzle zu lösen. Die Kräfte, die bewirken, dass die Strömungen in der stillen Bucht das Kartenbild restaurieren, mag man provisorisch als unwillkürliche Telepathie umschreiben oder als eine Art von Magnetismus. Hans von Storch kündigte 1978 an, in einer eigenen Abhandlung werde er die Konsequenzen erörtern, die sich aus seiner Auffassung, hier liege ein spontaner Übergang in einen höheren Ordnungszustand ohne äußere Krafteinwirkung vor, für die Gustav-Gans-Forschung ergäben. Dieser Beitrag ist nie erschienen.

Storchs Abriss der anatidischen Physik mündet in ein atheistisches Bekenntnis, das ihn als Schüler der materialistischen Aufklärung ausweist, der auf die Zensur keine Rücksicht mehr nehmen muss. Jeder vernünftige Mensch muss nach Storch einsehen, dass einer Welt, in der alle Kirchen abgerissen worden wären, nichts fehlen würde. Das bezieht Storch sogar auf das Entenhausener Münster, das wohl gar nicht mehr für liturgische Zwecke genutzt wird. Storch hat es freilich unterlassen, eine physikalische Erklärung des Glücks von Gustav Gans in Angriff zu nehmen. Diese Erklärungslücke schafft einerseits Raum für theologische Spekulationen über die Kette der Ereignisse im Leben von Gustav Gans, die aller Wahrscheinlichkeit widersprechen und als Wunder klassifiziert werden müssen, solange es an kausalen Herleitungen fehlt. Gustav ist ein Anti-Hiob, dem Wohltaten des Himmels widerfahren, die nicht als Belohnungen für fromme Handlungen zu verstehen sind.

Der Schwärmerei zugeneigte Leser könnten die Wiederherstellung der Karte als heilsgeschichtliches Zeichen deuten, als Vorwegnahme der Restauration der von der Bibelkritik malträtierten Heiligen Schrift. Jesus selbst vergleicht im Matthäusevangelium das Himmelreich mit einem verborgenen Schatz. Andererseits bedeutet das Fehlen einer Formel für die Glückskraft, dass die Verschwörungstheorie vom CIA-Agenten aus dem Buch «Die Ducks» das Feld behauptet. Als ein Indiz für eine Geheimdiensttätigkeit Gustavs führte Grobian Gans die Lagepläne und Schatzkarten an, «die ihm auf ominöse Weise zugespielt werden und ihn an verlassene Orte führen».

Da der zweite Hauptsatz der Thermodynamik überall im Universum Geltung beansprucht, auch an den heißesten Orten und in den eisigsten Ecken, schloss Hans von Storch aus seinen drei Beispielen für hauptsatzwidrige Aufräumprozesse, dass wir Entenhausen außerhalb des Universums suchen müssen – in einem Paralleluniversum. Dort gibt es eine zweite Erde, deren Eigenschaften, wie die Drehung um die eigene Achse und die Drehung um die Sonne, denen unserer Erde weitgehend gleichen. Als wissenschaftlicher Name für diesen Planeten hat sich Stella Anatium, Stern der Enten, eingebürgert, obwohl einzelne Forscher das präzisere, streng parallele Terra Anatium vorziehen. In der Präferenz für den Entenstern verrät sich ein Moment der utopischen Sehnsucht im Herzen des kühl objektivistischen Donaldismus Storchscher Observanz: Man wäre gern – mit dem Titel der Lebenserinnerungen des Theologen Helmut Thielicke – zu Gast auf einem schönen Stern, sieht den Weg dorthin aber durch das harte Naturgesetz des zweiten Hauptsatzes für alle Ewigkeit verbaut.

Die Stella-Anatium-Lehre ist auch nach Storchs Rückzug aus der donaldistischen Forschung das vorherrschende Paradigma des naturwissenschaftlichen Donaldismus geblieben. Stefan Jordan stellte 1986 Berechnungen zur Beantwortung der Frage an, wie es möglich sein soll, dass der hinter dem Mond verborgene zweite Mond aus Gold erst von einem Satelliten entdeckt wurde und irdischen Sternguckern bis dahin immer verborgen geblieben war. Das analoge Problem wirft der zehnte Planet des Sonnensystems auf, der Traumstern hinter dem Pluto – so benannt, weil sein Entdecker Franz Gans ihn im Traum sah und aufgrund des Traums Daniel Düsentrieb zu einer Expedition zum blinden Fleckchen Weltraum im Rücken des Pluto überredete. Jordan kam zu dem Schluss, dass außer dem zweiten Hauptsatz der Thermodynamik auch das Newtonsche Gravitationsgesetz in der Welt von Entenhausen nicht streng gilt.

Von PaTrick Martins «Astronomia Nova Stellarum Anatium» in der Nachfolge Johannes Keplers liegt bislang die «Pars prima» vor: «De Lunis». Hans Blumenberg notiert in seinem Werk über die Genesis der kopernikanischen Welt, dass sowohl Galilei, der Anfang des Jahres 1610 die Jupitermonde entdeckt hatte, als auch Kepler, der diese Entdeckung schon im Mai 1610 kommentierte, den von Martin gebrauchten Plural vermieden. Galilei nannte die Jupitertrabanten Planeten, Kepler beschrieb sie zwar als Äquivalente des Mondes, erfand für sie aber im September 1610 den Ausdruck «Satelliten». Die Zunge sträubte sich dagegen, vom Mond in der Mehrzahl zu handeln. Blumenberg weist darauf hin, dass dem Augenschein, wonach es einen und nur einen Mond gibt, durch die neue Sterngesetzeskunde ein wissenschaftlicher Sinn zugewachsen war. «Man darf hier nicht vergessen, dass der Erdenmond seine Sonderstellung im System gerade erst durch Kopernikus erhalten hatte. Er war bei ihm als letzter Fall eines geozentrisch kreisenden Himmelskörpers gleichsam übrig geblieben. Insofern war er, als Residuum des überholten Irrtums von der Zentralstellung der Erde, eine störende Singularität geworden.»

In Blumenbergs Deutung wollte Kepler das Werk des Kopernikus dadurch vollenden, dass er nun darauf ausging, «diesen letzten Rest von Sonderlichkeit der Erde» mit Hilfe der Nachricht von Galileis Beobachtungen zu beseitigen: Er nahm an, «dass nicht nur die Erde einen Mond hätte, sondern alle anderen Planeten auch einen». Ganz ist die Erde ihren Ruf des sonnensystemweit bekannten Sonderlings allerdings nicht losgeworden. Im Gegenteil: Je mehr Monde im Sonnensystem identifiziert werden, desto deutlicher hebt sich die Erde in der Liste der Planeten dadurch ab, dass sie als einziger der Planeten mit Begleiter nur einen einzigen Begleiter hat. Die jüngste Zählung weist für den Jupiter 64 Monde aus, für den Saturn 61, für den Uranus 27, für den Neptun 13 und für den Pluto fünf. PaTrick Martin brachte 2005, 395 Jahre nach dem *annus mirabilis* der Jupitermondfunde, Keplers Arbeit zu Ende: Er machte plausibel, dass die Erde, auf der Entenhausen liegt, von drei Monden umkreist wird – den Goldmond nicht gerechnet. Der Mond, den Donald Duck mit der von den Professoren Sirius und Uranus gebauten Rakete ansteuerte, hat eine Atmosphäre. Duck und sein Konkurrent Bull konnten sich auf diesem Mond ohne Raumhelm bewegen. Die Monde unterscheiden sich außerdem durch die Beschaffenheit ihrer Oberflächen. Auf dem Mond, den Do-

nald Duck als Privatmann in der Rakete umrundet hat, die er mit Duckamit befeuerte, einem von ihm hergestellten Supertreibstoff, ragen hohe kegelförmige Berge in den kosmischen Nachthimmel. Der Mond, hinter dem sich der Goldmond versteckt, wird von den Entenhausener Astronauten «unser alter Mond» genannt. Sie geben an, er sei an seinen Kratern erkenntlich – was sich nach Martin weniger auf deren Verteilung als auf die Form bezieht, die hoch aufgeworfenen Ränder. Der in Atemluft eingehüllte Mond ist dagegen der Erosion ausgesetzt, so dass seine Gebirge fast vollständig eingeebnet sind. In der Nacht, als der für die Brandserie im Entenhausener Hafen verantwortliche Pyromane mit dem Spitznamen Zündel-Karl verhaftet wurde, standen im Abstand von wenigen Minuten ein abnehmender und ein zunehmender Mond am Himmel. Es ist unvermeidlich, dass der Donaldismus von Monden im Plural spricht.

Eine der Glossen in Hans Blumenbergs postum veröffentlichter Sammlung «Die Vollzähligkeit der Sterne» trägt den Titel «Die Singularität des Mondes». Der Philosoph skizziert hier die Phänomenologie des Mondes, die der lebensweltliche Hintergrund der terminologischen Schwierigkeiten von Galilei und Kepler war: «Als ‹Gestirn› ist der Mond eine sinnliche Singularität. Er ist nicht graduell größer als andere Himmelsgebilde, sondern er allein hat eine wahrnehmbare Ausdehnung, eine strukturierte Fläche, eine kurzfristige ‹Geschichte› erlebbarer Veränderung vom gänzlichen Verschwinden bis zur vollen Rundung. Er ‹beschäftigt› die Wahrnehmung ohne Wissen, ohne Phantasie. Der Mond ist einzig.» Martin zeigt, dass die Flächenstrukturen der drei Monde für den irdischen Betrachter physiognomische Prägnanz haben. Der von Hochgebirgen bedeckte Mond scheint bei Vollmond verschmitzt zu lächeln; im Profil wird einer der steilen Gipfel, der weit über die Mondhorizontlinie hinausragt, als Näschen wahrgenommen. Als kreisrunde Scheibe ohne besondere Merkmale erscheint dagegen bei Vollmond der Mond mit Atmosphäre. Die Mondsichel dieses Mondes hat keinen schweren Zacken. Obwohl also die Individualität der drei Monde die Wahrnehmung beschäftigt, werden sie, wie Martin hervorhebt, in der Alltagssprache Entenhausens nicht unterschieden. Sogar in der Medienberichterstattung über die verschiedenen bemannten Mondexpeditionen ist immer vom

Mond mit bestimmtem Artikel im Singular die Rede. Dieser Befund Martins ist ein weiterer schöner Beleg für den Lebenserfahrungssatz, den Blumenberg mit der Folgenlosigkeit der Mondforschung illustriert, die Einsicht von der «Ohnmacht des Wissens gegenüber der Anschauung».

Die poetische Gattung des Mondliedes, in dem der Mond als einsamer Begleiter des einsamen Menschen angesprochen wird, kann nach Blumenberg als Befreiung der Vernunft von sich selbst genossen werden. Als die Ducks den letzten Konkurrenten im Rennen um den Goldmond abgeschüttelt hatten und ihr alter Mond vor ihnen auftauchte, stimmten Tick, Trick und Track das Volkslied «Guter Mond, du gehst so stille» an. Ihr Onkel Donald, der das Raumschiff steuerte, ermahnte sie: «Singt nicht, sondern passt auf!» Um abzuwandeln, was Blumenberg über Goethes Gedicht «An den Mond» («Füllest wieder Busch und Tal / Still mit Nebelglanz») schreibt: Den Mond in einem überfüllten Himmel noch einmal als Wanderer, der allein auf weiter Flur ist, anreden zu dürfen, die Stille der Mondnacht kurz vor dem Betreten des Goldmonds und dem Einsetzen der Verteilungskämpfe noch einmal hören zu können – das ist eine erstaunliche Entdeckung von Unversehrbarkeit. Das Glück der ästhetischen Einstellung, so könnte man Blumenberg zusammenfassen, beruht darauf, dass der Mensch nicht aufgepasst hat.

Die ausstehenden Teile von Martins «Nova Astronomia» werden zunächst die anderen Planeten des Sonnensystems behandeln. Selbst der Jupiter, elfmal so groß wie die Erde, was den Angaben in unseren Astronomiebüchern entspricht, ist nur ein kleiner Krabbler unter den Wandelsternen: Planeten in den Sternbildern des Löwen und des Orion sind hundertmal oder sogar zehntausendmal so groß wie er. Mit weiterer Himmelskörpervermehrung ist zu rechnen. Schon Hartmut Hänsel, Gründungsdirektor des Donaldistischen Instituts für Raumfahrt, wies darauf hin, dass die vierarmigen gepanzerten Marsmenschen, die in einem erloschenen Vulkan südöstlich des Philippinengrabens gesunkene Schlacht- und Frachtschiffe einschmelzen, um Eisen zu gewinnen, das auf ihrem Planeten Mangelware ist, äußerlich wenig gemein haben mit den putzigen Wesen, die ein Entenhausener Postbote auf dem Mars antrifft, der einen Brief an die Vereinten Nationen der Venus zustellen soll und sich im Planeten geirrt hat. Die Venusbewohner wiederum, denen der Postbote schließlich den Brief zustellt, hochgeschossene Teenager, sehen, selbst wenn man den Altersunterschied in Rechnung stellt, nicht im Entferntesten so aus wie Muchkale, das gekrönte Hutzelmännchen, das sich den Ducks unter Vorweisung eines Grundbuchauszugs der venusianischen Weltraumbehörde als Eigentümer des Goldmonds vorstellt. Hänsel, bei dem die astronomische Neugier mit mystischen Interessen zusammengeht, neigt dazu, den beiden nach der Liebesgöttin und dem Kriegsgott benannten Planeten eine Atmosphäre des Ausgleichs rassischer Gegensätze zuzutrauen. Martin, der auch neodarwinistische Untersuchungen zur Entstehung intelligenter Arten vorgelegt hat, wird die Unterschiede in der körperlichen Ausstattung wohl eher damit erklären wollen, dass diese Populationen auf unterschiedlichen Planeten leben.

Hinter dem Pluto befindet sich tatsächlich jener Planet, auf dem Franz Gans während einer seiner ausgedehnten Ruhepausen zwischen den glücklichen Kühen des Hofs von Dorette Duck einen Traumurlaub verbracht hatte. Eine Spritztour mit einer schnittigen zweisitzigen Rakete aus Daniel Düsentriebs Werkstatt – die Reisegeschwindigkeit muss nach Hänsels Berechnungen der Lichtgeschwindigkeit nahegekommen sein – beendete das Schattendasein des allerkleinsten Planeten. Der Ingenieur hatte erwartet, dass die Expedition ins Leere gehen werde. Mit ironischem Lächeln und herablassendem Stirnrunzeln hatte der Raketenpilot mit Hochschuldiplom seinem ungelehrten Beifahrer entgegengehalten, dass er den bestirnten Himmel wie seine Westentasche kenne. Im Rückblick mag es sich aufdrängen, die biedermeierliche Privatautorität, die Düsentrieb hier reklamierte, für ein Zeichen der Hybris des Wissenschaftlers aus der Stadt zu halten. Aber er war ein aufmerksamer Leser Kants, der tatsächlich dem in fortgesetzter Beobachtung gewonnenen Wissen des Sternkundigen den Charakter intimer Vertrautheit zuschrieb.

Der «bestirnte Himmel über mir und das moralische Gesetz in mir», so heißt es im berühmten Schlussabschnitt der «Kritik der praktischen Vernunft», sind die «zwei Dinge», die «das Gemüt mit immer neuer und zunehmender Bewunderung und Ehrfurcht» erfüllen, «je öfter und anhaltender sich das Nachdenken damit beschäftigt». Für dieses Nachdenken gab Kant Hinweise: «Beide darf ich nicht als in Dunkelheiten verhüllt, oder im Überschwenglichen, außer meinem Gesichtskreise, suchen und bloß vermuten; ich sehe sie vor mir und verknüpfe sie unmittelbar mit dem Bewusstsein meiner Existenz.» Mir kommt meine Existenz zu Bewusstsein, wenn ich den Sternenhimmel über mir sehe und nicht irgendwo ganz weit weg. Das Universum ist also wirklich so etwas wie ein bequemer Anzug mit weiten Taschen für Notizblock und Bleistift. Allerdings scheint Düsentrieb nicht so regelmäßig durchs Fernrohr gesehen zu haben, wie er sich einbildete. Hier gilt Kants Mahnung: «Bewunderung und Achtung können zwar zur Nachforschung reizen, aber den Mangel derselben nicht ersetzen.»

Die Goldmondbesucher aus Entenhausen

wandten sich nach der Landung in Gedanken ihrer Heimat zu, die unsichtbar hinter ihrem alten Mond lag: «unsere grüne Erde». Der grüne Schimmer verbürgt, dass in Blumenbergs Worten «die Erde zu ihrem Glück kein Stern unter Sternen» und der Name Stella Anatium im Lichte der «Aufklärung durch Aeronautik» irreführend ist. Grün ist die Farbe eines Lebens, das auf der Erde nach Blumenberg «nur durch ihre Zwischenstellung zwischen den Extremwerten von Weltkörpern möglich» ist, den mörderisch heißen «Sternen im strikten Sinne» und den leichenbitterkalten «Dunkelkörpern» in Sonnenferne. Der Traumstern, eingehüllt in eine Atmosphäre aus Atemluft, ist eine zweite grüne Erde: Wälder und Obstbaumwiesen bedecken seine Oberfläche. Die Zwischenstellung dieses wohltemperierten Planeten ist ein perfekt austariertes Gleichgewicht, das jede Entwicklung erübrigt. Das Gras ist so weich, dass die Bewohner das ganze Jahr auf den Wiesen liegen können, ohne sich den Bürzel wundzuscheuern. Zugleich sind die Halme so robust, dass verfilzte getrocknete Grasbüschel als Hosenstoff dienen. Milde Temperaturen bewirken, dass man mit einem Paar kurzer Hosen durchs Jahr oder sogar durchs Leben kommt. Es ist so warm, dass man den Oberkörper nicht bedecken muss. Und doch ist es so kühl, dass die ins Gras plumpsenden Früchte nicht verfaulen, sondern bis zur nächsten von der Natur selbst vorgenommenen Ernte vorhalten. Das dichte Netz der Flüsse führt so viel Wasser, dass die natürliche Bewässerung der Obstbäume und die Trinkwasserversorgung der Obstesser immer gesichert sind, aber auch wieder nicht so viel, dass es zu Missernten infolge starker Regenfälle kommen könnte.

Die heutige Hirnforschung gibt die Botschaft aus, intellektuelle Kreativität setze eine permanente Stimulation voraus, die schon in früher Jugend beginnen müsse. Max-Planck-Direktoren entwerfen Kindergärten, die vor Aktivität und Rivalität brummen wie Max-Planck-Institute. Für die armen kleinen Gehirne ist Entlastung in Sicht, sobald die Bildungsforschung sich bequemt, die Geschichte der Traumsternbevölkerung zur Kenntnis zu nehmen. Indem die Natur sich um Obsternte und Beinkleiderwildwuchs kümmerte, hat sie die Arrangements für das makrosoziologische Langzeitexperiment einer Gesellschaft ohne Arbeit getroffen – unter paradiesischen Laborbedingungen. In einem Gedankenspiel malte Blumenberg sich aus, «wenn Menschen jemals auf einem fremden Stern landen sollten», könnten dessen Bewohner «die hervorstechende Eigenschaft des völligen Mangels an Neugierde zeigen». Genau solche Wesen trafen die Entenhausener Ausflügler auf dem ultraplutonischen Planeten an, als dessen wissenschaftlicher Name sich Vertumnus angeboten hätte, nach dem römischen Gott des Herbstes und der Baumfrüchte. Über unzählige Generationen waren die Traumsternbewohner traumlos glücklich im Dauerhalbschlaf. Sie lagen unter den Bäumen und sahen tonnenweise Äpfel von den Bäumen fallen, ohne die Hände danach auszustrecken oder gar über die Gesetzmäßigkeit hinter den Fallvorgängen nachzudenken. Mit der unendlich verzögerten Aufklärung dürfte zu erklären sein, dass vom Traumstern auf der Erde nie etwas zu sehen war: Dieser Dunkelkörper setzte keine Geistesblitze ab.

Auch Sir Isaac Newton hätte sich allerdings nie mit Physik beschäftigt, wenn er als Vertumnianer zur Welt gekommen wäre. Blumenberg hat ein verbreitetes Missverständnis der berühmten Anekdote korrigiert: «Newton hatte nicht den fallenden Apfel bestaunt, ihm war eine Differenz zum Rätsel geworden: Wenn der Apfel fallen musste, warum dann nicht der Mond?» Auf dem Traumstern wachsen die Bäume nicht in einen Himmel, der dieses Rätsel hätte aufgeben können: Wie Merkur und Venus gehört der Traumstern zu den mondlosen Planeten. Nach der Ewigkeit des reizlosen Dahindämmerns genügte eine einzige Irritation, der von Düsentrieb durch Rütteln am Ast beschleunigte Apfelabwurf, um eine Kettenreaktion des Erfindergeistes auszulösen. Die Dinge nahmen die Wendung, die der Mathematiker Leonhard Euler der Apfelfallgeschichte gegeben hatte: Newton «lag einst in einem Garten unter einem Apfelbaume, als ein Apfel, der ihm auf den Kopf fiel, bei ihm eine Menge von Betrachtungen veranlasste». Der Newton des Traumsterns, der neben Franz Gans gelegen hatte und aufsprang, als gleich drei der vom Baum herunterprasselnden Äpfel seinen Kopf trafen, brachte den Schmerz zur Sprache, durch den der Schattenspender und Fruchtbringer zum Baum der Erkenntnis wurde: «Aua, was soll der Blödsinn?»

Am Anfang von Wissenschaft und Technik stand die Frage Wozu, das Erkenntnisinteresse der praktischen Theodizee in einer gottlosen Welt. Aber von Anfang an fehlte für die Antwort die Zeit. Mit den kullernden Äpfeln war das erste, zunächst nur bergab fahrende Automobil in der Welt, und gleich der erste Autounfall führte zur Entdeckung des Feuers. Und immer schneller ging es weiter: Schon vor Sonnenuntergang gab es Schifffahrt und Küche, Bergbau und Telefon, den Philosophen und den Landarzt – wobei allerdings zu bedenken ist, dass ein Tag auf

dem Pluto 153 Stunden und siebzehn Minuten dauert. Die Glühbirne wurde gleich nach der Erprobung des Blitzableiters angeknipst: Wahrscheinlich konnte der Traumstern von den Teleskopen der Entenhausener Sternwarte schon vor der Rückkehr der beiden Privatastronauten endlich registriert werden, als plötzlich im Weltraum aufgetauchter unbekannter Planet. Den Anstoß zur überstürzten Abreise gab das Erschrecken der Besucher darüber, dass sie von der Entwicklung eingeholt wurden, die sie ausgelöst hatten: Auf der zweiten Erde wurde das Zeitalter der Weltraumfahrt ausgerufen. Franz Gans haben wir auf dem irdischen Bauernhof auch in der Erntezeit nur in Ruhelage angetroffen. Grobian Gans vermutete in ihm deshalb den Liebhaber seiner Arbeitgeberin, den großen Odalisken der Frau Großmutter. Auf diese populäre These kann dank den «Unwürdigen Neffen», der donaldistischen Punk-Band, sogar getanzt werden: «Lover oder Knecht, / Franz ist beides recht!» Franz war gar nicht recht, dass seine Brüder im Traume zum großen Sprung für die gänseähnliche Menschheit ansetzten. Er nahm die Beine in die Hand und rannte. Begründung: «Da ist es ja bei uns auf der Erde noch gemütlicher.»

Was die Lage des Traumsterns anging, hatte er den zweifelnden Ingenieur eines Besseren belehrt. Was die Lage auf der Erde betraf, war er im Irrtum, auch wenn Düsentrieb ihm diesmal zustimmte. Blumenbergs Glossen zur Sternreisekunde, so der noch von ihm selbst verfasste Klappentext, erörtern die Frage, was den Daheimgebliebenen blieb, und sind zu verstehen «als heitere Kompensation dafür, dass dieses Daheim nicht gemütlicher werden wollte». Der Kennedy des Apfelplaneten entwarf ein Apolloprogramm für Ethik: «Zu den Sternen sollte man fliegen! Vielleicht finden wir einen, wo das Leben schöner ist als hier.» Das Wissen, dass Herzensbildungstouristen vom Aus-der-Traumstern unterwegs waren, genügte, um die Erde ungemütlicher zu machen. Zum Himmel empor ging der Blick des vom Fortschritt beflügelten Autodidakten, nachdem noch am Morgen Düsentrieb die trägen Gesellen durch seinen aufrechten Gang nervös gemacht hatte. Nun brach beim Anblick von Raketentests ein Nervenleiden bei den Botschaftern der Zivilisation aus. Symptom: heftige Transpiration. Er werde krank, klagte Franz Gans, mit ausgestreckten Armen auf die grüne Wiese verweisend, und Düsentrieb wurde von Schwindelgefühlen übermannt. Der Boden schien zu schwanken, weil Erde und Traumstern keine Antipoden mehr waren. Bang mussten die Entenhausener sich fragen, ob sie für ein schöneres Leben in der Heimat die Hand ins soeben erst entfachte Feuer legen konnten.

Blumenberg zitiert aus Rilkes «Buch der Bilder» das Gedicht «Von den Fontänen», das die Verunsicherung durch die phantastische Erwägung durchspielt, die Menschheit könne in die Sphäre der Götter aufgestiegen sein – nur um sich als Projektion menschenähnlicher Weltgenossen zu erweisen. «Vielleicht sind wir oben / in Himmel anderer Wesen eingewoben, die zu uns aufschaun abends. Vielleicht loben / uns ihre Dichter. Vielleicht beten viele / zu uns empor.» Soll man sich nach diesem Muster die Verbindung zwischen Stella Anatium und Terra Hominum vorstellen, als wechselseitiges Verhältnis der Sehnsucht, Vergötterung und Traumreiselust?

Hans von Storchs Theorie der Paralleluniversen nimmt an, dass sich zwei Planeten ausgebildet haben, die sich auf Satellitenfotos zum Verwechseln ähnlich sehen und deren Geschichte über weite Strecken synchron verlief. Sehr viele welthistorische Persönlichkeiten hatten demnach einen Zwilling gleichen Namens, der jenseits des Geltungsbereichs des zweiten Hauptsatzes der Thermodynamik die Geschäfte des Entenweltgeistes führte. Von Hammurabi, dem babylonischen König des achtzehnten Jahrhunderts vor Christus, ist ein eigenhändiges Zauberrezept erhalten, das erstaunlicherweise nicht in der altbabylonischen Monumental-Keilschrift abgefasst ist, in der Hammurabis Gesetzbuch in die im Louvre aufgestellte Basaltstele eingeritzt wurde. Der König verwendete für seine medizinische Handreichung eine Bilderschrift, wobei die Zuordnung der Piktogramme zu den einzelnen Rezeptzutaten trotz der uns vorliegenden vollständigen Übersetzung («reichlich ranziges Rattenfett, 2 Lot Läusekraut, 1 Prise Powenzwurz und 7 Schnurrhaare von einer schielenden Katze») noch ein Desiderat ist. Diese Schrift muss noch viel älter sein als der altbabylonische Staatsanzeiger-Zeichensatz. Hammurabi wollte das Rezept für eine Tinktur, die die Gesichtszüge des Probanden ausradiert und durch ein Spiegelbild seines Gegenübers ersetzt, vor Unberufenen schützen und gleichzeitig mit der Aura des uralten Wissens umgeben. Man mag es ironisch nennen, dass der König unter Berufshexen als aufgeklärter Mann verehrt wird.

Der Name manch eines mittelalterlichen Machthabers, der ins papstfreundliche historische Gedächtnis als Geißel der Christenheit einging, ist in Entenhausen auf den Hund gekommen. Einer der Bernhardiner im Haushalt Donald Ducks hört auf den Namen Attila, macht diesem Namen allerdings alle Unehre und erreicht trotz klarer Befehlslage («Hetz, hetz, Attila!») nicht, dass eine von ihm angebellte Katze vom Hof verschwindet oder es auch nur nicht mehr wagt, ihn scheel anzusehen. Attilas Artgenosse Barbarossa fühlt sich im Schnee nicht pudelwohl, sondern verharrt auf dem Teppich vor dem Kaminfeuer, als dürfte er vor der Restauration des Kaisertums das Haus nicht verlassen. Dem Betrachter der Entenhausener Geschichtskultur kann sich der kulturpessimistische Gedanke aufdrängen, dass nur die Zerstörer unsterblich sind. Schulkinder können die Lebensdaten von Dschingis Khan, dem berühmten mongolischen Eroberer, auswendig hersagen.

Jacob Burckhardt hat in seinen Vorlesungen über das Studium der Geschichte den Begriff der historischen Größe formal bestimmt, durch die Anleitung für ein kontrafaktisches Gedankenexperiment. Man mache die Probe, ob man jemanden aus der Weltgeschichte streichen kann – der große Mensch ist unersetzlich. Einschränkend bemerkte Burckhardt allerdings, «der eigentliche Beweis der Unersetzlichkeit und Einzigkeit» sei «nicht immer streng beizubringen, schon weil wir den präsumtiven Vorrat der Natur und der Weltgeschichte nicht kennen, aus welchem statt eines großen Individuums ein anderes wäre auf den Schauplatz gestellt worden». Wenn Hans von Storchs Theorie zutrifft und sich das Duck-Universum und unser Universum unabhängig voneinander entwickelt haben, muss der Vorrat der Natur arg beschränkt sein: Dieselben Khane, Kaiser und Diktatoren haben dann auf dem einen wie auf dem anderen Schauplatz die Befehlsgewalt an sich reißen können – und dass, obwohl sie auf Stella Anatium unter ungünstigeren physikalischen Bedingungen agieren mussten. Denn in einer Welt, in der die Dinge sich schon einmal von selbst zusammenraufen, dürfte das Versprechen der Despoten, geordnete Verhältnisse zu garantieren, doch eigentlich weniger verführerisch klingen, und müsste die Zerstörung, mit der diese Ordnungshüter tatsächlich im Bunde sind, öfter auf spontane Gegenwehr stoßen.

Storch muss aber ferner auch annehmen, dass Personen der Zeitgeschichte, die sehr wohl ersetzbar sind, in beiden Universen identische Karrieren gemacht haben. Das gilt etwa für die Olympiasiegerin Ulrike Meyfarth, deren Beinarbeit den Maßstab für die Turnierchancen Entenhausener Springfrösche bildet, und den Sänger Freddy Quinn, dessen Seegedicht «Die Gitarre und das Meer» Tick, Trick und Track stundenlang und gar nicht laut genug hören können. Sollte die Weltgeschichte wirklich auch alle diese Nebenfiguren unabkömmlich gestellt haben? Will Storch sich diese Unwahrscheinlichkeit nicht aufhalsen, mag er die Denkmöglichkeit in Erwägung ziehen, dass die Entenhausener von unseren Sportgrößen und Popstars durch ihre Medien Kenntnis erhalten – wie wir umgekehrt in den Micky-Maus-Heften über Tipsy Topper und Harro Hopper unterrichtet werden, den Hitlistenkletterer aus Tinpot an der Themse und den Entenhausener Hoffnungsträger im Hürdenlauf. Vielleicht gibt die Entenhausener Unterhaltungsindustrie unsere Helden als ihre Erfindungen aus. Freddy Quinn ist in der Jugend womöglich eine Kultfigur wie bei uns Homer Simpson, und für die Muskateller-Indianer, die von den Entenhausener Entwicklungshelfern lernen wollen, wie Heino zu singen, wird es ohnehin keinen Unterschied machen, ob der große blonde Gesangslehrer mit der schwarzen Brille leibhaftig in einem Entenhausener Fernsehstudio steht oder von einem Schauspieler gespielt wird wie Obelix von Gérard Depardieu.

Abends im Bett liest Donald Duck die «Micky Maus». Aber im gut gefüllten Comicregal eines Entenhausener Kiosks ist neben dem «Supermenschen» und den «Wüstenratten» durchaus noch Platz für «Die tollsten Geschichten mit Hans von Storch», die Abenteuer eines Wetterforschers, der im Kampf gegen die Erderwärmung jede Kaltluftfront vor dem Zusammenbruch rettet und ungerührt die Luft herauslässt, wenn sich irgendwo ein Wirbelsturm zusammengezwirbelt hat. Lustigerweise erforscht er auch das Klima auf einem Planeten, der für seine Wettersatelliten unerreichbar ist. Er wird häufig in Talkshows eingeladen, damit der Moderator ihn fragen kann: Herr von Storch, haben Sie einen Vogel? Für die Entenhausener Kulturkritik wäre ein solches Heftchen natürlich ein gefundenes Fressen. Der Pädagogikprofessor Plappert würde seinen Studenten erklären, dass solche Lektüre die kindliche Psyche demotiviert und ihren Drang zu explosiver Aktion anästhesiert: Der Storch im Comicheft erhält seine Prügel, damit die Leser sich an die eigenen gewöhnen. Irgendwann wird dann ein mit den Heften aufgewachsener Komplettsammler dahinterkommen, dass eine Figur wie Hans von Storch gar nicht erfunden sein kann – der Storchismus ist geboren und das Fachblatt «Der Entenhausener Storchist» auf dem Weg zum Drucker.

Aber unsere hypothetische Geschichte des Entenhausener Wissens vom Nicht-Duck-Universum hat sich jetzt zu weit von den gesicherten Tatsachen entfernt, auf die Storch seine neue Wissenschaft gründen wollte, ganz wie die Meteorologie mit der Niederschlagsmessung beginnt – ihre Welt ist alles, was der Fall ist. Ein Zeichnerkollege von Carl Barks wie Don Rosa mag die Lücken in der Überlieferung mit eigenen Geschichten füllen; der wissenschaftliche Donaldismus darf der Phantasie nicht freien Lauf lassen. Eine gesicherte Tatsache ist etwa, dass der Meeresbiologe Hans Hass keine Trickfigur des Schulfernsehens und kein Held einer Groschenheftserie ist. Seine Bücher werden auch in Entenhausen verlegt; die volkstümliche Vorstellung vom Forscher als dem Kühnsten der Kühnen, der geheimnisvolle Tiefen auszuloten wagt, geht auf seine eigenen Worte zurück.

Im Entenhausener Bildungsbürgertum ist die Ansicht gängig, das Fernsehprogramm werde immer schlechter. Unangenehme Angeber, denen man in den Medien ohnehin nicht entgehen kann, handeln Sondersen-

fünf Jahren einmal auf dem Titelbild der Illustrierten «Komet» zu sehen war. Er verlangt Unverwechselbarkeit im welthistorischen Maßstab. Als Donald Duck beim Versuch, den Ärmelkanal zu durchschwimmen und dabei eine Pampelmuse auf einer Makkaroni zu balancieren, von einem Wal verschluckt und nach vier Stunden wieder ausgespuckt wurde, druckten die Entenhausener

dungen aus, die sie zu Werbezwecken nutzen. Allerdings wird im Funkhaus so streng auf Qualitätskontrolle geachtet, dass wir von einer öffentlich-rechtlichen Rechtsform des Rundfunks ausgehen dürfen. Im Prominenten-Quiz werden stattliche Preissummen an Kandidaten ausgeschüttet, die die Antworten auf Fragen wie «Wie viele Sterne im Sternenbanner Amerikas entsprechen seinen 50 Staaten?» wissen. Wie schon der Name sagt, sind nur Prominente zur Teilnahme berechtigt. Aber wo sich für die Einsortierung der Insassen der diversen Dschungel-, Wüsten- und Arktiscamps des deutschen Privatfernsehens ein Alphabet der Peinlichkeit mit einem Spektrum von der B- bis zur Z-Prominenz eingebürgert hat, ist der für die Entenhausener Quizsendung zuständige Sendeleiter ein unbestechlich strenger Beurteiler des Ruhms, ein Minos am Totengericht zu Lebzeiten. Für den Prominenznachweis genügt ihm nicht, dass ein Bewerber in den letzten

Zeitungen Extrablätter. Auf dem Funkhaus erfuhr der Gerettete, dass ihn sein ungewöhnliches Erlebnis noch nicht als Kandidaten qualifizierte. Etwas Ähnliches sei auch einem gewissen Herrn Jonas passiert, vor ungefähr zweitausend Jahren.

Wenn Wunder sich wiederholt haben sollen, gilt die Duplizität der Berichte der Bibelkritik als Indiz literarischer Nachbildung, aber dem frommen Gemüt als Widerlegung der Kleingeister vom Klub der Zweifler. Hans von Storchs Stella-Anatium-Theorie steht und fällt mit der Frage, ob wir glauben wollen, dass auf unserer Erde ein Taucher namens Hans Hass, geboren am 23. Januar 1919 und gestorben am 16. Juni 2013, erforscht hat, ob die Thunfische unter Wasser wirklich so aussehen wie die Abbildungen auf den Konservendosen, und dass auf einer anderen Erde in einem anderen Universum ein Taucher desselben Namens zu derselben Zeit der Wissenschaft denselben Dienst erwiesen hat.

KAPITEL 3

Enten in Entenhausen: Minderheit und Oberschicht

Abschätzig bemerkt Nietzsche in «Jenseits von Gut und Böse» über den «europäischen Mischmenschen» seiner Zeit, er brauche «schlechterdings ein Kostüm: er hat die Historie nötig als die Vorratskammer der Kostüme». Als europäisch-amerikanisches Mischwesen ist der Entenhausener anzusprechen, der am Abend im Opernhaus unter Studien- und Kriminalräten sitzt, um Säuselfein als Lohengrin zu erleben, und am Morgen zu einer Gesellschaftsreise in den Wilden Westen aufbricht, wo er sich beim Rollenspiel als Postreiter zur Verfügung stellt, obwohl er eigentlich nicht die Statur eines harten Westmannes hat. Er braucht erst recht ein Kostüm – folglich floriert in Entenhausen die Kostümverleihbranche.

Hätten die Ladenbesitzer den Selbstdarstellungsdrang des Abenteuertouristen, der schon nach einem Tag Hilfspostreiterdienst Stoff für einen autobiographischen Roman beisammen zu haben glaubt, könnten ihre Memoirenbücher alle mit demselben Satz beginnen: Am Anfang war Napoleon. Der Zweispitz des Kaisers der Franzosen ist das Inventarstück, das in jedem Kostümverleih vorhanden sein muss und wegen der konstanten Nachfrage oft ins Schaufenster gestellt wird. Einige dieser Hüte sind mit dem Anfangsbuchstaben des Kaisernamens verziert. Dass die Markierung Partygästen auf die Sprünge helfen soll, die bei der Behandlung des napoleonischen Zeitalters in der Schule gefehlt haben, ist auszuschließen. Diese Geschichtsunterrichts-

einheit muss mehrere Wochen umfassen, so lebendig ist nicht nur bei Zöglingen der Scharnhorst-Schule die Erinnerung an den großen Umbruch und besonders an die Befreiungskriege. Fürst Blücher, der Marschall Vorwärts, ist sogar ein Held des Volksmundes in der Stadt, in der der Direktor einer Unfallversicherung von einem neu eingestellten Vertreter zehn Vertragsabschlüsse am ersten Tag erwartet und der Bürgermeister einen neu rekrutierten Beamten auf rücksichtsloses Durchgreifen einschwört. Das sprichwörtliche Rangehen wie Blücher wird der edlen Hunderasse der russischen Rauhhaarrollmöpse nachgesagt und von Spezial-Insekten erwartet, die als geborene Feinde von Holzwürmern einmachglasweise an Staudammbesitzer verkauft werden. Als würden bei den Pfadfindern noch nicht genug Orden und Ehrenzeichen ausgeschüttet, ist das Steckenpferd von Tick, Trick und Track das Nachspielen der Angriffe der Lützowschen Jäger. Der Klang der Vereinshymne des Freikorps mit dem Text von Theodor Körner erfüllt die Seele ihres Erziehungsberechtigten mit Grausen, der bei Daniel Düsentrieb einen drahtlosen Schallöscher mit Richtstrahler in Auftrag gibt, mit dem er den Krach abstellen kann, ohne die wilden Gesellen zu fragen.

Zu den Requisiten, die Donald Ducks Neffen für ihre lebenden Schlachtenbilder im Haus vorfinden, gehört natürlich ein Napoleonhut mit Kaiserinitial in neoimperialer Monumentalschrift. Diesen Namensstempel auf der Gedenkmütze, die man auch ohne das buchstäbliche Memento eindeutig mit Napoleon verknüpfen würde, obwohl andere Kriegsleute das gleiche Hutmodell getragen haben, versteht man am besten als Variante eines rätselhaften Phänomens der öffentlichen Kommunikation, das Tobias Drossel beschrieben hat. Entenhausen ist die vollständig und im Zweifel zweifach ausgeschilderte Stadt. Ein Schild wird auch Dingen umgehängt, die sich von selbst erklären. An der Barackenwand einer Großbaustelle ist über einem nach allen Seiten gut sichtbaren Feldtelefon ein Schild mit der Aufschrift «Feldtelefon» befestigt. Gleich zwei Schilder am Pförtnerhäuschen des Flugplatzes weisen den Beamten, der Unbefugte abweist und Befugte einlässt, als Pförtner aus. Orte sind vor Ort noch einmal beschildert, und zwar selbst dann, wenn sich beim besten Willen niemand dorthin verirren kann. Ein Schild weist den Weg zur Müllkippe, und zwischen den Abfallbergen steht dann noch ein Schild. Eine paradoxe Lage wird von dieser Selbstreferenz im Sorgenraum des Duckschen Geldspeichers herbeigeführt. In dieses Zimmer pflegt sich Dagobert Duck in Krisen zum Nachdenken zurückzuziehen. Er macht sich Gedanken, indem er im Kreis geht – und unter der Last der Verantwortung für die wiederkehrenden Probleme seiner weltweiten Unternehmungen hat er über die Jahre einen ringförmigen Trampelpfad in den Fußboden hineingetrieben. Mitten im Raum, neben diesem Graben, in dem Duck seine Befürchtungen anlässlich abgesoffener Tanker, abgestürzter Kurse und abgeschriebener Abschreibungen breitgetreten hat, steht ein Schild, das ihn darüber informiert, dass er sich im Sorgenraum befindet. Aber wenn er das beim Betreten des Sorgenraums nicht gewusst hätte, wäre er doch aller Sorgen ledig?

Die Dichte der Beschilderung ist ein Index der Urbanität Entenhausens. In der Stadt wird die Vorstellung zweifelhaft, dass alles seinen natürlichen Ort und seine offensichtliche Bestimmung hat. Man braucht in der Stadt einen Stadtplan, weil sie eine unübersichtliche Ansammlung von Dingen ist, die sich nicht von selbst verstehen. Die Städte, legte Georg Simmel dar, «sind zunächst die Sitze der höchsten wirtschaftlichen Arbeitsteilung; sie erzeugen darin so extreme Erscheinungen wie in Paris den einträglichen Beruf des Quatorzième». Dabei handelt es sich um Personen, «die sich zur Dinerstunde in angemessenem Kostüm bereit halten, um schnell herangeholt zu werden, wo sich in einer Gesellschaft dreizehn am Tisch befinden». Natürlich sind solche Spezialisten, die einen Bedarf befriedigen, der bei Tischgesellschaften auf dem abergläubischen Lande zwar auch empfunden werden mag, aber nie als Nachfrage artikuliert würde, «durch Schilder an ihren Wohnungen kenntlich». Die komplett ausgeschilderte Stadt ist als begehbarer Stadtplan organisiert. Durch die Schilder wird man auf Schritt und Tritt daran erinnert, dass man sich innerhalb der Stadtgrenzen bewegt. So gesehen ergibt die kuriose Informationspolitik des Entenhausener Zoos Sinn. Innerhalb der Zoomauern, am Rand des Haifischteichs, steht ein Schild, dessen drei Buchstaben das Zoogelände als Zoogelände kennzeichnen: Man befindet sich im Tierpark und nicht auf freier Wildbahn, woraus sich auch ohne das Kleingedruckte einer Benutzungsordnung beispielsweise ergibt, dass man die dort angetroffenen Tiere nicht jagen darf. Auf einem weiteren Schild, das zwischen Haifischteich und Löwengehege postiert ist, wird die Aufschrift «Zoo» von einem Pfeil ergänzt. Dieses Schild, notiert Drossel, zeigt im Zoo an, «wo man denn noch mehr Zoo vorfinden kann». Und tatsächlich ist das Gehege mit seinem hohen Gitter zooartiger als der Teich, der nicht umzäunt ist und mit den hohen Palmen am Ufer die perfekte Illusion einer tropischen Bucht vermittelt.

Das N auf dem Zweispitz hat die Funktion eines Etiketts: Die Kaiserlegende ist dem kaiserlichen Abzeichen eingeschrieben. Spielerisch geben die Kostümausleiher zu erkennen, dass sie sich in einem musealen Setting bewegen, auf befriedetem Terrain, wenn sie dem Genie des Kriegsexports nacheifern. Immerhin scheinen in den Kostümgeschäften keine Braunhemden vorgehalten zu werden. Das Exemplar von «Mein Kampf» auf dem städtischen Müllplatz ist möglicherwei-

se eine Attrappe. Es liegt nicht zwischen den alten Aktien und den Zeitungspaketen auf dem durch ein Schild ausgewiesenen Altpapierhaufen, sondern neben einer kleinen Marschtrommel mit gerissenem Fell. Requisiten eines kritischen Schultheaterstücks über Hitlers Weg vom «Trommler» zum «Führer»?

Das Völkerkundemuseum besitzt mindestens zwei Originaluniformen Napoleons, natürlich komplett mit Hut. Der kleine Korse spornt die bravsten Bürger zur Nachahmung an, die insgeheim unbedingt etwas Größeres sein wollen. Er brauchte Platz, um sich auszudehnen: Mit dieser Formel kann man Werk und Leben Napoleons zusammenfassen. Die zugeknöpfte Uniform spricht vom Expansionsdrang, wenn man den ordensschmucklosen Rock mit den Augen Nietzsches betrachtet: «Napoleon, die Leidenschaft neuer Möglichkeiten der Seele, die Raumerweiterung der Seele.»

Der größte Schweller aller Zeiten muss insbesondere die Enten zur Identifikation verleiten, die der Stadt zwar den Namen gegeben haben, aber im multikulturellen Durcheinander der Metropole eine in doppeltem Sinne kleine Minderheit sind. Reinhard Löw gebührt das Verdienst, in einer der ersten Ausgaben des «Hamburger Donaldisten» darüber aufgeklärt zu haben, dass die Ducks keine Enten im Sinne der zoologischen Schulweisheit sind. «Es gibt im Duckschen Universum zwar eine Fülle von Haustieren, die, mit den hierorts gebräuchlichen identisch, gefüttert, geschoren, gegebenenfalls auch gefressen werden. Wollte man deswegen aber Gustav Gans bei Oma Ducks weihnachtlichem Gänsebraten für einen Kannibalen halten? Natürlich nicht!» Enten, Gänse und Hühner, auch Rinder und Pferde kommen in der donaldistischen Taxonomie je zweimal vor, als niedere und als höhere Art. Höher kann man hier wörtlich nehmen: Durch den aufrechten Gang überragen die Ducks ihre entfernten Vettern. Für alle diese Arten gilt, dass die der Tierwelt entwachsenen Zweibeiner sich bekleiden und jedenfalls im Vergleich mit dem Menschen so intelligent sind, dass die wissenschaftlichen Namen Anas sapiens und so weiter sachgerecht sind.

Es gibt einerseits die Schweine, die auf dem Mustergut von Dagobert Duck so fröhlich den Maiskolben zusprechen, die der missvergnügte Neffe des Eigentümers in ihren Trog schüttet, dass man an John Stuart Mills Satz zu zweifeln beginnt, es sei besser, ein unzufriedener Sokrates als ein zufriedenes Schwein zu sein. Und es gibt andererseits den am häufigsten wiedergewählten Stadtübervater in der Reihe der Entenhausener Bürgermeister, es gibt den Grundstücksmakler Schorchel Schachermann sowie Dicky, den Nerd unter den Klassenkameraden von Tick, Trick und Track, der immer ein Knäuel Bindfaden in der Hosentasche hat, um das Verknoten und Entknoten zu trainieren, aber auch einen Bleistift gut gebrauchen kann, um Infinitesimalrechnungen höchsten Grades mit zahllosen Unbekannten zu lösen. Haben diese drei *sues sapientes* Schwein gehabt, weil sie mit dem vor zweieinhalb Jahrtausenden verstorbenen Sokrates gar nicht tauschen können? Die quellenkritische Biographik hat manche Legende über die Unzufriedenheit des Philosophen korrigiert. So bündig wie kolloquial wurde aus der Genderforschung vermeldet: «Sokrates seine Frau hieß Xantippe und war gar keine.»

Die weit überwiegende Mehrheit der Bewohner Entenhausens stellen hundeähnliche Lebewesen. Wissenschaftlicher Name: Kynoide. Sie teilen sich in zwei Unterarten, die in der Angleichung des Hundeleibs an die menschliche Gestalt unterschiedlich weit gekommen sind. Die einen, wie Professor Knall, Dr. Carol Clarsicht und der Bürgermeister, der die Emil-Erpel-Denkmäler enthüllt, haben noch baumelfähige Schlappohren. Die anderen, wie der Dichter Theophil, Prof. Dr. Spökenkieker und der Bürgermeister, der die Erasmus-Erpel-Schneestatuen prämiert, haben schon mehr oder weniger eng anliegende Muschelohren. Allen gemeinsam ist als Merkmal der Verwandtschaft mit Attila und Barbarossa, dem Schlittenhund Barko und Spürobold, dem Felddiensthund des Fähnleins Fieselschweif, die in einen schwarzen Knubbel auslaufende Nase.

Bei den Mitgliedern der Panzerknackerbande treten beide Ohrformen auf, wobei gewöhnlich entweder Knacker mit Hundeohren oder Knacker mit Menschenohren zusammen agieren. Auf den ersten Blick scheint dieser Befund für eine starke Fluktuation der Bandenmitgliedschaft zu sprechen. Dass eine Gruppe trotz vollständigem Personalaustausch ihre Identität bewahrt und Außenstehenden keine Veränderung auffällt, ist charakteristisch für Kollektive, deren Angehörige ausschließlich als Gesamtsubjekt in Erscheinung treten – es gilt für musikalische Ensembles wie die King's Singers und den Posaunenchor Poppenbüll, aber nicht für Fakultäten oder Redaktionen. Die Vermutung liegt nahe, dass die Schilder mit den Mitgliedsnummern auf den Uniformpullovern

Planstellen bezeichnen, die an Nachrücker neu vergeben werden – insbesondere dann, wenn ein Mitglied eine längere Haftstrafe verbüßen muss. Je nach kriminalpolitischer Großwetterlage könnte es mehrfach erforderlich gewesen sein, eine ganze Knackergeneration zu ersetzen.

Freilich konnte Hartmut Hänsel 1981 einen Entenhausener präsentieren, bei dem beide Varianten des Gehörapparats belegt sind. Professor Popoff darf als Fachmann für Kopfformfragen angesprochen werden. Er bietet in Zeitungsannoncen Berufsberatung aufgrund wissenschaftlicher Messung der Verstandeskräfte an. Dem Kunden wird eine verdrahtete Haube aufgesetzt, das Elektrocephalogramm, das seine Gehirnwellen registriert. Der Wellensalat wird automatisch in eine einzige Zahl umgerechnet, die Begabungszahl, auch Talentkoeffizient genannt. Am Rande sei notiert, dass das Elektroencephalogramm (EEG) in der Neurologie unserer Gesellschaft die graphische Aufzeichnung der Spannungsschwankungen unter der Kopfoberfläche ist, während der analog gebildete Entenhausener Begriff das

Spannungsmessgerät bezeichnet. So ist im Zuge des humanwissenschaftlichen Fortschritts die diagnostische Federführung an die Apparate übergegangen. Eine Interpretation der Befunde durch einen menschlichen Beobachter findet nicht mehr statt. Auch das Rechenzentrum im Stadtpark hat Berufsberatung durch Messung der Gehirnwellen im Angebot. Als Donald Duck sich dieser Prozedur unterzog und dabei gestand, dass er am liebsten Bankier würde, beschied ihn der diensthabende Fütterer des Elektronengehirns knapp: «Das entscheidet die Maschine.»

Bei Popoffs Elektrocephalogramm handelt es sich gemäß einem Hinweis von Uwe Lambach wohl um ein Gerät der zweiten Generation, da es ohne angeschlossenen Großrechner auskommt. Die Zuordnung von Koeffizient und Idealberuf ist so effizient, dass Popoff seine Eignungstabellen zum Buchbinder gebracht hat und in vier stattlichen Bänden hat binden lassen. Um in jedem Fall auf Nummer sicher zu gehen, pflegt Popoff beim Ablesen der Begabungszahl seine Brille zu justieren. Bei der Untersuchung von Donald Duck, die den Wert von 11,5 ergab, den Koeffizienten des geborenen Detektivs, wurden die langen Bügel der Gelehrtenbrille von den großen Ohrmuscheln am Hirnforscherschädel gehalten. Unglücklicherweise unterlief dem Ingeniometriker ein Lesefehler: Der Talentprobewert war zehnmal höher, der vermeintliche Spürobold auf zwei Beinen in Wahrheit ein Genie der Musikpädagogik, ein Schlangenbeschwörer mit dem Zeug zur Weltkarriere. Es ist anzunehmen, dass eine hohe Frequenz der Hirnwellen als Indiz einer musikalischen Begabung gilt – swinge, wem Geswing gegeben! Neben dem Detektiv stehen in Popoffs Tabellen mit Werten um 11,5 der Taschendieb, der Kammerjäger und der Wechselfälscher. Von dem Kommissar der Pariser Kriminalpolizei, mit dem Tick, Trick und Track ihren Onkel hatten wetteifern sehen wollen, ist überliefert: «Maigrets Gehirn arbeitete nach Art eines Zahnrades, das die Ereignisse genau einordnete.» Zu starke Schwingungen hätten offenbar das Schnurren des Rades beeinträchtigt.

Nach Popoffs Schlappe – wenige Wochen waren vergangen – baumelten Schlappohren über den Ausläufern seines Backenbarts. Der evolutionshistorische Rückschritt zeugt von einem starken Schuldbewusstsein des Berufsberaters, der sich fragen musste, ob er den richtigen Beruf gewählt hatte. Hänsel hat für den spontanen Ohrformwechsel den Begriff der Ohromorphose vorgeschlagen. Wäre als alternative Erklärung von Popoffs neuer Gehörausstattung ein Eingriff der kosmetischen Chirurgie in Erwägung zu ziehen? Zwar brachte Donald Duck, als er einen Schönheitssalon unter dem Namen Monsieur Donald führte, die abstehenden Ohren einer elefantenähnlichen Entenhausenerin mit dem Vornamen Agathe dadurch zum Verschwinden, dass er sie hinter dem Kopf zusammenband. Aber Monsieur Donald war eben auch nicht Doktor Donald. Tick, Trick und Track staunen darüber, dass sich die Leute von Doktor Doppelkopp sogar den Bauch aufschneiden lassen. Warum sollte er ihnen nicht auch die Ohren abschneiden?

Eine ermattete Fliege hatte in Popoffs Praxis auf dem Anzeigefeld der elektrocephalographischen Apparatur einen Ruheplatz gefunden und die betörenden 115 Begabungspunkte des Schlangenbeschwörers in die bescheidenen 11,5 des Detektivs korrigiert. Sollte Popoff sich eine frische Ohrengarnitur besorgt haben, weil er zwar das KRACKS! KNATTER! KIRCKS! gehört hatte, das die Stromzufuhr unter der Schädeldecke des skeptischen Probanden erzeugte, das BZZZZ des verflixten Insekts jedoch nicht? Schließlich kann das Ohr des Hundes höhere Frequenzen wahrnehmen als das des Menschen. Für den Fall, dass ein neues Ohrenpaar ein chirurgisches Standardangebot ist, steht zu erwarten, dass Entenhausener, die in ihren Berufen ein besonders feines Gehör brauchen, häufig ihre Muschelohren gegen Schlappohren getauscht haben. Doch dafür fehlt es an Belegen: Die beiden Musiker, die die höchsten Gagen kassieren, der Dirigent und Komponist Basso Bombopoff und der Tenor Säuselfein, sammeln mit Ohrmuschelkelchen die kunsthonigsüßen Melodien des Oratoriums von Porfirio Pompossa. So wird der Geigenlehrer Professor Poplischek, der wie alle Böhmen ein geborener Musikant ist, mit seinen gemütsvoll schlackernden Hängeohren geboren worden sein.

Die Nummern der Panzerknacker bezeichnen wohl doch die individuellen Personen, zumal sie nicht nur auf dem Trikot getragen, sondern auch auf die Brust tätowiert werden. Nr. 176-167, der Knacker, der nach einer Verhaftung wegen mutwilliger Beschädigung städtischen Eigentums die Verlegung ins Gefängnis von Quakenbrück beantragte, weil es dort sonntags immer die guten gedünsteten Backpflaumen gibt, hatte in der Volkshochschule für unsere gestrauchelten Brüder, einem Mustergefängnis etwas außerhalb von Entenhausen, das durch individuelle Bildungsförderung die soziale Wiedereingliederung der Straftäter vorbereitet, den Kurs mit dem Titel «Hundert Wege, um abzunehmen, ohne zu leiden» belegt.

Auf dem Großhansdorfer Kongress 1981 hielt Roland B. Wais einen Vortrag, dessen Titel zur stehenden Wendung donaldistischer Selbstbesinnung wurde: «Entenhausen – Vorbild und Mahnung». Als vorbildlich schilderte Wais das friedliche Zusammenleben von Schnabelwesen, Schnauzenträgern und Rüsselköpfen. Ja, im Kontrast zur Eintönigkeit der menschlichen Gesellschaft, wo man im Museum oder auf dem Wiesenrummel immer nur Artgenossen trifft, kam ihm der intelligente Umgang, den die intelligenten Arten miteinander pflegen, schlichtweg ideal vor – im platonischen Sinne. Wais verpasste dem wissenschaftlichen Weltbild Hans von Storchs einen spekulativen Überbau und erklärte das Duck-Universum zur Idee unseres Universums. Den Donaldisten wies Wais die doppelte Verpflichtung zu, die Idee zu erkennen und ihr nachzueifern. «Das Ducksche Universum ist demnach das Vorbild. Wir sind der Abklatsch, die heruntergekommene Variante.» An dieser Stelle verzeichnet das Tagungsprotokoll starken Beifall und «Brillant!»-Rufe.

Es ist ein unausgesprochenes Gesetz der antirassistischen Idealstadt, dass die Artenunterschiede nicht zur Sprache gebracht werden. Unsere politische Korrektheit ist die heruntergekommene Variante dieser zwanglosen Höflichkeit. Als Donald Duck und seine Neffen beschuldigt werden, durch Unachtsamkeit beim Zelten einen verheerenden Waldbrand im Adlergebirge verursacht zu haben, lässt der Oberförster nach einem kleinen Herrn in Matrosenbluse und drei Kindern fahnden, nicht nach vier Enten. Nur in Grenzsituationen, in Zonen ohne Anreize zu zivilem Wohlverhalten, gehen die tierischen Merkmale in die Beschreibung von Personen ein. Umgekehrt gesagt: Die Thematisierung der biologischen Gruppenidentitäten ist Indiz der Marginalität des Sprechers. Seeleute bewegen sich buchstäblich außerhalb der Gesellschaft, pflegen eine raue Sprache, die zeigt, dass ihnen Wind und Wellen nichts anhaben können. Lore aus Singapore, eine Papageiendame, die alle sieben Weltmeere befahren hat, erweist sich nach der Abmusterung als nicht resozialisierbar, weil sie zu viele Fremdwörter aufgeschnappt hat. Als die Küstenwache im Nordpolarmeer ein Floß mit vier Schiffbrüchigen aufgriff, die zu übermütigem Gesang eine kesse Sohle aufs schwankende Parkett legten, nahm der Matrose, der sie gesichtet hatte, kein Blatt der Allgemeinen Erklärung der Menschenrechte vor den Mund, sondern benannte, was er sah: «Vier Enten auf einem Floß, und vollkommen plemplem!» Was der Matrose nicht sehen konnte: Die Enten hatten eine Wikingerkarte von Nordamerika dabei, noch viel wertvoller als der Goldschatz, den ein glücklicher fünfter Nordpolfahrer unter Berufung auf § 32 Absatz II des Seenotgesetzes auf dem von ihm im ewigen Eis entdeckten Wikingerschiff beschlagnahmt hatte. Gleich den Wikingern summierten Donald Duck und seine Neffen ihr Abenteuer poetisch: «Gustav Gans, / na ja, der kann's! / Doch unser Schwein / ist auch nicht klein!» Und weder der Kapitän des Küstenwachschiffs noch der Matrose kam auf den Gedanken, dass der Jubel des letzten Verspaars dem Bürgermeister von Entenhausen gelten könnte.

Der schweineähnliche Stadtregierungschef stand schon mehrfach kurz davor, als letztes Oberhaupt seiner Stadt in die Geschichte einzugehen. Auf ihm lastet die Verantwortung für die Überschwemmungskatastrophe, den Deichbruch, der Entenhausen ausgerechnet am Abend des Deichfestes heimsuchte. Er hatte vom akuten Ausbesserungsbedarf des Deichs Kenntnis erhalten, aber die Alarmierung der Deichpolizei vergessen, als er der ausgelassenen Menge beim traditionellen Ringelpiez mit «Tanz, tanz, Brüderlein, tanz / Lasse die Sorgen zuhaus!» einheizte. So wurde der Partymeister zuerst vom hereinbrechenden Meer und dann noch einmal vom Wählerzorn fortgeschwemmt – ein Antityp zu Helmut Schmidt. Wenn er Visionen hat, geht er denn natürlich auch nicht zum Arzt, sondern zum Kämmerer und greift tief in die Stadtkasse. Nach Plänen von Professor Eierkopf, dem Ordinarius am Automations-Institut der Universität, ließ er in den Vereinigten Entenhausener Stahlwerken hochhaushohe Roboter bauen, um gewaltige Infrastrukturvorhaben in Angriff zu nehmen. In der Tradition von Baron Haussmann und Robert Moses, den Stadtplanierern von Paris und New York, wollte er neue Stadtviertel aus der von den stählernen Riesen umgewühlten Erde stampfen. Am Ende der Arbeiten hätten auch die alltäglichsten Abläufe im städtischen Leben auf Automati-

verstehen sich als Menschen und erkennen einander als Menschen an. Ein kynoider Kunstmaler erkennt aus dem Atelierfenster im Passanten Donald Duck das richtige Modell für sein Gemälde mit dem Titel «Urmensch» – und nicht etwa «Urenterich». Fünfzig Taler in der Stunde zahlt er dafür, dass Duck den Matrosenanzug gegen ein Leopardenfell eintauscht, eine Keule in die Hand nimmt, stillhält und ja nicht wackelt. Für Donald Duck steht fest, dass er mitgemeint ist, wenn der griechische Philosoph Eukalyptos schreibt, der Mensch sei der Herr über alle Geschöpfe, über Tiere, Fische und Vögel, und was sein Wille erstrebe, erreiche er. Tick, Trick und Track treten in einen Disput mit ihrem Onkel über die Anwendbarkeit dieser herrischen Anthropologie ein. Nicht die Zugehörigkeit ihres Onkels zur Menschengattung ziehen sie in Zweifel, sondern die Menschenkenntnis des Vorvorsokratikers.

Eukalyptos trägt den Namen des Wohlverborgenen zu Recht. Er soll vor dreitausend Jahren gelehrt haben, beachtliche vierhundert Jahre vor Thales von Milet, der in den Schulbüchern als erster Philosoph geführt wird. Die Achsenzeit, in der laut Karl Jaspers «der Mensch» entstand, «mit dem wir bis heute leben», begann zweihundert Jahre früher als von Jaspers angenommen. Schon bei Eukalyptos, der in der Antike und Mittelalter solche Verehrung genoss, dass nicht nur einzelne Sätze erhalten geblieben sind, sondern

sierung umgestellt werden sollen, nach dem Muster der Fördermittelantragsformularausfüllung in Professor Eierkopfs Institut. Fast wäre im Zuge dieser technokratischen Revolution die ganze Stadt verschrottet worden, weil die Panzerknacker in den Besitz der Destruktionsmittel gelangten.

Die Bürger durften in dem Roboter, der mit der Baggerschaufel seiner Kinnlade in einem Tag einen der neuen Stadtteile hatte kanalisieren sollen, ein Denkmal des Auftraggebers erkennen, ist doch der Bürgermeister im Aufreißen der bekannten Schuldenlöcher und Finanzierungslücken ganz groß. Obwohl alle seine großen Projekte als Anlässe für Steuererhöhungen dienten, ist im Stadtsäckel noch nicht einmal Geld für die Ausbesserung des Straßenpflasters vorhanden. So müssen Spenden von Bauunternehmern eingeholt werden, die naturgemäß Gegenleistungen erwarten. Doch trotz dieser demoralisierenden Bilanz hat nie ein Gegenkandidat im Bürgermeisterwahlkampf die Parole plakatiert, mit dem Saustall müsse aufgeräumt werden.

Die Angehörigen der intelligenten Arten

ganze Schriften, finden wir, was nach Jürgen Habermas die Weltbildrevolution der Achsenzeit ausmacht: «Mit der Reflexion auf die Stellung des Individuums in der Welt entstand ein neues Bewusstsein von historischer Kontingenz und von der Verantwortung des handelnden Subjekts.» Die auffälligen Übereinstimmungen zwischen der kosmopolitischen Zoologie des Eukalyptos und dem 28. Vers des ersten Kapitels des biblischen Buches Genesis, bis hin zur Dreiteilung des Tierreichs in Fische, Vögel und Landtiere, machen den Vorschlag von Habermas plausibel, Religion und Philosophie als «komplementäre Gestalten des Geistes» zu betrachten, die «mit ihren in Jerusalem und Athen basierten Überlieferungen» ähnliche «Lernprozesse in Gang gesetzt» haben. In Athen basiert (wenn man die Lehrkanzel oder vielleicht eher die Olivenkiste des Eukalyptos nicht auch in Kleinasien zu suchen hat), aber in Entenhausen konserviert!

Der Herr über alle Geschöpfe darf sich auch Geflügel schmecken lassen, auch wenn ihm selbst ein Schnabel gewachsen ist. Diese Einsicht war das Ergebnis eines Lernprozesses innerhalb des Donaldismus. Hans von Storch, Gründungspräsidente der D.O.N.A.L.D., hatte im Gründungsjahr 1977 eine Weihnachtskarte mit der Losung «Ein orthodoxer Donaldist sein Lebtag kein Geflügel isst» verschickt. Ein Jahr später stellte Zeremonienmeister Walter Abriel dem Gänsebraten auf dem donaldistischen Festtagstisch eine wissenschaftliche Unbedenklichkeitsbescheinigung aus. Durch den Gang zu den Quellen bestätigte er Reinhard Löws Postulat des biogenetischen Parallelismus, der die Ducks vom Vorwurf des Kannibalismus entlastet. Abriel berichtete, dass er aufgrund seiner Forschungsergebnisse seine eigene fünfjährige Abstinenz Geflügel gegenüber aufgegeben und in der Mensa einer deutschen Universität gebratene Ente zu sich genommen hatte. «Sie ist mir im Magen liegengeblieben, und ich brauchte entgegen aller Gewohnheit am Abend ein paar Schnäpse.»

Die Andenexpedition der Entenhausener Wissenschaft, die den Ursprungsort der viereckigen Eier aus dem Nachlass des Forschungsreisenden Professor Püstele ausfindig machen sollte, stand vor dem Scheitern, nachdem Professor Poggenpuhl und seinen Mitarbeitern ein aus den prähistorischen Eiern zubereitetes Omelett serviert worden war. Auf den vom Schiffsarzt diagnostizierten Anfall von Bauchgrimmum imposantum colossale folgte bei allen drei promovierten Expeditionsteilnehmern ein Anfall von intellektueller Appetitlosigkeit. Abriel verdaute die Ente und erhielt sich seinen Forscherdrang. Er wurde der erste Märtyrer der donaldistischen Aufklärung. Als Präsidente fiel er bei den Mitgliedern der D.O.N.A.L.D. in Ungnade, als er sich als Gast einer Fernsehtalkshow beim Thema des sauren Regens «nicht als Donaldist, sondern als ernsthafter Chemiker» zu Wort meldete. Aber wie ernst es ihm mit der donaldistischen Forschung war, bewies er, als er als Thema für den Probevortrag im Habilitationsverfahren die Synthese von Wasserblau wählte, dem von Daniel Düsentrieb zur Wiederherstellung der naturgegebenen Anmutung des rot verunreinigten Entenhausener Trinkwassers erfundenen Superfarbstoff. Die Fakultät versagte Abriel die Erteilung der Lehrbefugnis, obwohl es ihm, wie er auf dem Donaldistenkongress in Worpswede 1985 demonstrierte, tatsächlich gelungen war, gemäß der fragmentarisch erhaltenen Formel Düsentriebs («6 H_2O + 7 C brabbel, brabbel und das Ganze gut schütteln.») eine Verbindung zu isolieren, die selbst blau ist, sich in Wasser löst und dieses wasserblau färbt.

Apropos Wasser: Den Ducks ist ihre evolutionsgeschichtliche Verwandtschaft mit den Wasservögeln sehr wohl bekannt. Tick, Trick und Track wollen ihren Onkel davon überzeugen, dass ihnen nicht die Berufung zum Klavierüben, sondern das Talent zum Schwimmen in die Wiege gelegt worden ist. Ihre Schwimmerstatur illustrieren sie, indem sie auf ihre Füße zeigen. Vom Entenfuß, auch Ruder genannt, sprechen sie nicht. Man kann den Eindruck bekommen, dass für die Ducks ihre Entennatur ein Tabu ist. Im Urwald von Carambia fanden Donald Duck und seine Neffen die Tempelanlage eines Indianerstamms, dessen Häuptling zum Zeichen seiner Würde seinen nackten Körper mit Goldstaub einreiben lässt und am Sonntag in eine Hose aus Blattgold steigt. Obwohl die Tempeldiener das seltenere Silber viel höher schätzen, ist aus Gerüchten über den golden gepuderten Priesterkönig die Sage von El Dorado, dem Vergoldeten, entstanden. Während der Besichtigung des Tempels – wie andere Leute Briefmarken, sammeln die Urwaldhüter Münzen, Waffen und Uniformen – bekam einer der Neffen einen Schreck und begann stark zu transpirieren. Er hatte oberhalb von Musketen und Sattelzeug zwei ausgestopfte Enten entdeckt. Auch seinen Onkel und seine Brüder brachte dieser Fund ins sofortige Schwitzen. Sie fürchteten, dass sich die biologische Erkenntnis von den zwei Ästen des Entenstammbaums noch nicht bis in diese Ecke von Carambia herumgesprochen hatte, wo es noch keine Missionsschulen gab. Die Besucher beschleunigten den Rundgang, aber beschwichtigend nannte ihr Anführer die Präparate uninteressant.

Ein traumatisches Erlebnis mag die psychische Strategie erklären, die Gefahr des Schlachtopfertodes durch fingierte Indifferenz bannen zu wollen. Um ein Haar hätte Donald Duck sein Leben als Entenbraten beendet. Er war schon an den Drehspieß gebunden, das Feuerchen war angezündet, und der Koch hatte sogar eine Prise Majoran auf das Fleisch gestreut – allerdings auf das Rupfen verzichtet. Da betätigte Daniel Düsentrieb den Schalter seiner Denkapparate, und der Wolf, dessen schlummernde Geisteskräfte zuvor dadurch geweckt worden waren, dass er das Strahlenfeld zwischen diesen beiden Kästen durchschritten hatte, wurde wieder zurückverdummt – und verlor sofort den Appetit auf Entenbraten. Das so nicht geplante Experiment im Entenhausener Wald lässt Rückschlüsse auf die Evolution der intelligenten Enten zu. Als die ersten neugierigen Watschler dem Teich den Rücken zukehrten, sahen sie sich einer Vielzahl neuer Feinde ausgesetzt, die sich im Schlaraffenland wähnen mochten, als die komischen Vögel auch noch das Fliegen verlernten. Die besten Fortpflanzungsbedingungen hatten diejenigen Landenten, denen in der Lotterie der genetischen Variabilität Merkmale zugeteilt wurden, die sie ungenießbar machten. Im Laufe der Generationen verschwand das zähe und immer zähere Geflügel, an dem sich die Räuber zunächst noch die Zähne ausbeißen mochten, aus den Speiseplänen der Fleischliebhaber. So gilt für das Beuteschema eines modernen Wolfs, der im Stall von Bauer Brösel Hühner reißen kann, die mit optimal bewässertem Weizen gefüttert wurden: Die Ente bleibt draußen – jedenfalls wenn sie dem Wolf auf Augenhöhe gegenübertritt und Arme statt Flügeln hat.

Die von Düsentrieb bestrahlten Tiere holen über Nacht ihren evolutionären Rückstand auf, wobei sich zeigt, dass die Biotechnologie den Erfindungsreichtum des Lebens nicht komplett simulieren kann. Der plötzlich drauflosdenkende Versuchswolf wirkt überschlau, ihm fehlen die Quasi-Instinkte der zweiten Natur seiner nicht bloß unter Menschen, sondern wie Menschen lebenden Verwandten. Ihm ist es nicht wie Ede Wolf, dem Hühnerdieb, der sich nicht vor Jägern, sondern vor Polizisten hüten muss, ein Bedürfnis, seine Blöße zu bedecken; es ist eine List, wenn er Menschenkleidung überstreift. Als zur Kompensation genötigtes Mängelwesen ist er so gesehen andererseits menschlicher als die auf natürlichem Wege vermenschlichten Tiere. Wie er auf den Geschmack an gebratener Ente kommt, illustriert die Gegenläufigkeit von Natur und Kultur, die Thomas Henry Huxley in seiner Oxforder Vorlesung über Evolution und Ethik herausstellte.

Der Restaurantkritiker Jürgen Dollase lehrt, dass Bildung mit Entwöhnung beginnt. «Wenn ich immer das Gleiche haben will und alles andere von mir weise, ist das nicht sehr klug.» Kulinarische Intelligenz bedeutet dann, im Ungenießbaren das Genießbare zu

gen, zerlegt, gewürzt und gebraten werden, muss offenbar erst recht verdrängt werden, nachdem man am eigenen Leib erfahren hat, dass es existiert. Die Mitbürger, die ja auch nicht zum Stöckchenholen geschickt werden wollen, nehmen auf diese Empfindlichkeit Rücksicht, indem sie die Ducks nicht als Enten beschreiben.

finden. So kommt man auf die Idee, aus Pastinaken einen Pudding zu kochen oder den Magen eines Schafes mit Herz, Leber, Lunge, Nierenfett, Zwiebeln und Hafermehl zu füllen. Der Wolf vermutete, in den komischen Kästen steckten Appetitstrahlen, da er vorher eben nie Appetit auf Entenbraten verspürt hatte. Tick, Trick und Track, die Düsentrieb bei der Installation der Apparate assistiert hatten, rochen den Braten nicht. Dass ein Wolf ihren Onkel geschnappt hatte, erfuhren sie von einem Hasen, der ihnen dringend riet, sich zu beeilen, wenn sie ihm helfen wollten. Doch sie fragten sich: «Was kann ein Wolf schon von ihm wollen?» Irrtümlich nahmen sie an, dass der plötzliche Gedankenreichtum des Streuners nichts an seinen Speisegewohnheiten ändern werde. Dieser Irrtum ist merkwürdig, weil Tick, Trick und Track gerade erst einem Wolf entkommen waren, der mit dem Schrei «Entenbraten! Uahuahuahuah!» ihre Verfolgung aufgenommen hatte. Dass im Fell dieses Wolfs ihr Onkel steckte, erfuhren sie erst später. Das Restrisiko, auch als auf die Seite der Geflügelesser übergelaufene Ente gefan-

Als Donald Duck sich an der Musikbox des Skihotels in Oberlawinenbrunn als Dichter und Komponist des Schlagers «Der rührselige Cowboy» zu erkennen gibt, bescheinigt ihm der Hotelier, er sehe doch sonst ganz normal aus. Statistisch kann diese Aussage nicht gemeint sein. Bei den olympischen Qualifikationswettkämpfen der Leichtathleten finden wir auf den Rängen des Entenhausener Stadions keinen einzigen gefiederten Sportsfreund außer den drei Neffen des Bewerbers Donald Duck. Auch Stadionsprecher, Zeitnehmer und Schiedsrichter sind Kynoide, ebenso sämtliche Mitbewerber Ducks mit Ausnahme von Volker Volldampf, dem Landesmeister im Speerwerfen, einem der ganz wenigen Entenhausener der Art Homo sapiens. Wer mit Muschelohren, aber ohne schwarzen Tupfer auf der Nasenspitze zur Welt kommt, lebt von Geburt an auf der Schattenseite des Lebens. Menschen im Sinne der menschlichen Biologie muss man in den Randzonen der ehrlichen Gesellschaft suchen, beim Geheimdienst oder im Schaustellermilieu. Am schwarzen Tag der Entenhausener Leichtathletik konnte sich niemand für den Kampf um Goldmedaillen qualifizieren. Ein paar Olympiaden später fast das gleiche Bild: Am Festessen des Bürgermeisters für die Sportler, die sich dem Ausscheidungslauf für das Ehrenamt des Olympia-Fackelträgers stellen, nimmt unter lauter vierschrötigen Hunde- und Affenverwandten außer Donald Duck, dem Unentwegten, ein einziger vogelähnlicher Athlet teil, der mit seinem recht kurzen, gebogenen Spitzschnabel wohl derselben Art zuzuschlagen ist wie Daniel Düsentrieb. Im Stadtpark geht die Nachricht von der Einladung des Bürgermeisters auch von Schnabel zu Schnabel, aber später im Stadion sind die Vogelartangehörigen in der kynoiden Zuschauermasse nicht mehr auszumachen. Fünf Zuschauer auf dem Zaun eines Fußballplatzes am Stadtrand von Gänseburg, denen der nach Disqualifikation aller Konkurrenten mit dem Lorbeer des Fackelträgers gekrönte Duck am nächsten Tag Feuer unter dem Hintern macht, bewahren ihrem Verein eine hündische Treue. Der unglückselige Sportsmann kommt in Entenhausen mit erloschener Fackel an.

Die Prognose des unglückseligen Bürgermeisters, er werde die Schande politisch nicht überleben, erfüllt sich nicht. Was immer ihn im Amt hält – ethnische Solidarität wird es nicht sein, dafür gibt es unter dem Stimmvieh nicht genug Borstenvieh. Der Stadtrat bestand zeitweilig lediglich aus vier Magistratsmitgliedern neben dem Bürgermeister, so dass die Vertretung der Minderheiten nicht gewährleistet war. Später wurde die Mitgliederzahl im Interesse der von Wais gefeierten Konkordanz der Arten erhöht. Als der Konsul von Brutopia den diplomatischen Dienst quittierte, um die Macht im Rathaus an sich zu reißen, waren unter den Stadtratsmitgliedern, denen er mit der Lochkartenmaschine des Physikers Dr. Spinnhirn den Verstand eines Huhns ins Gehirn zischte, mindestens ein ohnehin schon vogelähnlicher Stadtpolitiker sowie ein weiteres Schwein neben dem Bürgermeister.

Dass es ein brutopisches Konsulat in Entenhausen gibt, ist ein Beweis für die politische Bedeutung der Stadt. Während es sich bei Persönlichkeiten der Entenhausener Gesellschaft wie Konsul Kloppenburg und Konsul Ballerstedt um Honorarkonsuln befreundeter Länder handelt, hat die Weltmacht mit Hammer und Handschelle im Wappen einen Karrierediplomaten nach Entenhausen geschickt. Von Entenhausen lernen heißt für Brutopia siegen lernen: Wenigstens rhetorisch hat man den Systemwechsel von der Zwangswirtschaft zur Marktwirtschaft vollzogen, so dass man nun vor dem Problem der Rekrutierung freiwilliger Arbeitskräfte für die Salzbergwerke steht. Wirtschaftsspionage ist die wichtigste Aufgabe des Konsulats. Im Schutz der diplomatischen Immunität wurde eine Abhöranlage installiert, mit der man die Telefonleitung Dagobert Ducks anzapft. Wenn der Konsul zur Berichterstattung nach Brutopia zurückberufen wird, ist diese Nachricht den Entenhausener Zeitungen einen blattbreiten Aufmacher auf der Titelseite mit dreispaltigem Foto wert. Das Entenhausener Publikum nimmt lebhaften Anteil an der Außenpolitik; Erwachsene sind entsetzt, wenn die Jugend sich nicht dafür zu interessieren scheint, was in der Welt passiert.

Die Stadt unterhält eigene diplomatische

Vertretungen, übt also das Königsrecht des souveränen Staates aus. Der Konsul in Hondurica muss sich um die Entenhausener Touristen kümmern, die sich in dem lateinamerikanischen Staat wie Eroberer aufführen. Dem öffentlichen Eigentum bringen sie ebenso wenig Respekt entgegen wie der Ehre der Töchter des Landes. Der Konsul residiert in einer Villa mit großem Garten. Aus einem Fundus für die standesgemäße Möblierung der Diplomatenwohnungen hat er Antiquitäten wie eine Ritterrüstung und eine Rokokostanduhr mitgebracht, aber er demonstriert auch die Achtung für die lokale Kultur, die seine Landsleute vermissen lassen, indem er seiner Residenz durch Details der Dekoration einen echt spanischen Touch gibt. Seinen Schreibtischstuhl schmückt das Stadtwappen. Es zeigt eine nach rechts blickende Ente mit ausgebreiteten Schwingen. Eine Ente mit angelegten Flügeln ist das Motiv der Flagge, die über der Entenhausener Botschaft in Unstetistan weht. Während des Bürgerkriegs wurde das Botschaftsgebäude von Truppen des Revolutionsführers Budak ohne Vorwarnung in die Luft gesprengt. In der Dritten Welt wird Entenhausen als globale Vormacht des Kapitalismus wahrgenommen. Im Pass eines Entenhauseners steht Entenhausen.

Die Stadt gehört einem Staatsverbund an, dessen Verfassung an die Vereinigten Staaten denken lässt, aber Elemente des parlamentarischen Regierungssystems aufgenommen hat: ein Listenwahlrecht und das Rederecht von Regierungsmitgliedern im Parlament. Dieses hat zwei Kammern, die erste Kammer ist der Senat. Den Senatoren, die das republikanische Ideal der Regierung durch Diskussion verkörpern, kommt eine herausragende Rolle im öffentlichen Gedächtnis zu. Senator Sagebiel wurde mit einem Denkmal in Entenhausen geehrt. Es zeigt ihn als Redner, in antikisierender Manier mit entrollter Schriftrolle in der Hand. Senator Seidelbast wurde sogar nach Art der Präsidentenköpfe am Mount Rushmore im Nationalpark zwischen Entenhausen und Schwanensee aus dem Felsen geschlagen. Wenn der Staatspräsident Entenhausen besucht, macht er dem monumentalen Charakterkopf seine Aufwartung. Dass das Staatsoberhaupt auch den Titel des Bundespräsidenten führt, könnte auf eine große Föderalismusreform hinweisen. Aller Wahrscheinlichkeit nach hat Entenhausen aber eine Sonderstellung inne, die der Wirtschaftskraft des reichsten Steuerzahlers Rechnung trägt.

So kann der Stadtrat nicht nur Satzungen, sondern auch förmliche Gesetze beschließen. Nachdem die Hexe Gundel Gaukeley einen Kometen und einen Meteor auf den Duckschen Geldspeicher hatte aufprallen lassen, um die Mauern des Gebäudes aufzubrechen und in den Besitz des ersten vom Hausherrn verdienten und in Jahrzehnten nicht ausgegebenen Talers zu gelangen, versprach sich Dagobert Duck Schutz vor einer weiteren Eskalation des Sternenkrieges von einem Anti-Hexen-Gesetz, das der Stadtrat erlassen sollte und nicht der Kongress. Er begab sich persönlich zum Bürgermeister, um auf eine Dringlichkeitssitzung hinzuwirken. Umgekehrt lädt der Stadtrat den Bankier schon einmal telegraphisch vor, wenn dort eine Große Anfrage auf der Tagesordnung steht. Ob sich diese Anfrage nun förmlich an den Privatmann Duck richtet oder ob er als sachkundige Auskunftsperson dem Bürgermeister bei der Antwort zur Seite stehen soll – Duck wird jedenfalls als Teilhaber der Exekutive behandelt, als erster Bürger der Stadt, wie es sein Bankierskollege Cosimo de' Medici in Florenz gewesen war. Das gegen die Hexerei gerichtete Gesetz fällt unter jene Ordnungsgesetze in der Tradition frühneuzeitlicher «guter Policey», die dem Frankfurter Rechtshistoriker Karl Härter zufolge typisch für die Entenhausener Normgebung sind. Justiz und Exekutive weisen «eine Mischung aus ‹modernen› staatlichen Elementen und traditionalen Strukturen» auf; obrigkeitliche Institutionen und Verwaltungsorgane erkaufen und gefährden ihre Autorität in Prozessen des Aushandelns.

Besonders groß ist die Autonomie der Stadt naturgemäß in der Wirtschafts- und Finanzpolitik. Die Entenhausener Staatsbank gibt Entenhausener Staatsanleihen aus. Wie Andreas Platthaus 1990 in seiner «General Theory of Money Circulation, Materialism, and Greed» darlegte, ist der oberste Zweck der Entenhausener Geldpolitik die Verhinderung der Wiedereinspeisung des Duckschen Barvermögens in die Zirkulation. In Ducks Geldspeichern lagert nach den Berechnungen von Platthaus das Fünfhunderttausendfache der globalen Geldmenge. «Der Kaufkraftüberhang, den das Ducksche Vermögen repräsentiert, hängt als Damoklesschwert über dem Entenhausener Wirtschaftssystem. Welche Industrie sollte schon einen derart gewaltigen Güterausstoß produzieren können, dass dieser ein Äquivalent zum Geldspeicherinhalt Dagobert Ducks darstellen würde? Die Folge eines solchen Rückflusses wäre eine Hyperinflation.» Da alle Einnahmen Ducks dem Wirtschaftskreislauf dauerhaft entzogen werden, wird andererseits versucht, diesen Abfluss zu beschränken. Extrasteuern in Milliardenhöhe werden fällig, wenn gewisse Obergrenzen des Verdienstes überschritten werden. Das Ducksche Bankhaus ist zu groß, als dass es scheitern dürfte: Aus dieser Einsicht folgt für die Entenhausener Finanzpolitiker, dass man sich die Möglichkeit der Verstaatlichung als Ultima ratio der Krisenbewältigung offenhalten muss. Rechtliche Vorsorge für den Ernstfall ist getroffen. Im Fall des Todes von Dagobert Duck wird sein Vermögen in die Staatsbank überführt werden. Als die Nachrichtenagentur Quackenpress meldete, dass das Schiff des Bankiers vor der Küste von Miseristan in einen Taifun

geraten sei, wurde zur Beruhigung der Märkte und ohne Rücksicht auf Ducks Angehörige wie seine betagte Schwester Dorette sogleich den Weltmedien mitgeteilt, dass man sich auf das Schlimmste einstelle.

Lars Kaschke stellte 1991 die These auf, dass die Panzerknacker Geheimagenten im Dienst des Entenhausener Staates seien. Zur Begründung verwies er auf die Diskrepanz zwischen Mitteln und Erfolg. Einerseits stehen der Bande Hubschrauber, Kampfflugzeuge, U-Boote, Biowaffen, Weltraumraketen sowie erhebliche Geldmittel für Sonderanfertigungen zur Verfügung. Andererseits generieren jedenfalls die gegen Dagobert Duck gerichteten Aktionen höchstens vorübergehend Einnahmen, die stets wieder konfisziert werden. Das Scheitern sei offensichtlich beabsichtigt. «Wer würde denn auch glauben, dass eine geschulte Gaunerbande trotz zahlreicher Versuche nicht einmal Sprengstoff richtig dosieren könnte?» In Anlehnung an Hans-Ulrich Wehlers Theorie des Sozialimperialismus, wonach Bismarcks Kolonialpolitik ein Ablenkungsmanöver der vorindustriellen Eliten war, das die bürgerliche Mittelschicht von der Umsetzung ihrer sozialen Kraft in politische Macht abhalten sollte, behauptet Kaschke, dass die Panzerknacker die Aufgabe haben, «durch ständige Scheinangriffe auf den Duckschen Geldspeicher und durch sonstige Diversionen Dagoberts Energien vom außen- wie innenpolitischen Sektor abzuziehen oder ihn nervlich so zu zerrütten, dass ihm politische Tätigkeiten unmöglich werden».

Weitere Indizien für diese These sind die Gewerkschaftsmentalität der Knacker, die auch für die erfolglose Verfolgung eines U-Bootes den vollen tariflichen Lohn in Rechnung stellen, ihre Freizeit im Betriebserholungsheim zubringen und von einem kleinbürgerlichen Lebensabend rund um den Billardtisch träumen, sowie die milde Bestrafung der notorischen Wiederholungstäter. Die Waschanstalt «Gudrun», in die Geschäftspartner zu konspirativen Treffen gebeten werden, dient so gut wie unverhohlen der Geldwäscherei größeren Stils. Selbst wenn keine direkte staatliche Steuerung der Bande stattfinden sollte, kommt es jedenfalls den geldpolitischen Zwecken des Staates entgegen, dass Dagobert Duck ständig kostspielige Vorsorge für den Tag E (den Tag der Entlassung der Panzerknacker aus dem Gefängnis), den Tag A (der Aushöhlung der Fundamente des Geldspeichers) und den Tag G (des

Geldtransporterabtransports) treffen muss. Vor diesem Hintergrund lässt sich nun auch die Frage beantworten, warum Dagobert Duck die Panzerknacker AG nicht dadurch unschädlich macht, dass er die Mehrheit an der Aktiengesellschaft erwirbt. Es muss analog zum deutschen VW-Gesetz eine Lex Panzerknacker geben, die der Stadt Entenhausen ein Vorkaufsrecht und ein Veto gegen unliebsame Kaufinteressenten sichert.

Schnell handelte der Staat, als Dagobert Duck einige Tage lang unauffindbar war, weil er in einer Höhle zwischen den wildzerklüfteten Felsengebilden des Äolsgebirges ein Versteck für seine Wertpapiere suchte. Zu diesem Zeitpunkt hatte Duck gerade erst seinen Geldspeicherinhalt bei der Staatsbank gegen Staatsanleihen getauscht. Der Direktor der Staatsbank war persönlich in Ducks Kontor erschienen, um dessen Geld zu zählen. Obwohl sich das vormalige Ducksche Barvermögen also komplett in staatlicher Obhut befand, beschlagnahmte der Staat den Geldspeicher unter der falschen Annahme, dort bewahre der Vermisste die Schatzbriefe auf. Die Option, die Schuldscheine nicht mehr zu honorieren, wenn sie in die Hände unwürdiger Erben fallen sollten, wollte man von vornherein ausschließen, um das Vertrauen in den Entenhausener Staat nicht zu zerstören. Sobald die Beamten die Tresortüren im Geldspeicher geöffnet hatten, wurden die Panzerknacker unter Einsatz von Panzern außer Landes getrieben. Sie hatten ihre Schuldigkeit getan.

Der Stadtrat muss sich die Gesetzgebungskompetenz mit der Bürgerschaft teilen, die in Krisen als Bürgerversammlung zusammentritt. In der Versammlung, die über eine Reform des Rosenmontagsbrauchtums berät, treffen wir auf andere Beteiligungsverhältnisse. In der ersten Reihe sitzt ein gänseähnliches Ehepaar. Zwar führt ein Kynoider den Vorsitz, aber jeder dritte Anwesende ist aufgerufen, den Schnabel zu öffnen – und wieder zu schließen, an der Wand mahnt ein Schild: «Bitte Redezeit einhalten!» Die Federquote im Saal ist damit noch besser als in der Porträtgalerie seitlich vom Rednerpult, die wohl vier ehemalige Versammlungsleiter dem Gedächtnis der Mitbürger empfiehlt, darunter einen vogelähnlichen Brillenträger. Hinter dem Rednerpult prangt das Stadtwappen. Aus der Anwesenheitsliste der Faschingsreformsitzung lässt sich der Entenanteil der Stadtbevölkerung nicht hochrechnen.

Ein Quorum für die Beschlussfähigkeit

der Bürgerversammlung gibt es nicht, nur ein paar Dutzend Bürger haben sich tatsächlich versammelt, mit Sicherheit weniger als ein Promille der Stimmberechtigten. De facto ist ein solches Forum der direkten Demokratie ein Honoratiorengremium, da hauptsächlich solche Stadtvolksgenossen erscheinen werden, denen die Sauberkeit der öffentlichen Dinge ein Herzensanliegen ist, dem sie als Elternvereinsvorsitzende, Freunde des Stadtparks und Leserbriefschreiber ohnehin schon einen großen Teil ihrer Zeit widmen. Die Sitzung findet in den Abendstunden statt und konkurriert mit großstädtischen Freizeitangeboten wie dem Kegeln. Aufs Rathaus gehen unter solchen Auspizien Bürger im schichtensoziologischen Sinne – zumal der einzige Tagesordnungspunkt, die von Jahr zu Jahr wachsende Verärgerung über die verkleideten Kinder, die an der Haustür mit dem Spruch «Zahlen oder mahlen» Bonbongeschenke einfordern, die beiden Lieblingsthemen des Bürgertums zusammenführt, den Eigentumsschutz und den Sittenverfall. Dass die Gebildeten unter sich geblieben sind, erkennt man daran, dass der Sitzungspräsident vor der Abstimmung die «bestechende Einfalt» der Redner lobt – er kann bei den Zuhörern die Kenntnis eines Sprichworts der römischen Juristen voraussetzen, das für eine über städtische Satzungen beratschlagende Versammlung einschlägig ist: Die Schlichtheit ist die Freundin der Gesetze (simplicitas legibus amica).

Enten sind in der Entenhausener Oberschicht stark vertreten, insbesondere im Geldadel. Dagobert Ducks Rivale Emil Erpel trägt sogar Vor- und Nachnamen des Stadtgründers und darf sich womöglich mit besserem Recht als der Einwanderer aus Schottland einen Nachfahren des ersten Entenhauseners nennen. Auch die Witwe des Kommerzienrats Komarek ist eine Ente. Sie bewohnt eine herrschaftliche Villa mit behelmten Ecktürmen und Säulenhalle, die sie nur verlässt, um ihren Liebling Brutus zur Hundeausstellung zu begleiten, dem leider die Einsamkeit aufs Gemüt geschlagen ist, so dass er überall Feinde wittert – das treue Tier, es beißt für vier. Frau Komarek, die zehn Ölquellen in Neu-Papagena geerbt hat, führt die Geschäfte ihres Gatten fort und beschäftigt in der Villa neben dem Koch und dem Kammerdiener auch eine Sekretärin, eine unverheiratete Entendame mit Dutt wie Dagobert Ducks Chefsekretärin Fräulein Rührig. Zur Welt des Kommerzes, der sie Reichtum und Titel verdankt, wahrt sie aber so viel Distanz, dass ihr Dagobert Duck unbekannt war, bis er eines Tages im Advent auf der Freitreppe der Villa stand, den Hut zog und Brutus mit Geschenken überhäufte.

Oben sind Artgenossen und Artverwandte der Ducks überrepräsentiert, unten unterrepräsentiert. Auf dem städtischen Lagerplatz für mittellose Reisende mag auch ein unrasierter Hahn nach den Brosamen picken, die mildtätige Damen fallenlassen. Aber wer auf Landstreicher umgesattelt hat, voltigiert bisweilen fix in die Wohlanständigkeit zurück. Für einen vergammelten Alten, einen Enterich, der von einem Kohlenzug heruntergeschmissen worden war und von seinen Pennbrüdern als der Ärmste der Armen angesehen wurde, war das Geschenk eines Gesellschaftsanzugs aus den Händen des

Damenkegelklubs tatsächlich, wie die Kegeldamen sich das ausmalten, der erste Schritt zu einem besseren Leben. Alle Hoffnung fahrenlassen muss hingegen, wer seinen Wohnsitz in Kummersdorf nimmt, einem Stadtviertel, das seinen Namen in finsterster viktorianischer Zeit erhalten hat, als Armut noch als Strafe der Liederlichkeit galt. In den brüchigen Hütten, vor denen hungrige Kinder mit rostigen Konservendosen spielen, drängen sich kynoide Großfamilien. Einen Schweinejungen sieht man, einen tatkräftigen Burschen; vielleicht ist er der Sohn eines aus dem Amt gedrängten Politikers, der behauptet, er sei hierher gezogen, um die Ausgeschlossenen ins Gemeinwesen heimzuholen. Kein von der Natur mit einem Federkleid versehener Entenhausener ist so tief gefallen. Strukturelle Armut ist das Problem der kynoiden Mehrheit.

In den Ballsälen eines der Hotels von Dagobert Duck kommen zum Tee mit anschließendem Champagner Woche für Woche Entenhausener zusammen, die sich als die Spitzen der Gesellschaft definieren. Für den Zutritt zu diesem Kreis kommt es nicht darauf an, ob jemand aus guter Familie stammt oder gar von Familie ist. Auch ein öffentliches Amt oder die Doktorurkunde einer berühmten Universität hat kein Gewicht. Den Spitzenstatus verleiht allein der Besitz, und zwar der Besitz von Spitzenstücken, Trophäen einer Jet-Set-Gesellschaft von Gelegenheitssammlern, die keinen Kunstgeschmack haben, weil ihnen die Unterscheidungen der Kenner kleinlich erscheinen, die aber natürlich wissen, was ein Fricasso wert ist. Obenauf im Milieu dieser Oberangeberschicht schwimmen Anatide. So heften sich die Augen aller Damen an den Rücken von Frau Putenbein, die wie die englische Königin, nur ohne Verpflichtung zur Förderung heimischer Designer, jeden Tag ein neues Modellkleid aus dem Schrank holt.

In den Klubsesseln des Klubs der Millionäre, der zwar auch den Besitz ausdrücklich zum Kriterium des Zugangs macht, aber ein förmliches Aufnahmeverfahren hat und sich auch den Ausschluss von Anwärtern wegen Unwürdigkeit vorbehält, machen sich die Goldenten hingegen nicht breit. Immerhin ist Dagobert Duck unter lauter Wirtschaftswundermännern, die aus den Nähten ihrer Maßanzüge platzen, nicht der einzige, der seine Nahrung mit dem Schnabel zu sich nimmt. Anders ist es im tausendmal exklusiveren Klub der Milliardäre. Zwei Schweine, sogar ein Bär und ein Büffel, die man auf den Straßen so gut wie nie sieht – aber kein Gänserich oder Schwan. Bei marinierten Marderfilets und gebratenen Birkhuhnbrüstchen pflegt man einen Umgangsstil förmlicher Vertrautheit wie die Kaufmannschaft einer Hansestadt. Man ist per Sie und redet sich mit Initialen an. J. P. gibt die Kapern herum, und B. J. lässt den kandierten Kümmel kreisen, während D. D. Wasser in den Wein gießen möchte und vergeblich für einen Sparkurs in der Küche plädiert. E. E. kann ihm das Wasser nicht reichen – als die Aufnahme von Emil Erpel anstand, der wegen der Gewinnmargen seiner Treibstoffproduktion im Volksmund als Ölscheich tituliert wird, muss jemand eine schwarze Kugel in die Urne geworfen haben.

Die Enten mochten sich für das Patriziat der Stadt Emil Erpels halten. Ihre Minderheitsposition dürfte gleichwohl als Ansporn ihres geschäftlichen Ehrgeizes gewirkt haben. «Ich bin reich geworden, weil ich zäher war als die Zähesten und schlauer als die Schlauesten.» Aus Dagobert Ducks Selbstbeschreibung spricht diese Erfahrung. Wer es in einer Gesellschaft zu etwas bringen will, in der kaum jemand so aussieht wie er, muss zunächst ebenso zäh und ebenso schlau sein wie diejenigen, die im Schulchor oder in der Rudermannschaft der Universität Lebensfreundschaften mit ihresgleichen geschlossen haben – und dann eben noch zäher und noch schlauer. Die donaldistische Soziologie hat das von Wais entworfene Idealbild der Artenharmonie in vielerlei Hinsicht korrigiert und subtile Formen sprachloser Diskriminierung nachgewiesen. Trotz dieser Wendung zur Empirie hält die Forschung an dem auf die Formel «Entenhausen – Vorbild und Mahnung» gebrachten Erkenntnisinteresse fest, wobei sie allerdings gegenüber Wais das Element der Mahnung antiplatonisch umdeutet. Entenhausener Einrichtungen, die sich bei näherem Hinsehen nicht als vorbildlich erweisen, mahnen uns, es anders zu machen. Ehrlicherweise wird man sich mit diesem Untersuchungsprogramm nicht um den Reinhart-Koselleck-Preis der Deutschen Forschungsgemeinschaft für risikobehaftete Projekte bewerben. Aber wenn es zu der Verankerung des Donaldismus im Bildungswesen kommt, die in der Satzung der D.O.N.A.L.D. seit einem Vier-

teljahrhundert gefordert wird, sind wir für alle anderen Drittmittelanträge perfekt präpariert.

In Entenhausen sind die Enten die kleinen Leute – nicht nach Auskunft der Einkommensstatistik, sondern bei Anlegung eines Metermaßes. Zwerg, halbe Portion, der Kleine im Matrosenanzug: Beschreibungen Donald Ducks aus dem Munde seiner Mitbürger. Im Wettbewerb um die Olympiateilnahme reicht er dem Speerwerfer, dem Kugelstoßer und dem Hürdenläufer bis zum Knie. Gangolf Seitz hat die vielfältigen Handicaps geschildert, die sich für den kleinen Herrn Duck – so nennt ihn sein Briefträger, selbst auch kein Hüne – aus seiner Kleinwüchsigkeit ergeben, sogar in den eigenen vier Wänden. Er «muss hinnehmen, dass eine seiner Körpergröße angemessene Möblierung offenbar nicht realisierbar ist» – Spezialanfertigungen würden seine finanziellen Möglichkeiten überschreiten; der kleine Mann aus einer kleinen Gruppe, die keine Nachfragemacht mobilisieren kann, ist doppelt benachteiligt. Das Ducksche Heim – die ergonomische Hölle. «Um an seinem Schreibtisch die Münzsammlung zu ordnen, muss er auf einen Stuhl steigen. Die Arbeitsplatte in seiner Küche befindet sich in Augenhöhe, ein sinnvolles Hantieren dürfte nur mit einer Steighilfe möglich sein. Die über der Arbeitsplatte angebrachten Hängeschränke lassen sich nur nach mühseligem Erklimmen der darunter befindlichen Tische inspizieren. Über seinem Kamin hat Herr Duck eine Flinte aufgehängt; nicht nur als Zierde, sondern sehr wohl auch als Instrument der Selbstverteidigung. Da ist es doch mehr als peinlich, wenn der Griff nach der Waffe erst nach umständlichem Besteigen eines Sessels möglich ist. In der Zwischenzeit wird der anrückende Feind das Ducksche Anwesen längst erobert haben.» In der Öffentlichkeit wird Duck ständig daran erinnert, dass seine Mitbürger etwas Größeres sind. Um in der Bürgerversammlung das Wort zu ergreifen, muss er auf die Lehne der Sitzbank klettern und sich dann auch noch mit dem rechten Fuß auf der Brust seines genügsamen Sitznachbarn abstützen. Ob Bürgerbeteiligung so viel Unbequemlichkeit lohnt?

KAPITEL 4

Olaf und die starken Männer: Die Verfassungskrise des Vierkaiserjahrs

Wo sind Emil Erpel und seine beiden Brüder an Land gegangen? Wenn wir von dem ausgehen, was wir in der Schule gelernt haben, dann spricht aller Anschein dafür, dass ihr Schiff an der Ostküste Nordamerikas vor Anker ging. Es handelte sich ja nicht um ein Kreuzfahrtschiff wie die Korallen-Königin, das in Kreisen um bezaubernde Inseln fährt und die von Tanzpartys und Kostümfesten ermüdeten Passagiere nach drei Wochen wieder in ihrer entzaubernden Heimatstadt absetzt. Die Nachfahren der Pilger mögen von Weltreisen träumen; als in einem meteorologischen Ausnahmezustand das gesamte Barvermögen von Dagobert Duck auf die Bevölkerung umverteilt wurde, buchten Busfahrer und Ladenbesitzer sofort Reisen auf den Spuren von Francis Drake und Phileas Fogg. Aber die Erpel-Brüder wollten Mais ernten und Wasser aus dem Boden schlagen, wollten Häuser bauen mit einem Haken für den Pilgerhut und einer Truhe für die Schnallenschuhe. Sollten sie nicht den direkten Seeweg ins gelobte Neuland genommen haben? In der Entenhausener Schule wird gelehrt, dass der gerade Weg der kürzeste ist.

Der wissenschaftliche Donaldismus hat Gemeinsamkeiten mit der Konjekturalhistoriographie der schottischen Aufklärer, die die Lücken in der Überlieferung der Frühgeschichte der Zivilisation durch begründete Vermutungen füllte, nämlich durch Rückschlüsse aus den Regelmäßigkeiten späterer Epochen oder paralleler Völkerentwicklungen. So kommt der Duckforscher nicht umhin, die Informationen über Entenhausen durch Kontextwissen aus der Welt seiner eigenen Erfahrung und Bildung zu ergänzen. Wenn er davon liest, dass Dagobert Duck 1902 nach dem Ende des Burenkriegs ein Geschütz der britischen Artillerie gekauft hat, kann er es unternehmen, Ducks Lebensspanne auszumessen. Und er kann J. A. Hobsons Buch über den Burenkrieg lesen und sich zu der Frage anregen lassen, ob Duck eventuell ein stiller Teilhaber oder aber ein Gegner des Dynamitmonopols in den Burenrepubliken war, in dem Hobson eine Kriegsursache sehen wollte. Über die Rahmenbedingungen der explosiven Geschäfte in der Frühgeschichte des Duck-Konzerns könnte man sich dann in Biographien von Alfred Nobel unterrichten. Alle Analogieschlüsse stehen aber unter dem Vorbehalt eines Vetorechts der Quellen im Sinne von Reinhart Koselleck. Und der Forscher sollte sich zur Selbstkontrolle regelmäßig fragen, welche Elemente seiner Aussagen er mit Angaben aus den Quellen belegen kann und welche er aus dem Schulwissen erschlossen hat.

Die Vermutung liegt nahe, dass der General Wasserhuhn aus dem Dreißigjährigen Krieg, mit dem Donald Duck den Schnee-Erasmus seiner Neffen zu verwechseln vorgibt, um die Künstler zu provozieren, unter Tilly oder Wallenstein oder Gustav Adolf gekämpft hat. Aber in diesem Fall haben wir nur den Namen, beim Burenkrieg dagegen auch das Datum des Friedensschlusses und ein Pulverfass mit dem Wappen Ihrer Majestät Königin Viktoria. Es kann nicht ausgeschlossen werden, dass Wasserhuhn seine Lorbeeren in Scharmützeln sammelte, die sich über dreißig Jahre hinzogen, aber nur in den Entenhausener Annalen mit dem Namen eines Krieges geehrt werden. So verzeichnet allein schon die britische Geschichte zwei Neunjährige Kriege, den europäischen von 1688 bis 1697 und den irischen von 1594 bis 1603. Wir kennen eben nur unsere Pappenheimer. Graf Isolan verspätet sich auch im Entenhausener Text von Schillers «Piccolomini», aber General Wasserhuhn kam noch nicht einmal in Peter Steins ungekürzter Aufführung der Wallenstein-Trilogie 2007 auf die Bühne. Hans von Storch hat Emil du Bois-Reymonds Wahlspruch «Ignoramus, ignorabimus» in unser geliebtes Deutsch übertragen, ins fuchsianische, lakonische: «Man weiß so wenig.» Donaldisten zitieren dieses Diktum fast so gerne wie eine echte Fuchsprägung, und tatsächlich hat sich Storch einer Technik von Frau Fuchs bedient: Die bündige Formulierung ist selbst schon ein Zitat, von Erich Kästner.

In seiner Zweitexistenz als Wetterforscher ist Storch seinem donaldistischen Ethos der Askese treu geblieben: Kleine schwarze Wölkchen bilden sich typischerweise über den Köpfen seiner Kollegen, wenn der Direktor des Instituts für Küstenforschung in Geesthacht in Zeitungsartikeln und Büchern seine Ansicht verbreitet, dass die Klimaforscher nicht genug wissen, um der Klimapolitik Vorschriften zu machen. Die Darlegung der Gedankengänge einer Wissenschaft, die im Fortschreiten ihre eigenen

Grenzen markiert, kann in öffentlicher Präsentation mehr Anstrengung als Genuss bedeuten. Ein donaldistischer Vortrag geht natürlich nicht so glatt ins Ohr wie Peter Sloterdijk. Ein weiteres goldenes Wort Hans von Storchs aus den Gründerjahren wurde von den «Unwürdigen Neffen» zu einem Studentenlied umgegossen: «Ich will keinen Spaß, ich will den Stress / der Wissenschaft auf dem D.O.N.A.L.D.-Kongress.» Mit diesem tollen Schlager im Ohr ist auch der akademische Nachwuchs gewappnet gegen eine von Kant benannte Versuchung: «die Leichtigkeit, über die schwersten Aufgaben mit ein wenig Schulweisheit wegzukommen».

Lassen wir also beiseite, was wir über das Monopol der Röhrenhutmacher im neuenglischen Truthahnjagdbedarfshandel zu wissen meinen. Da man Kleider am Leib trägt, sind sie zur Lokalisierung ihrer Besitzer ohnehin schlecht geeignet. Wahrzeichen weltregionaler Traditionspflege sind trügerisch, weil alte Bräuche nicht durch das Patent- und Markenrecht geschützt werden, sondern durch die Überzeugung, dass an ihnen nicht gerüttelt werden darf. Dass Daniel Düsentrieb auf dem Rücken eines Kamels die Frage in den Sinn kommt, ob die Scheiche Dudelsack spielen oder die Schotten, könnte dazu verleiten, ihn im Fach Musikgeschichte als nicht sehr gebildet einzustufen. Aber dieses Urteil fiele auf den Prüfer zurück. Die Sackpfeife wurde in Indien erfunden und ist in allen Ecken der arabischen Welt in vielerlei Varianten anzutreffen. Der Musikalienhändler in al Hambam, einer Stadt am Rande der Wüste al Khali auf der arabischen Halbinsel, hält in der Auslage seines Ladens neben einer Ziehharmonika und zwei Ballhupen auch einen Luftrüssel feil. Man darf annehmen, dass er in seiner Werkstatt auch die libysche Zukra, den tunesischen Mizwad und den Habban der Beduinen vorrätig hat oder jedenfalls auf Bestellung anfertigen kann, selbst wenn ihm der abendländische Fachausdruck «Dudelsack» unbekannt ist.

Hans von Storch hat in seinen Grundlagenforschungen über die Physik in Entenhausen nichts als gesichert vorausgesetzt, sondern geprüft, ob die Naturgesetze unserer Erfahrungswelt überhaupt dort gelten. Entsprechend kann sich die donaldistische Geographie nicht damit begnügen, Entenhausen entweder an der Ostküste oder an der Westküste Nordamerikas entdecken zu wollen. Zunächst einmal ist zu fragen, woher wir eigentlich wissen, dass Entenhausen eine amerikanische Stadt ist.

Die Zugehörigkeit zum nordamerikanischen Kontinent ergibt sich zweifelsfrei aus dem Streit um das Erbe des Mannes mit dem Goldhelm – Olafs des Blauen, des Wikingers, der 874 einen Stützpunkt in Island errichtet hatte, von dort weiter nach Westen gesegelt war und 899 die Küste von Labrador erreichte. Sein Schiff wurde in Norwegen ausgegraben. Hat er selbst den Heimatboden vielleicht gar nicht wieder betreten? Wurde er noch während der Rückreise an Odins Tafel abberufen? Die Karte, auf der er die Stationen seiner Expedition eingetragen hatte, scheint er jedenfalls nicht vor den neidischen Augen der Kollegen ausgerollt zu haben, die während seiner jahrzehntelangen Abwesenheit lediglich die europäischen Küstengewässer unsicher gemacht hatten. Das gezeichnete Logbuch wurde vom Entenhausener Museumsdiener Donald Duck in dem Geheimfach im Gebälk des Schiffes gefunden, in dem der Kommandant die Pergamentrolle verstaut hatte. Oder hatte der Heimkehrer einen Grund, die Karte nicht mit an Land zu nehmen? Eine wie ein Kreuz geformte Landzunge hatte er besonders markiert. Hier hatte Olaf seinen prächtigen Kopfschutz vergraben – um, so seine eigenhändige Erläuterung, beweisen zu können, dass er wirklich das unbekannte Land jenseits des großen Meeres betreten hatte.

Es mag seltsam anmuten, dass er zum Zweck der Dokumentation der großen Überfahrt diese reiche Beute für Schatzgräber zurückließ. Hätte er nicht besser ein Souvenir mitgenommen? Den Beweiszweck konnte der Helm ja nur erfüllen, wenn er wieder ausgegraben wurde. Aus der Geschichte der kühnen Westmeerfahrten der tapferen Nordmänner ist der Fall überliefert, dass man dem Heimkehrer die Entdeckung einer völlig neuen Welt nicht glaubte und seine Mannschaft, die ums Plündern, Brandschatzen, Stehlen und Versklaven einen großen Bogen gemacht hatte, der Drückebergerei bezichtigte. Glaubte Olaf ernsthaft, dass er einen ehrenvollen Empfang erhalten konnte, nachdem er das Zeichen seiner fürstlichen Würde preisgegeben hatte? Immerhin erreichte er, dass die öffentliche Meinung sich seines Andenkens annahm. Ein weitverzweigter Sagenkreis erzählt von Olafs Fahrt über das weite wilde Meer, von der Sichtung und Überlistung fremder Segler, von Kämpfen mit Walrössern und Walfischen, vom plötzlichen Auftauchen des schwarzen Felsens aus der stürmischen Flut, vom Einsargen des Helms in einer Steinpyramide und von der Rückkehr der alten Kämpen.

Die Urform der Olafssaga dürfte im Vortrag mehr als zwei Minuten in Anspruch genommen haben. Nach mehr als tausend Jahren erreichte die Mund-zu-Mund-Propaganda das Ohr eines norwegischen Privatgelehrten namens Berengar Bläulich, der in der Wiederherstellung der Wikingerherrlichkeit seine persönliche historische Sendung erkannte und im Zuge seiner Studien die fixe Idee ausbildete, er sei ein direkter Nachkomme Olafs des Blauen. Nach der Entdeckung der Karte erwirkte er vom Entenhausener Völkerkundemuseum deren Herausgabe unter Berufung auf den Codex Raptus, ein Gesetz des Frankenkönigs Pippin des Pickligen aus dem Jahr 807. Nach diesem in Rom aus-

mit Theodosius dem Trübseligen von Byzanz erlässt. Die Depressionen des Purpurgeborenen erlaubten den fränkischen Emporkömmlingen, die Initiative zu einem Gesetzgebungsakt zu ergreifen, der vor den Augen der Welt eine Art kaiserliche Doppelherrschaft etablierte. Die heikle Frage, wie bei einem Nebeneinander zweier Kaiser der nominelle Weltherrschaftsanspruch realisiert werden konnte, wurde salomonisch beantwortet durch gemeinschaftliche Legitimierung des freien, das heißt adligen Entdeckers, der seine Entdeckung als Eigengut besitzen, also weder vom westlichen noch vom östlichen Kaiser zu Lehen nehmen sollte. Der Text des Gesetzes, den der von Bläulich engagierte Rechtsanwalt, Justizrat Wendig, im Museum vorlegt, geht wohl auf die weströmische Überlieferung zurück. Wendig hat ein Faksimile des Pergaments herstellen lassen, auf eine Rolle aufgezogen und mit einer Kopie des Kaisersiegels versehen, um juristische Laien zu beeindrucken.

Ein Kuriosum ist der Name, unter dem das Gesetz in die Rechtsgeschichte eingegangen ist. Das Gesetz über die Landnahme wird in den Registern als Gesetz über den Raub geführt, obwohl es offenkundig wie aller spätere Kolonialismus auf der Prämisse beruht, dass über herrenloses Land disponiert wird. Man wird hier die Hand eines der gelehrten Kompilatoren erkennen, die im späteren Mittelalter die großen Handbücher der gel-

gefertigten Gesetz sollte jeder freie Mann, der jenseits des Meeres neues Land entdeckte, es zu eigen haben. Bläulich als Erbe des Entdeckers Olaf wollte ganz Nordamerika in Besitz nehmen. Das Gesetz, von einem zurückgezogen lebenden Sohn und Mitkönig Karls des Großen paraphiert, der wegen seiner Hautkrankheit die von gekrönten Häuptern erwartete Leutseligkeit schuldig blieb und in den meisten Standardwerken zur Dynastie der Karolinger noch nicht einmal erwähnt wird, ist im Zusammenhang von Karls Bemühungen um die diplomatische Absicherung der Erneuerung des römischen Kaisertums im Westen zu sehen. Sieben Jahre nach Karls Kaiserkrönung in Rom wurde die Kodifizierung des Rechtes des Entdeckers am selben Ort besiegelt, in der alten Reichshauptstadt, von der auch das Kaiserreich im Osten Namen und Legitimität bezog.

Von Rom aus wird die Welt regiert oder wenigstens sortiert: Roma locuta, terra partita. In der Intitulatio der Urkunde gibt Pippin an, das er das Gesetz im Einverständnis tenden Gesetze zusammenstellten. In diesem frühen Kritiker imperialistischer Selbstermächtigung durch juristische Tricks möchte man ein Mitglied des Dominikanerordens vermuten. Zwar ist es möglich, das Wort «raptus» nicht als Substantiv zu lesen, als Genitiv von «raptus» (U-Deklination), sondern als Partizip von «rapere». Aber es ist nicht erfindlich, weshalb der Kodex selbst ein Opfer des Raubs geworden sein sollte. Allerdings ist das Exemplar der Vatikanbibliothek verschollen, und auch in dem von Engelbert Mühlbacher zusammengestellten ersten Band der Diploma Karolinorum bei den Monumenta Germaniae Historica (postum 1906) fehlt der Codex Raptus.

Mit einem Blick erkannte Thomas Weihrauch, der Direktor des Entenhausener Völkerkundemuseums, den unschätzbaren Wert der von seinem Museumsdiener gefundenen Karte. Sie ist geeignet, eines der großen Rätsel der Wikingerforschung zu lösen, da Olaf den freien Raum südlich seiner gestrichelten Route genutzt hat, um eine Zeichnung mit ausführlicher Legende einzufügen, die seine Navigationsmethode demonstriert, einen Lehr-Comic, ein *graphic manual* in einem Bild. Am geflügelten Helm erkennt man, dass der Kommandant selbst die Positionsbestimmung vornahm. Dem Pergamentblatt gebührt also auch ein Ehrenplatz in der Geschichte des Selbstporträts. Man sieht, wie der Seefahrer den Winkel des Polarsterns über dem Horizont misst, um die geographische Breite zu ermitteln. Weihrauch sprach von einer der größten Entdeckungen aller Zeiten – doch er holte weder hausinternen noch externen juristischen Rat ein, bevor er dem Privatmann Bläulich die Karte aushändigte. Für den Direktor war die Tatsache entscheidend, dass das kaiserliche Gesetz niemals aufgehoben worden war.

In diesem positivistischen Denkansatz mögen sich die professionellen Reflexe des Museumsadministrators und Archäologen zeigen, für den das Alte das Gute ist, das fraglosen Respekt verdient. Christoph Förster hat bei Weihrauch in einem von Carl Schmitt inspirierten «Beitrag zum Nomos Entenhausens» sogar eine altersbedingte Geistesschwäche diagnostiziert, um dessen Einschätzung der Rechtsgrundlage von Bläulichs Anspruch als verwirrte Laienmeinung abtun zu können. Förster spricht vom «Mythos des Codex Raptus» und behauptet, dass das Gesetz von 807 «den Rechtskreis Entenhausens nicht berührt». Er lehnt sich eng an Schmitt an, der als Geschichtsphilosoph universalistisch und als Jurist anti-universalistisch argumentiert, wenn er einerseits seine Lehre vom Nomos der Erde auf die Annahme eines Zusammenhangs von Nomos und Nahme gründet und andererseits von einem allgemeinen Recht der Landnahme nichts wissen will. «Dass irgendein Auffinden eines neuen, dem Finder bisher nicht bekannten Landes *jure gentium* kein Rechtstitel sein kann, versteht sich von selbst. Die vielen Inseln und Länder, die im Laufe der Jahrhunderte oder auch der Jahrtausende von kühnen Piraten und Waljägern gefunden und vielleicht auch berührt worden waren, sind dadurch noch nicht mit völkerrechtlicher Wirkung entdeckt worden.»

Schmitt wollte den Rechtsbegriff der Entdeckung «an eine bestimmte geschichtliche, sogar geistesgeschichtliche Lage, nämlich an ‹das Zeitalter der Entdeckungen› gebunden» sehen. Dieses Zeitalter ist vorbei – jedenfalls nach allgemeiner Auffassung, wie sie Donald Duck einmal während eines Urlaubs in Florida artikulierte. Er würde so gerne wie Kolumbus die Ozeane durchpflügen und zu neuen Kontinenten aufbrechen, verkündete er beim Angeln, den Kopf in der klassischen Haltung des Melancholikers in die Hand gestützt, aber das sei nicht mehr möglich. «Es gibt auf dieser Welt nichts Neues mehr. Alles ist bekannt, benannt und beschrieben.» Der Schmittianer Förster kann sich nicht vorstellen, dass eine in Rom 807 ausgestellte Urkunde in der total veränderten geschichtlichen Lage des heutigen Entenhausen Gesetzeskraft haben soll. Aber tatsächlich wurde der Codex Raptus so gründlich und breit rezipiert, dass seine Regelung zum Prinzip des Völkerrechts geworden ist und auch nach dem Untergang der römischen Kaisertümer bis in die Gegenwart fortgilt. Eine von Förster im Zuge seiner Spekulationen über den Zusammenhang von «Ortung und Ordnung» übersehene Begebenheit beweist es. Als Dagobert Duck bei der Fernsehübertragung der Bilder eines die Erde umkreisenden Satelliten im südwestlichen Pazifik ein Fleckchen Land sah, das sich noch nicht aus den Fluten gehoben hatte, als er sechzig Jahre zuvor als Handlungsreisender in dieser Gegend unterwegs war, charterte er noch am gleichen Tag ein Flugzeug. Neue Inseln, erläuterte er seinen Neffen, gehörten nach internationalem Recht niemandem. Wer zuerst da sei, könne sie in Besitz nehmen.

Mit lateinischen Sinnsprüchen für alle Fälle weiß Justizrat Wendig die Kontinuität des abendländischen Rechtsdenkens zu beschwören, und diese Treue zur Weisheit der Vorväter, sie ist doch kein leerer Wahn. Die Sprüche sind allerdings nicht in jenem Latein formuliert, das Dagobert Duck in der Schule lernte, um Vergil im Original zu lesen. Das «Omnia vincit amor» aus Vergils zehnter Ekloge wandelt der Wahlspruch, den der Bankier über dem Wappen auf der Tür seiner Limousine hat anbringen lassen, zu «Mammon vincet omnia» ab. Für dieses subtile Spiel mit den Zeiten, die Ersetzung des ewigen Präsens der erotischen Metaphysik durch das Futur des Kreditgeschäfts, ist in der Vorstellungswelt, in der Wendig die Blüten seiner Gelehrsamkeit pflückt, kein Platz. Der Jurist bewegt sich in einem Kosmos der Normen, deren Existenzform die Geltung ist. Dem geltenden Recht

kann die Vergangenheit ebenso gleichgültig sein wie die Zukunft. Die Sprache von Wendigs Schatzkästlein des römischen Rechtsfreundes kommt ganz ohne Tempora aus. Wendig führt sie als Juristenlatein ein und bezeichnet damit treffend die Fachsprache eines akademischen Berufsstandes, der sich unwiderruflich ausdifferenziert hat und die Eigenlogik seiner Denkungsart durch eigene Sprichwörter zum Ausdruck bringt. Wer juristenlateinisch redet, verwendet einen reinen Nominalstil. Alle von Wendig zitierten Maximen haben die Form des Dreisatzes. Das in unserem Zusammenhang einschlägige Beispiel ist Wendigs Scheidegruß in Weihrauchs Dienstzimmer. «Hocus, Locus, Jocus! Auf deutsch: Wer zuerst kommt, mahlt zuerst.» Beim Vergleich der lateinischen und der deutschen Fassung fällt ins Auge, dass im Deutschen das Zuvorkommen betont wird, die gewitzte Nutzung der Zeit, im Lateinischen dagegen die Präsenz am richtigen Ort. Herrschaft ist die Prämie auf den legalen Grundbesitz. Die Zentralstellung des Wortes «locus» ist Wasser auf die Mühlen des etymologischen Spekulanten Schmitt, der 1951 nach einem kritischen Blick ins Grimmsche Wörterbuch verkündete: «Ich bin sicher, dass Raum und Rom dasselbe Wort ist.»

Stichwort Mühlen: Matthias Oppermann hat darauf hingewiesen, dass das Recht des Bauern, der als erster die Mühle betritt, auch als erster sein Korn zu mahlen, zu den im Sachsenspiegel des Eike von Repgow fixierten Rechtsgewohnheiten gehört. Nimmt man hinzu, dass der Sachsenspiegel auch die Figur des Finders einführt, der (abzüglich von Gerichtsgebühren) behalten darf, was nicht binnen angemessener Frist vom Eigentümer reklamiert wird, so zeichnet sich eine zivilrechtliche Vorgeschichte des *ius primi aditus* ab. Die direkte Abhängigkeit des heutigen Völkerrechts vom Codex Raptus wird allerdings daran ersichtlich, dass sich das Recht des Erwerbs durch Betreten auf Inseln bezieht. Neues Land wird wie im neunten Jahrhundert ganz wörtlich verstanden als neue Landmasse, wie klein auch immer. Die Erlaubnis zur Aneignung erstreckt sich also nicht auf unerschlossene Gebiete im Innern bekannter Länder. Wo eine Landbrücke existiert, vermutet das Recht, dass ein Herr sich finden wird. Entenhausener Nachahmer des britischen Majors Paddy Roy Bates, der 1967 auf einer künstlichen Insel vor der englischen Ostküste den Staat Sealand ausrief, könnten durchaus auf den Gedanken kommen, sich auf der *terra firma* eine *terra incognita* als Basis für ihre Staatsgründung zu suchen. Als Handelsvertreter für Dampforgeln wurde Donald Duck in den höchsten Norden Nordamerikas geschickt, das Gebiet am Kickmiquickfluss, das jenseits des Kessels, in dem der Fluss entspringt, kartographisch noch nicht erschlossen ist. Während die Wanderkarte für die Region um Frozen Feet wenigstens die Leerstelle markiert, sind die Nirgendwoischen Wälder, ein von einem Volk von Taubblinden bewohntes Gebiet tropischer Vegetation, noch nicht einmal im Umriss auf den Karten ihres Kontinents verzeichnet.

Die Reisenden, die kühn dorthin gehen, wohin noch kein Entenhausener gegangen ist, sprechen von den letzten weißen Flecken auf der Landkarte. Andreas Platthaus betont dagegen mit Recht, dass es gemessen am fortgeschrittenen Stand der Satellitenfotografie noch erstaunlich viele solcher Flecken gibt. Es ist eben doch noch nicht alles bekannt, benannt und beschrieben, bezeichnet, bestimmt und besetzt. Aber in der vom Codex Raptus geprägten Weltrechtsordnung kann das weiße Papier das blaue Wasser nicht ersetzen. Ein Fürstentum Landland hätte von vornherein keine Chance auf Anerkennung, weil das de facto unbekannte Land de iure als bekannt gilt, wenn es von Land umgeben ist.

Wie das Fehlen einer Karte in juristischer Betrachtung kein Indiz dafür ist, dass es etwas zu entdecken gibt, so genügt umgekehrt die Anfertigung einer Karte noch nicht für die Inbesitznahme. Das lehrt der Fall der neuen Insel im Pazifik, die Dagobert Duck vom Fernsehsessel aus zweihundert Meilen nördlich des Rakahanga-Atolls lokalisierte. Nach seiner Ankunft übte er sein «Recht des Entdeckers» aus, indem er brieflich der nächstgelegenen Regierung davon Anzeige machte. Das Erspähen auf dem Fernsehbild war noch nicht die Entdeckung im Sinne des Völkerrechts, obwohl Duck auf der Grundlage der Satellitenaufnahmen eine exakte Karte hätte anfertigen lassen können. Er musste den Fuß auf den Inselboden setzen, damit die Regierung von Pago Pago stellvertretend für die Völkergemeinschaft seine Besitzergreifung zu Protokoll nehmen konnte. Oppermann sieht im völkerrechtstypischen Aufwand der Notifikation nur die Bemäntelung eines Griffs nach der Inselmacht. «Fakten schaffen ist das ganze Geheimnis. Hier stehe ich und geh' nicht mehr.» Dass ein großer Teil des Bodens, eine mit Palmen bewachsene Korallenscholle, eine Dicke von weniger als zehn Zentimetern aufwies, war rechtlich unbeachtlich. Oppermann meint trotzdem, Duck habe sich, indem er es auf die rechtliche Bestätigung seiner Okkupation der Insel ankommen ließ, auf dünnes Eis begeben. «Woher weiß er denn, dass nicht schon jemand auf dem Weg nach Pago Pago ist?»

Wenn man die Sache vor dem Hintergrund des Präzedenzfalls von 899 ansieht, fällt die Antwort nicht schwer: Ein Prä-Kolumbus der Koralleninsel hätte vernünftigerweise ein Zeichen seiner Erstbegehung zurückgelassen. Duck unternahm denn auch sofort einen Rundgang, um sich davon zu überzeugen, dass die Insel wirklich menschenleer war. Der deutsche Jurist Johann Griepenkerl, Rat und Richter beim Grafen von Oldenburg, der als Autor unter dem latinisierten Namen Gryphiander in Erscheinung trat, publizierte 1624 in Frankfurt eine voluminöse Abhandlung von den Inseln («Tractatus de insulis»), in der er drei Kriterien für den Rechtstitel der Entdeckung («inventio») angab. Das bloße Auffinden soll schon deshalb nicht genügen, weil sonst die Tiere als Eigentümer der meisten Inseln anzusprechen wären. Alle drei Erfordernisse («legitimae inventionis requisita») finden wir in Dagobert Ducks Vorgehen im Stillen Ozean wieder: den Willen zur Aneignung («animus sibi habendi»), die physische Inbesitznahme («corporalis apprehensio») und das Fehlen von Eigentumsansprüchen Dritter («res nullius»). Das Erblicken ohne Betreten reicht nicht aus, weil sonst der Belagerer eine Stadt mit den Augen einnehmen würde und der Geizige mit dem geistigen Besitz zufrieden sein könnte. Griepenkerl beginnt sein

Kapitel über die Entdeckung mit der Abgrenzung vom Schatzfund und möchte den Begriff der Entdeckung auf die «entfernteren Meeresinseln» begrenzt sehen, «die nicht besetzt werden können, bevor sie nicht gefunden worden sind». Die Entdeckung setzt nach Griepenkerl daher die Schifffahrt voraus.

Mit der Raumschifffahrt ist die Menschheit in ein neues Zeitalter der Entdeckungen eingetreten. Vor dem Entdecker tun sich nun buchstäblich oder jedenfalls praktisch und nicht nur wie auf dem Meer dem Augenschein oder Gefühl nach unendliche Weiten auf. Als Dagobert Duck seinen Neffen den Plan der Expedition zu den Planetoiden bekanntgab, die ihm einen sicheren Ort für seinen Geldspeicher verschaffen sollte, sprach er «von einer Insel im All, von einem kahlen, felsigen Eiland». Sein Neffe Donald störte sich an dieser poetischen Redeweise. Die metaphorische Bezeichnung des auf seine Entdeckung wartenden Kleinplaneten als Insel brachte allerdings mit unüberbietbarer Präzision das juristische Konzept hinter dem Unternehmen zum Ausdruck: Dagobert Duck wollte das Wandelsternchen seiner Träume gemäß der Regelung des Codex Raptus in Besitz nehmen. Dass die Expedition, wie Donald sagte, in ein völlig unerforschtes Gebiet führte, war eine der Voraussetzungen für eine analoge Anwendung des karolingischen Seerechts in einer Welt ohne Wasser. Mit der Möglichkeit, auf vernunftbegabte und daher nach irdischer Völkerrechtstradition rechtsfähige Lebewesen ohne irdische Vorfahren zu treffen, also der Analogie zu der von Francisco de Vitoria erörterten Frage nach dem Recht der Conquista gegenüber den amerikanischen Ureinwohnern, befasste man sich nicht. Die Erforschung der näheren Umgebung der Erde war damals schon weit fortgeschritten. Es gab Linienflüge zwischen der Erde und dem Mond und ein Netz von Raumstationen, die die Entenhausener Kollegen von Hans von Storch mit unerhört präzisen Wetterdaten versorgten.

Im Hessischen Rundfunk ließ Carl Schmitt 1955 einen der drei Teilnehmer des von ihm verfassten geschichtsphilosophischen Nachtgesprächs «über den Neuen Raum» den Gedanken vortragen, der in den Kosmos aufbrechende Mensch sei gewissermaßen Kolumbus. Dieser «glaubte nach Indien zu fahren und entdeckte Amerika, einen völlig neuen Kontinent», von dessen Existenz niemand etwas geahnt hatte. «So entdecken wir vielleicht jetzt auf dem Wege zum Mond oder zum Mars einen völlig neuen Weltkörper, von dem noch niemand etwas ahnt.» Als Autorität bemühte dieser Mr.

MacFuture im Disput mit den Herren Altmann und Neumeyer den verstorbenen Shakespeare: «Es gibt noch mehr Dinge zwischen Himmel und Erde, als alle Historiker und sogar alle Nobelpreisträger zusammengenommen sich träumen lassen.»

Ein solches Ding wurde der Menschheit durch den unbemannten Entenhausener Forschungssatelliten mit der Ordnungsnummer 96 bekannt. Die Raumkapsel, die eine Erdumlaufbahn in halbem Mondabstand beschreiben sollte, machte ausnahmsweise einen Umweg und funkte Bilder aus dem toten Winkel des Mondes in die Entenhausener Wohnzimmer. Ein Trabant des Trabanten erschien auf der Fernsehbildfläche; spektroskopische Analysen ergaben, dass er aus vierundzwanzigkarätigem Gold bestand. An dem Run auf den Goldschatz, der sofort einsetzte, beteiligten sich drei der reichsten Männer der Welt sowie die Panzerknacker AG. Alle vier Parteien waren sich in der Beurteilung der Rechtslage einig: Der Goldmond gehörte demjenigen, dessen Rakete dort als erste landete.

Carl Schmitt hat in einer späten Abhandlung «das Auftreten neuer kosmischer Räume» als «universales Phänomen» der Epoche nach dem Zweiten Weltkrieg erörtert. Die «phantastische Propaganda, die für die Sputniks und die Astronauten organisiert wird», bereitete die «Eroberung» des Weltraums vor, ein Unternehmen von «gigantischen Dimensionen», das Schmitt als «seltsames Anti-Phänomen des anti-kolonialistischen Phänomens» deutete, da nur die Vereinigten Staaten und die Sowjetunion die Mittel für den «Wettlauf in der großen kosmischen Raum-Nahme» aufbrachten. 1967, fünf Jahre nach Schmitts Voraussage, neben «Nahme und Teilung kosmischer Räume» würden sich alle Ereignisse der irdischen Weltgeschichte «klein und bedeutungslos» ausnehmen, statuierte der Vertrag über die Grundsätze zur Regelung der Tätigkeiten von Staaten bei der Erforschung und Nutzung des Weltraums einschließlich des Mondes und anderer Himmelskörper ein Aneignungsverbot für alle Himmelskörper. Während der Weltraum nach dem Willen der Vertragsstaaten eine allen gemeinsame Sache wie die Luft, die hohe See und das Regenwasser sein soll, ist der Himmel über Entenhausen der Teilung gemäß der Vorschrift des Codex Raptus anheimgefallen. Einziger staatlicher Akteur im Kampf um den Goldmond war interessanterweise ein indischer Fürst, also ein Vertreter einer großen Anti-Kolonialmacht. Der Sieger des Raketenwettrennens musste die älteren Rechte eines Entdeckers von der Venus anerkennen. Die Panzerknacker hatten für den Fall, dass sie nicht gewinnen sollten, den Diebstahl des Goldmonds geplant, da der Arm des Gesetzes nicht bis zu den Sternen reiche, verkannten dabei aber, dass die Durchsetzung des Codex Raptus nie auf eine Weltpolizei angewiesen war. Vielmehr nimmt das Gesetz offenbar an, dass der Entdecker seinem Recht aus eigener Kraft Anerkennung verschafft, indem er sein Privateigentum zur öffentlichen Gewalt fortbildet und Polizeikräfte aufstellt.

Inwiefern kann man aber im Weltraum überhaupt noch von Entdeckern sprechen? Der Rechtsbegriff der Entdeckung bezeichnete die Einheit eines intellektuellen und eines physischen Aktes. Der Entdecker kam, sah und nahm. Er erkannte das Land als neu und nahm es als herrenlos an sich. General Grauwacke, der Kommandeur des Entenhausener Raketen-Centers, wirbt vor der Presse damit, dass Farbaufnahmen von der Rückseite des Mondes für seine Truppe eine Kleinigkeit seien. Machtpolitische Vorteile im Sinne der klassischen Staatsräson sind allerdings nicht unter den Erträgen der Millioneninvestitionen in die Forschungssatelliten. Wenn eine Entenhausener Sonde hinter dem Mond vorbeifliegt und ein Farbfoto knipst, wirft sie keine Fahne ab. Im wissenschaftlichen Verstande wird man die Entdeckung des Goldmonds der Entenhausener Weltraumbehörde gutschreiben. Ihre Wissenschaftler identifizierten den unbekannten Himmelskörper auf den Satellitenbildern und analysierten seine Zusammensetzung richtig. Im Fall der Pazifikinsel hatten die Satellitenlenker nicht erkannt, was in den Filmaufnahmen zu sehen war. Duck sah die Insel als erster und betrat sie als erster, in zeitlichem Abstand zwar, aber insofern doch als klassischer Entdecker. Der Goldmond wurde dem Fernsehzuschauer Duck hingegen im Fernsehsessel in den Schoß gelegt. Er hatte keine Findigkeit aufzubringen, sondern nur genug Geld, um als erster das Ziel zu erreichen. Wo Olaf der Blaue seine Seekarte im Laufe der Fahrt erst anfertigte, werden Astronauten, damit sie in den kosmischen Räumen nicht verlorengehen, mit exaktestem Kartenmaterial ausgestattet. Das Entenhausener Raketen-Center schickte keine Rakete zum Goldmond. Hätten aber die Leistungen der Entenhausener Astronomen nicht ein Grund sein können, den Goldmond als Gemeinbesitz der Menschheit zu reklamieren und eine völkerrechtliche Übereinkunft analog zum Weltraumvertrag von 1967 herbeizuführen?

Zur Begründung der Meinung, auch der mit Satellitenbildermaterial ausgerüstete, möglicherweise sogar von der Erde aus ferngesteuerte Raumfahrer, der den insoweit nicht unbekannten neuen Himmelskörper lediglich wiedererkennen muss, lasse sich unter den klassischen Begriff des Entdeckers fassen, kann man noch einmal auf Griepenkerl verweisen. Er unterscheidet die Irrfahrt von der Entdeckungsreise. Odysseus und Aeneas betraten neue Länder, vor deren Küsten der Zufall sie verschlug. Der Entdecker muss finden wollen, muss suchen (hier erkennt man die Herkunft des Begriffs «inventio» aus der Rhetorik) und hat immer schon ein Bild im Kopf.

Christoph Förster meint, dass Bläulich mit einem Bluff in den Besitz der Karte Olafs

des Blauen gelangt sei und mit seiner Berufung auf den Codex Raptus vor den Entenhausener Gerichten gescheitert wäre. Soll man annehmen, dass die Entenhausener in der Fremde für sich das Recht des Entdeckers beanspruchen, aber dem Entdecker ihres Kontinents das gleiche Recht absprechen? Eine Großmacht mag sich der Wechselseitigkeit der völkerrechtlichen Verpflichtungen in der Praxis von Zeit zu Zeit entziehen. Aber sie kann das Prinzip nicht leugnen, ohne den Rechtscharakter des Völkerrechts zu zerstören. Als Dagobert Duck von der Königin der sieben Meere, der meerjungfräulichen Monarchin eines Unterwasserreichs am Rand des Entenhausener Kontinentalsockels, wegen Majestätsbeleidigung zum Tode verurteilt wurde, schlug er ihr vor, den Streit vor die Internationale Fischereikommission zu tragen. Eine solche zwischenstaatliche Organisation mit schiedsgerichtlichen Aufgaben ist darauf angewiesen, dass die Parteien sich ihrem Spruch unterwerfen, ohne zu wissen, wie er ausfallen wird. Es ist bemerkenswert, dass ein Privatmann wie Duck die Kommission anrufen kann. Aber das Völkerrecht hat sich so tief ins Rechtsbewusstsein der Entenhausener eingesenkt, dass sogar von Tieren, und nicht etwa von domestizierten Arten wie dem Pinschpudel oder dem dänischen Doppelmoppel, sondern von Dingos, den verwilderten Hunden der australischen Steppe, Kenntnis und Befolgung der Haager Landkriegsordnung von 1899 erwartet werden. Der von Carl Schmitt 1948 vorausgesagte Primat des Völkerrechts ist in Entenhausen Wirklichkeit geworden.

Als Olaf der Blaue seinen Helm fern der Heimat einmauerte, verfolgte er allem Anschein nach die Absicht, die dokumentarische Grundlage für einen Anspruch unter dem Codex Raptus zu schaffen. Er muss, stellt man den langen Aufenthalt in Island in Rechnung, schon in fortgeschrittenem Alter gewesen sein und wusste, dass er als Wikinger gefährlich lebte. So dachte er wahrscheinlich wirklich schon an die Nachkommen, als deren jüngster Berengar Bläulich schließlich Olafs Recht einklagte, der seine Abstammung allerdings nicht positiv beweisen konnte. Dass die Unmöglichkeit des Beweises des Gegenteils den Gerichten genügen sollte, wird man als eine der weniger weit hergeholten Theorien von Bläulichs Rechtsbeistand Wendig einordnen, wenn man bedenkt, dass in den Szenarien der genealogischen Wahrscheinlichkeitsrechnung fast jeder

heute lebende Mitteleuropäer von Karl dem Großen abstammen soll.

Konnte Olaf auf die Anerkennung eines nordatlantischen Wikingerreiches seitens der Garantiemächte des Codex Raptus hoffen? Es ist ausgeschlossen, dass die beiden Kaiser die Landgewinne von Feinden der Christenheit legitimieren wollten. Durch die Kaiserkrönung hatte Karl ja gerade erst förmlich die Pflichten eines Patrons und Advokaten der römischen Kirche auf sich genommen. Olaf der Blaue muss also die Taufe empfangen haben, um die Privilegien eines Entdeckers nach dem christlichen Völkerrecht genießen zu können. Vielleicht verbirgt der Nebel, der über dem letzten Kapitel seines Lebens liegt, einen Konflikt über diese Abkehr von den alten Göttern.

Nachdem Berengar Bläulich den von Donald Duck ausgegrabenen Helm am Fundort an sich gerissen hatte, nahm er den Titel eines Kaisers von Amerika an. Als Berengar I. wollte er die amerikanische Kaiserliste anführen – ob daheim in Norwegen schon ein Jung-Bläulich als künftiger zweiter Berengar bereitstand oder ob Berengar I. eine Untertanin zur Kaiserin zu erheben gedachte, um mit ihr die Linie Olafs des Blauen fortzusetzen, wissen wir nicht. Auch ein uralteuropäisch gesinnter Historiker wird nicht umhinkommen, Berengar einen Usurpator zu nennen. Bläulichs Rechtsanwalt hatte die Maxime in die Diskussion eingeführt, nach der der Sagenforscher trotz all seinen aufopferungsvollen Vorarbeiten dem Museumsdiener den Vortritt hätte lassen müssen. Hocus, Locus, Jocus! Das kann man auch mit einem jüngeren Sprichwort übersetzen: Wer zu spät kommt, den bestraft das Leben. Auch bei Duck hätte die Nichtabstammung von Olaf dem Blauen schwerlich gerichtsfest bewiesen werden können, und tatsächlich meinte er zu wissen, dass in seinen Adern Wikingerblut rolle. Duck wurde der dritte und vorletzte Helm- und Titelträger in der kurzen Reihe der amerikanischen Kaiser. Vor ihm regierte Museumsdirektor Weihrauch, der Berengar I. stürzte, aber mit seiner den Idealismus der Kaisertradition auf die Spitze treibenden Gleichsetzung der Ehre des Reiches mit dem Wohl der Museen sogleich eine Rebellion provozierte. Nach der Abdankung Kaiser Donalds trat Großkanzler Wendig, die graue Eminenz aller drei Nachfolger Olafs (I.), aus dem Schatten des Throns, um ihn in Ermangelung anderer Prätendenten selbst zu besteigen. Wendigs Regierungszeit war die kürzeste, nur für einige Sekunden besaß er die Macht, bevor der Helm ins Meer versenkt und der Codex Raptus zum Altpergament gelegt wurde. Amerikas Vierkaiserjahr dauerte nur zwei Tage.

Berengar I. konnte in den paar Minuten seiner Herrschaft keine Staatstradition prägen. Er plante eine Krönungszeremonie, der aber staatsrechtlich keine konstitutive Funktion zukommen sollte, da er seine Kaiserrechte vom Moment der Aneignung des Helms an ausübte. Nicht in Washington oder Philadelphia wollte der erste Kaiser des Vereinigten Kaiserreichs von Nordamerika sich krönen lassen, sondern inmitten der nächsterreichbaren Untertanenmenge in Neufundland. Dass die Krönung so schnell wie möglich stattfinden sollte, deutet an, dass Berengar I. sich der allgemeinen Anerkennung seines Kaisertums nicht sicher sein konnte. Mit der Selbstausrufung zum Kaiser – nicht einmal Justizrat Wendig gab sich für die Rolle Ludwigs II. her, der Wilhelm I. 1870 die Kaiserwürde angetragen hatte – ging Bläulich über seine Rechte aus dem Codex Raptus hinaus. Die kaiserlichen Aussteller der Urkunde hätten nicht billigen können, dass der Herrscher des Neulands Gleichrangigkeit mit ihnen beanspruchte. Indem Bläulich in der Nachfolge des unglücklichen Maximilian von Mexiko sowie der brasilianischen Kaiser aus dem Hause Braganza eine amerikanische Kaiserherrschaft begründete, legte er den Codex Raptus im Sinne der spätmittelalterlichen Lehre der westeuropäischen Hofjuristen aus, dass der König ein Kaiser in seinem Königreich sei.

Ins Amt brachte Bläulich einen echten Kaisernamen mit, der die karolingischen Erbfolgekriege der Wende vom neunten zum zehnten Jahrhundert heraufbeschwört. Berengar I., Urenkel Karls des Großen, wurde 915 von Papst Johannes X. zum Kaiser gekrönt, nachdem er Kaiser Ludwig III. gefangengenommen und des Augenlichts beraubt hatte. Wie der italienische Berengar gegenüber seinen Rivalen mit der Heiligkeit seines karolingischen Geblüts auftrumpfte, forderte der Berengar des Nordens als Blaublütiger im familiären Wortsinn die Unterwerfung der Amerikaner. Den jüngeren Berengar hätte allerdings warnen müssen, dass der ältere schon neun Jahre nach der Kaiserkrönung von Verschwörern in Verona ermordet worden war. So brachte Direktor Weihrauch, der doch die Befolgung des Codex Raptus gelobt hatte, den Kaiser aus dem Haus der Olafiden hinterrücks zu Fall, indem er einen Stein auf die Stirn stürzen ließ, die das Diadem hätte empfangen sollen. Der Kaisername schien eine Erneuerung eines christlichen Nationalkaisertums in Aussicht zu stellen. Wenn Berengar aber seine Thronbesteigung als Machtergreifung bezeichnete, seine Untertanen als Hundlinge titulierte und seinen

Feinden damit drohte, dass er sie ausradieren werde, gerierte er sich als nordischer Mensch aus dem Bilderbuch des Unmenschen.

Als Privatmann war Bläulich zum Kult der alten Götter zurückgekehrt: Er glaubte, dass die Nornen ihm einen goldenen Schicksalsfaden gesponnen hatten, und bekräftigte seine Schwüre mit der Anrufung Odins und Donars. Dass der Norweger den Göttervater Odin gelegentlich auch mit dem südgermanischen Namen Wotan ansprach, lässt darauf schließen, dass seine Aktualisierung der Sagen des nordischen Altertums zu guten Teilen Wagnerianismus war. Man kann sich ausmalen, wie eine berengarische Kulturpolitik um die Loyalität der Entenhausener geworben hätte: ein Festkonzert zum Empfang des Kaisers mit Hofopernsänger Säuselfein als Jung-Siegfried und einer von Generalmusikdirektor Basso Bombopoff komponierten «Entenhausener Begrüßung». Zu dieser Probe auf die Macht der Töne kam es nicht. Die Nornen schnitten den Goldfaden zu früh ab. Eine der allerersten Maßnahmen Berengars I. beweist, dass das Neuheidentum nicht kaiserliche Privatsache geblieben wäre: Er schaffte den arbeitsfreien Sonntag ab.

Nach der Logik Carl Schmitts und seines donaldistischen Adepten Christoph Förster war es widersinnig, dass sich Entenhausen in der Bläulich-Krise anschickte, ein Recht des Entdeckers zu akzeptieren, von dem sein Inhaber über mehr als tausend Jahre keinen Gebrauch gemacht hatte. Für Schmitt lag der «Rechtstitel» der Entdeckung in der «höheren Legitimität» der «geschichtlich höheren Position». Er unterlegte damit die Geschichtsphilosophie des liberalen Imperialismus seiner eigenen Lebenszeit dem gesamten Rechtsdenken des Zeitalters der Entdeckungen. Aus der Tatsache, dass Olaf der Blaue die Küste von Labrador entdeckte und nicht eine Delegation von Neufundländern Norwegen, mag man auf eine Überlegenheit des Wikingers gegenüber den damaligen Bewohnern eines Kontinents schließen, der noch nicht Amerika hieß und vielleicht den Namen Olafsland erhalten hätte, wenn der Entdecker nicht aus der Welt der Geschichte ins Reich der Sage hinübergesegelt wäre. Es ist aber ganz und gar unwahrscheinlich, dass man zwischen der Nachkommenschaft Olafs und den heutigen Einwohnern einer Metropole wie Entenhausen dasselbe zivilisatorische Gefälle antreffen wird. Die Wikinger büßten ihren Vorsprung schon ein, als sie vergaßen, den von Olaf errichteten Brückenkopf in der neuen Welt zu halten.

Museumsdirektor Weihrauch dachte indes nicht daran, Bläulichs Benutzung des Codex Raptus als Anachronismus zurückzuweisen. In Weihrauchs Museum sind die Bestände nicht wie in den Völkerkundemuseen des neunzehnten Jahrhunderts so arrangiert, dass sie eine einzige begehbare Bildergeschichte von der Höherentwicklung des Menschengeschlechts ergeben. Zwar wird unter einer Glasglocke in der Nähe des Wikingerschiffs, das schon vor dem Fund des Logbuchs präzise auf circa 870 datiert werden konnte, die Perücke Karls des Kahlen gezeigt, des Enkels Karls des Großen, der 875 zum Kaiser gekrönt wurde. Aber der Besucher wird nicht durch eine Serie von Epochenräumen geschleust, sondern in ein Netz von synchronen und diachronen Bezügen eingespon-

nen. Gleichzeitigkeit erweist sich als Zufallsnachbarschaft, während das Nebeneinander von Stücken aus verschiedenen Zeiten und Ländern anthropologische Konstanten hervortreten lässt. Das Toupet des Karolingers korrespondiert mit dem Wäschesack der Königin von Saba, um die zeremoniellen Spielregeln einer höfischen «Präsenzkultur» nach den Begriffen der Historikerin Barbara Stollberg-Rilinger vorzuführen. Präsenz heißt, dass «Personen einander bei bestimmten Anlässen körperlich gegenübertreten», Kultur bedeutet, dass auch die ranghöchsten Mitspieler frisiert und gewaschen zu erscheinen haben. Ob Karl der Kahle wirklich kahl war und ob Salomo bei der Begrüßung der Königin von Saba wirklich die schwülen Blütendüfte Arabiens einatmete, sind dann die falschen Fragen. Die gehobene Stimmung eines höfischen Festes «beruht auf gemeinsam geglaubten Fiktionen», und Fiktion «hat hier nichts mit Lüge oder Täuschung zu tun».

Barbara Stollberg-Rilinger geht aus von Hegels Beobachtungen über die Aufhebung der Zeit im Krönungszeremoniell des Heiligen Römischen Reiches Deutscher Nation: «Die Verfassung scheint gar seit den tausend Jahren, die seit Karl dem Großen verflossen sind, keine Veränderung erlitten zu haben, wenn der neugewählte Kaiser noch jetzt bei der Krönung die Krone, den Szepter, Apfel, ja sogar die Schuhe, den Rock und die Kleinodien Karls des Großen trägt.» Welche gemeinsam geglaubte Fiktion erklärt, dass die Entenhausener einem Kaiser zu gehorchen bereit waren, der bei der Krönung den Helm Olafs des Blauen aufsetzen wollte, als hätte ihre Verfassung schon vor tausend Jahren existiert und seit Olaf dem Blauen keine Veränderung erlitten? Hier wirkt der Glaube an die Heiligkeit des Eigentums, das über die Zeit unversehrt weitergegeben wird.

Uwe Johann Friedrich Mindermann hat 1988 in seiner grundlegenden Untersuchung der Entenhausener Einstellungen zur Religion eine der wesentlichen Einsichten der sozialpsychologischen Duckforschung formuliert. «Es wird nicht gestorben, es wird geerbt.» Der Tod ist in der gesellschaftlichen Kommunikation mit einem Tabu belegt – dem Zusammenhang von Redeverboten und Zwangshandlungen widmete Viola Dioszeghy-Krauß später eine ganze Serie tiefschürfender Abhandlungen. Umso mehr ist von der tröstlichen Konstanz der von Generation zu Generation weitergegebenen Dinge und Werte die Rede. Daisy Duck hat von ihrer Großtante Griseldis eine Brosche geerbt, die sie während einer Einbruchswelle in ihrer Gegend ihrem Vetter Donald zur Aufbewahrung in einem Geheimfach übergibt. Daisy trägt das Schmuckstück, das sie ihre alte Familienbrosche nennt, fast nie – aber eben darin spricht sich die Ehrfurcht vor einem unersetzlichen Gegenstand aus, den die Großtante ihrerseits von ihrer Großtante geerbt hat. Einen der seltenen Anlässe, sich die Brosche an die Bluse zu stecken, bietet Daisy ein Abendessen des Vereins der Naturfreunde, bei dem als Tischrede ein Vortrag aus dem Gebiet der Paläontologie gehalten wird. Der Vortragende, durch den gewaltigen Rauschebart des Entenhausener Professors als Koryphäe ausgewiesen, lässt die Festgäste die ununterbrochene Entwicklung und verborgene Einheit des Organischen bestaunen, indem er die Verwandtschaft von tierischem und pflanzlichem Leben freilegt und aus den Fossilien von Cephalopoden oder Kopffüßlern Schlüsse über die Kultur der Rhabarberpflanze zieht. Lächelnd hängt Daisy an den vom Bart überwucherten Lippen des Redners, in der seligen Gewissheit, dass auch ihre Familie nicht aussterben wird, solange eine Großtante ihrer Großnichte die Brosche weiterreicht.

Ein im Jahre 1889 abgestempelter Brief wird von der Entenhausener Post fast hundert Jahre später zugestellt – schließlich hat der Absender ja für seine Briefmarke gezahlt. Die Adressatin, Fräulein Gerlinde Giergans aus Antenweiler, zog über Quakenbrück 1901 nach Entenhausen, wo sie in der Zwischenzeit verstorben ist. Von der Post wird der Brief daher ihrem Erben Gustav Gans ausgehändigt. Die Postämter von Antenweiler und Quakenbrück führen Umzugsregister, die mindestens ein Jahrhundert zurückreichen – so können sie in Erbschaftsstreitigkeiten Auskünfte erteilen. Ein Nachsendeantrag hat sozusagen testamentarische Kraft und Dignität. Dem Entenhausener Postbeamten, bei dem Gustav Gans seinen postlagernden Stapel von Benachrichtigungen über Gewinne in Preisausschreiben abholen will, fällt sofort ein, dass Gustavs Einsetzung zum Alleinerben seiner Tante Gerlinde damals Stadtgespräch war. Nun kommt es bei Gustavs sprichwörtlichem Glück natürlich alle Tage vor, dass irgendein verschrobener Onkel aus der verzweigten Duck-Sippe Gustav zum Erben seiner Bücher, Aktien oder Knusperflocken-Sammeldeckel bestimmt, weil ihm ein Neffe, der oben Dauerwellen, in der Mitte eine Fliege und unten Hundedeckchen hat, eben sympathischer ist als einer, der oben eine Glatze, in der Mitte einen Schillerkragen und unten Filzlatschen trägt. Die Gierganssche Erbschaft wäre also nicht weiter der Rede wert – aber wie schon Mindermann bemerkte, beweist die Episode, dass den Entenhausenern jede Gelegenheit

recht ist, das Erben zum Thema zu machen und die Überlistung des Todes durch die Ewigkeit des Eigentums zu feiern.

Es macht die Freiheit des Eigentümers aus, dass es keine rechtliche Frage ist, ob er seinen Status verdient hat. Dem Eigentümer des Grundstücks unterhalb eines Stausees fällt alles in den Schoß, was dort im Fall eines Staudammbruchs angeschwemmt wird – egal ob eine unter der Tarnung einer Aktiengesellschaft operierende Verbrecherbande das Land erworben hat oder das Städtische Altersheim für Bierkutscher. Polizeiliche Anmeldung genügt; eine Eignungsprüfung für Eigentümer ist undenkbar. Ob der eine oder andere Neffe ein würdiger oder unwürdiger Erbe ist, muss der Erblasser sich vor Aufsetzen des Testaments fragen. Es ist keine Frage für die Gerichte nach dem Eintreten des Erbfalls. Diesem absoluten Eigentumsbegriff entspricht es, dass das Recht des Entdeckers als juristischer Titel in Entenhausen nicht, wie von Schmitt postuliert, an den Nachweis zivilisatorischer Überlegenheit gebunden ist. Es ist von daher irreführend, dass Matthias Oppermann hier von Sozialdarwinismus spricht. Entscheidend ist die Okkupation.

Als triftig erweist sich hingegen Oppermanns Hinweis auf das zivilrechtliche Denken hinter der völkerrechtlichen Setzung. Rousseau hat in seiner Abhandlung über die Ungleichheit das gesamte positive Recht aus dem Institut des Eigentums abgeleitet. «Der erste, der ein Stück Land mit einem Zaun umgab und auf den Gedanken kam zu sagen ‹Dies gehört mir› und der Leute fand, die einfältig genug waren, ihm zu glauben, war der eigentliche Begründer der bürgerlichen Gesellschaft.» In der Bläulich-Affäre offenbarte sich das fortwirkende revolutionäre Potential der Erfindung des Grundeigentums. Hätte Bläulich den Helm seines Vorfahren nicht wieder aus der Hand gegeben, wäre es zu einer Neugründung der bürgerlichen Gesellschaft auf amerikanischem Boden gekommen, zu einer Umverteilung aller Eigentumswerte. Schmitt notiert, dass das Wort Landnahme in der Völkerrechtslehre erst im Laufe des neunzehnten Jahrhunderts aufgetreten ist und vorher von Landteilung die Rede war, weil auf jede Landnahme «eine Teilung und Einteilung des genommenen Landes» folgt. Bläulich wollte ganz Nordamerika mit einem Zaun umgeben und fand Leute, die ihm glaubten, dass das alles ihm gehöre, unter höchstqualifizierten Akademikern. Die Einfalt liegt im System, in der durchschlagenden Kraft des Erbrechts.

Der Rechtsphilosoph Ronald Dworkin hat Grundrechten im Rechtsstaat die Funktion von Trümpfen zugewiesen: Konkurrierende Rechtsansprüche werden von ihnen aus dem Spiel genommen, ohne dass eine Abwägung stattfindet. In Entenhausen ist das Erbrecht der Trumpf, der alle Trümpfe sticht. Als Direktor Weihrauch Bläulichs Forderung nach Restitution der Karte als törichten und unverschämten Anspruch ablehnte, riet Rechtsanwalt Wendig seinem Mandanten weder zur Klage vor dem Verwaltungsgericht mit dem Ziel, Weihrauch als Behördenleiter zu grundrechtskonformer Amtsführung zu zwingen, noch zur Dienstaufsichtsbeschwerde wegen der unsachlichen Ausdrucksweise des Direktors, die den Verdacht wecken musste, er habe ausschließlich die Bestandserhaltung seiner Sammlung im Auge. Stattdessen nahm Wendig den Museumschef als Privatmann in Haftung und drohte ihm, Bläulich werde sowohl ihn als auch sämtliche anderen Einwohner Amerikas wegen Betretens seines Privatgrundstücks verklagen. Kant definiert in der «Metaphysik der Sitten» den Souverän als «Obereigentümer». Er ist der Landesherr im Wortsinn. Da «der Boden die oberste Bedingung ist, unter der allein es möglich ist, äußere Sachen als das Seine zu haben», wird alles Eigentumsrecht vom Souverän «abgeleitet werden müssen». Allerdings meint Kant, der Obereigentümer könne «kein Privateigentum an irgend einem Boden» haben – «denn sonst machte er sich zu einer Privatperson». Wenn er das Land verteilt, darf er nichts für sich zurückbehalten, denn das Obereigentum ist nichts anderes als die «Idee des bürgerlichen Vereins», in dem zunächst allen alles gehört, damit jedem das Seine zugeteilt werden kann.

Als Olaf der Blaue in einem Land seinen Helm vergrub, über das weder sein Volk der bewaffneten Überseekaufleute noch einer der Kaiser aus West- und Ostrom herrschte, war er eine Privatperson. Es gab noch keinen Verein. Olafs Erbe durfte vom Erbe so viel ausgeben und behalten, wie er für richtig hielt – Kants Sorge, es dürfe nicht vom «Gutbefinden» des Landesherrn abhängen, «wie weit» seine Ländereien «ausgebreitet sein sollten», wolle «der Staat» nicht «Gefahr laufen, alles Eigentum des Bodens in den Händen der Regierung zu sehen», beschreibt ein Problem der Staatsklugheit, kein Rechtsproblem. Bläulichs Eintritt in das Erbe seines Ahnherrn stellte die Situation vor der ersten Verteilung wieder her. Obwohl Olaf in seiner neuen Heimat in Vergessenheit geraten war, hatten alle späteren Entdeckungen Amerikas keine Rechte begründen können. Die dritte der Bedingungen Gryphianders, die Abwesenheit älterer Rechte, war nicht gegeben. Kant räumt ein, dass man vom Landesherrn sehr wohl sagen kann, er besitze alles, weil gesetzliches Eigentum zugeteilt ist und nicht weggeschenkt wurde. Die Verteilungsregeln bleiben revidierbar. Dürfte der Obereigentümer aber auch Untereigentümer sein und könnte er durch Änderung der Regeln sein Privatvermögen vermehren, wären die Untertanen nach Kant «aller Freiheit beraubt». All ihr Besitz wäre «immer nur Eigentum eines anderen». So sah das Amerika Berengars I. aus. Alle Einwohner, verkündete Bläulich, als er den Helm in der Hand hatte, seien von nun an seine Untertanen, und das hieß, dass sie für ihn arbeiten sollten. «Ihre Häuser gehören mir! Ihre Autos, ihr Hausrat, ihre Kannen und Pfannen, alles gehört mir! Alles, alles!»

Christoph Förster meint, Wendig als Schwindler entlarven zu können, der sich den Titel des Justizrats angemaßt habe und in Wahrheit noch nicht einmal Volljurist sei. Als Wiederentdecker Amerikas scheiterte Bläulich zunächst daran, dass er nicht mit dem Vergehen der Zeit in Gestalt der Erosion gerechnet hatte. Das Meer hatte den auf Olafs Karte markierten Zielort durch Zernagen der Landzunge unkenntlich gemacht. Bläulich witterte einen Schabernack seines Vorfahren und verfiel schon in Defätismus, als Wendig ihm vorschlug, sich durch eine Schadensersatzklage gegen Unbekannt wenigstens seine Reisekosten zurückzuholen. Hier hat sich, glaubt Förster, der Hochstapler eine verräterische Blöße gegeben, die keine von Wendigs juristenlateinischen Sentenzen verdecken kann. Kein Entenhausener Gericht, so Förster, werde eine Schadensersatzklage ohne Beklagten zulassen. «Wem hätte die Klage Bläulichs auch zugestellt werden sollen?» Förster übersieht, dass die Klage nach Wendigs Worten nur vorläufig gegen Unbekannt erhoben werden sollte. Offenkundig erlaubt das Entenhausener Zivilprozessrecht, eine Klageschrift zunächst ohne Angabe der beklagten Partei vorzulegen und den Namen des Beklagten später nachzureichen. So kann die Verjährung von Ansprüchen vermieden werden. Der Verursacher des Schadens soll sich seiner Pflicht zum Schadensausgleich nicht durch Abtauchen in die Anonymität entziehen.

Diese robuste Ausgestaltung des Schadensersatzrechts spiegelt den Spitzenrang des Eigentums in der Hierarchie der Rechtsgüter. Mit den Verfügungsrechten werden auch die Haftungspflichten vererbt. Wegen Nichterfüllung des Vertrags über die Meerrettichlieferung nach Jamaika erließ ein Entenhausener Gericht etwa zweihundert Jahre nach dem Untergang der Goldenen Gans auf Antrag des Erben von Jean Nepomuk Schubiack ein vollstreckbares Urteil gegen den Erben von David Fürchtegott Duck. Der Beklagte wurde verurteilt, dem Kläger seine gesamte bewegliche und unbewegliche Habe abzutreten. Auch hier unterblieb übrigens die Zustellung der Klage, obwohl Dagobert Duck als Beklagter benannt wurde. Wo ein Urteil die bürgerliche Existenz ruinieren kann, ohne dass dem Verurteilten die Eröffnung des Prozesses auch nur angezeigt wurde, fallen den Rechtsanwälten schon im Vorfeld möglicher Verfahren umfängliche Aufklärungspflichten zu. Sie müssen darauf bedacht sein, nicht ihrerseits von Leuten, denen sie ihre Dienste nicht angeboten haben, zum Schadensersatz herangezogen zu werden.

Die Hexe Hedwig, Vertreterin eines verwandten Berufsstandes (vulgärlateinische Zutaten zu Wendigs juristenlateinischer Zitatbrühe – «Hocus, Locus, Jocus!» – stammen aus der schwarzen Magie), macht für den Niedergang des Hexenglaubens ihre Kolleginnen verantwortlich: «Zu wenig Auftritte in der Öffentlichkeit! Zu wenig Werbung! Da läuft heutzutage nichts.» Solche Nonchalance können sich die Anwälte nicht erlauben. Die Parkspaziergänge des Justizrats Juxenburg dienen der ambulan-

ten Akquisition von Mandanten. Standesrechtlich mag die Grünanlage eine Grauzone sein; am Erfolg der Methode besteht kein Zweifel. Ansehen erwirbt man in Entenhausen, indem man sich ansehen lässt. Die Stadt ist eine Großstadt, die noch wie eine Kleinstadt funktionieren möchte. Es kennt nicht mehr jeder jeden, und eben deshalb kultiviert jedermann eine Kennerschaft im Entschlüsseln eines gestischen Codes, der im Wortsinn als Umgangssprache dient. Man glaubt dem Augenschein, um sich nicht auf das Hörensagen verlassen zu müssen. Die Gesichter von Mitbürgern, die sich im beschränkten Gebiet ihres Berufes ersichtlich selbst verwirklichen, liefern Stoff für eine eigene illustrierte Zeitschrift: «Helden des Alltags». Ein Feuerwehrmann, der mit seinen Kollegen den Brand eines Öltankers unter Kontrolle brachte, der die ganze Stadt mit Vernichtung bedrohte, macht nach den Maßstäben des bunten Blattes keine gute Figur, weil seine Gestalt von einem modernen Schutzanzug verschluckt wird. Seine Taten mögen lobenswert sein, sind aber nicht ansehnlich.

Ein Entenhausener Politiker, der eine nationale Karriere machte, der berühmte Masselmann, zog die Blicke der Wähler auf sich, indem er auf einen Fahnenmast kletterte. Wahlkampf als Scharade: Das Publikum fand auf Anhieb die Lösung, sah ihm an, was er kann. In Masselmanns eigenen Worten, aus einem Zeitzeugeninterview für Zwecke der politischen Bildung: «Das Volk wählte mich, weil es sich sagte, dieser Mann hat das Zeug dazu, an höchster Stelle zu sitzen.» Und so wählt der Forstfrevler oder Anlagebetrüger auf der Parkbank Justizrat Juxenburg als Anwalt aus, weil er sich sagt: Dieser Mann hat das Zeug dazu, den Rechtsweg zu beschreiten. Im Großstadtleben, hat Georg Simmel erkannt, ist mit der «Kürze und Seltenheit der Begegnungen» die Versuchung gegeben, «sich pointiert, zusammengedrängt, möglichst charakteristisch zu geben». Juxenburg ist mit maßgeschneiderter Frackjacke über der schmalen Taille, mit Hemdbrust, Stehkragen, weißer Schleife, Nelke im Knopfloch, Brillantnadel, Spazierstock, Melone und Zwicker die Pointiertheit in Person, die Selbstkarikatur des vornehmen Advokaten. Ebenso charakteristisch die Parkauftritte des Chirurgen Doppelkopp mit gebeugtem Rücken und vorwärtsdrängendem Bart und des ernsthaften Chemikers Knall mit der gewellten Stirn über den durchdringenden Augen.

Auch Juxenburgs Kollege Wendig, dem ebenfalls der Ehrentitel des Justizrats verliehen wurde, trägt zum Zeichen eines Scharfblicks, der in jedem Haar den Spalt entdeckt, weit vorne auf der Nase einen Zwicker. Bis in die siebziger Jahre des zwanzigsten Jahrhunderts hatten die Advokaten, die vor dem Obersten Gerichtshof in Washington plädierten, im Morgenanzug aufzutreten. Auch im eisigen Wind vor Labrador tauscht Wendig schwarzen Rock, Stehkragen, Fliege und Zylinder nicht gegen die bequeme Kluft des demokratischen Anonymus, der sich möglichst uncharakteristisch geben möchte. Als Organ der Rechtspflege kennt der Anwalt keine Freizeit. Das Studium der Rechte vermittelt Verhaltenslehren der Kälte zur Vorbereitung auf das Überleben unter Bedingungen jäher Witterungsumschwünge. Der unter den Spitzen der Dienstleistungsgesellschaft verbreitete Brauch, einen sprechenden Namen zu wählen, erschließt sich von Simmel her als Kunst, das eigene Wesen auf schmalstem Raum zusammenzudrängen. Wendig empfahl sich schon mit seinem Namen als Kronjurist des blauen Reiches. Nach allen Machtwechseln der kurzen Reichsgeschichte behauptete er seinen Zugang zum Machthaber; in dieser umstandslosen Anpassungsfähigkeit bewährte sich Wendigs von Förster bestrittene Professionalität.

Das Standesbewusstsein, das Wendig mit seinem Sinn für korrekte Kleidung demonstrierte, zeigte sich ebenso in seinem Sinn für würdige Worte, als er nacheinander Abreden mit den Thronprätendenten Weihrauch und Duck traf. Ein «angemessenes Honorar» verlangte er für seine Dienste als Rechtsberater. Für die Dienstleistungen von Hypnotiseuren gibt es feste Preise, die ihr Berufsverband fixiert. Maßgeblich ist grundsätzlich die Dauer des fachgerecht induzierten Trancezustands. Wendig rechnete weder Gebühren noch Stundensätze ab. Angemessen schien ihm vielmehr eine pauschale Gewinnbeteiligung. Das Standesrecht der alten Welt sah eine solche Vereinbarung über die Ausschüttung eines Anteils an dem vor Gericht zu erstreitenden Preis, das *pactum de quota litis*, seit römischer Zeit als sittenwidrig und nichtig an. Die von Wendig mit Weihrauch und Duck abgeschlossenen Vereinbarungen galten nicht förmlich, aber praktisch nur für den Erfolgsfall. Zwar sind die Verdienstmöglichkeiten im öffentlichen Dienst beachtlich – locker schlägt selbst der Müllmann im Gehaltsvergleich den geprüften Hypnotiseur, der – Augen zu und durch – ein Diplomstudium hinter sich gebracht hat. Aber auch der Museumsdirektor hätte nach dem Platzen des Kaisertraums seinem Anwalt nicht ein Zehntel des Gesamtwerts aller Wertgegenstände auf dem nordamerikanischen Kontinent überweisen können. Den Anteil von 10 Prozent bezeichnete Wendig als das Übliche. Weihrauch und Duck mussten diese Auskunft wohl oder übel schlucken. Sie kannten die Marktlage für Rechtskenntnis: Wendig hatte am Hof der Nachkommen Olafs des Blauen ein Monopol. Wenn man bedenkt, dass in den meisten amerikanischen Bundesstaaten das Honorar für den Fall des Falles («contingent fee»), gängig insbesondere in Schadensersatzprozessen, normalerweise zwischen 33 und 45 Prozent liegt, sieht Wendigs Zehn-Prozent-Forderung schon anders aus: Dann ist das noch wenig.

In absoluten Zahlen natürlich immer noch exorbitant viel: Die US-Notenbank bezifferte das Gesamtvermögen aller Privathaushalte in den Vereinigten Staaten im vierten Quartal 2012 auf 66 Billionen Dollar – das ist schätzungsweise zwölfmal so viel Geld, wie es auf der Welt gibt. Da die Begleichung der Anwaltsrechnung zum sofortigen Staatsbankrott des jungen Reiches geführt hätte, ließ sich Wendig statt einer Zahlung einen Rechnungsausgleich in Sachwerten zusichern: die Überschreibung eines Zehntels des amerikanischen Territoriums. Er wurde damit, wie es der amerikanische Rechtsgelehrte Francis Wharton 1876 zur Bekräftigung der klassischen Missbilligung der Streitanteilsvereinbarung formulierte, «unter Zerstörung der Unterscheidung von Anwalt und

Partei zum Partner seines Mandanten in einem spekulativen Rechtsgeschäft». Mit der Tätigkeit als Rechtsberater, die mit dieser Vergütung abgedeckt sein sollte, war nicht nur außergerichtliche Beratung gemeint. Wendig rechnete damit, jedenfalls den Thronanspruch Weihrauchs, der seine Verwandtschaft mit Olaf dem Blauen in einem verdächtig opportunen Moment entdeckt hatte, vor Gericht durchsetzen zu müssen – mutmaßlich durch Abwehr einer Sammelklage aller Amerikaner, die den Entdecker mit gleichem Recht als Stammvater ins Familienbuch eintragen konnten. Bei einer Aufteilung Nordamerikas gemäß dem Honorarvertrag wäre Wendig mit einem Zehntel der Landmasse die Herrschaft über dieses Gebiet zugefallen. Aus dem Rechtsdeuter wäre ein Gesetzgeber geworden.

Als Kaiser von Amerika regierte Wendig so kurz, dass er kein Regierungsprogramm mehr formulieren konnte. Alle seine drei Vorgänger hatten den Staat als Beute behandelt, worin man wohl das wikingische Traditionselement ihrer Verfassungspolitik sehen muss. Berengar I. wollte die amerikanische Wirtschaft zu einem System der Zwangsarbeit umbauen. Weihrauch, der erste einheimische Kaiser, kehrte zur Staatsfinanzierung durch Steuern zurück. Aus dem sarkastischen Verdikt von Tick, Trick und Track Duck, Bläulichs Regime unverhohlener Knechtschaft sei menschenfreundlicher gewesen als Weihrauchs Fiskalpolitik im Namen höherer kulturpolitischer Zwecke, spricht der Radikalismus der amerikanischen Revolution, der gegen die Euphemismen eines aristokratischen Humanismus der nach Bildungsgraden beschränkten Teilhabe die Rechte der Menschheit aufrief. Judith Shklar hat gezeigt, dass die polemische Entgegensetzung von Freiheit und Sklaverei den Begriff der amerikanischen Staatsbürgerschaft ausmacht. In der Entkoppelung von Besteuerung und Repräsentation sahen die Revolutionäre den Beweis dafür, dass König und Parlament in Westminster die Amerikaner versklaven wollten. Die Museumssteuer, die Weihrauch den Staatsbürgern aus kaiserlicher Machtvollkommenheit auferlegte, sollte neben die bestehenden Steuern treten.

Sein Nachfolger Duck wollte als Steuerreformer in die Geschichte eingehen. Das Steuerrecht ist ein Normgebäude im Stil der Raubrittergotik von Schloss Schauerstein, dem einstigen Stammsitz derer von Schauerstein: ein riesiger Komplex aus Anbauten und Aufbauten, voller Geheimgänge, Schlupflöcher und Falltüren. Auch von einem Gelegenheitsarbeiter verlangt das Ausfüllen der Steuererklärung Fähigkeiten der höheren und höchsten Mathematik. Die bizarren Effekte von Steuersparmodellen werfen die Frage nach der Gerechtigkeit des Systems auf. Nach Paragraph 120 Absatz römisch 7 des Einkommensteuergesetzes kann der Steuerzahler seine Steuerlast senken, wenn er einem nahen Verwandten eine seetüchtige Yacht schenkt. Bei einem Großverdiener wie Dagobert Duck beläuft sich die Steuerersparnis auf 3 876 943 Taler und 85 Kreuzer. Die Bestimmung verfolgt möglicherweise den Zweck, den Abenteuergeist der Entenhausener am Leben zu erhalten. Als einziger der vier modernen Nachfolger Olafs des Blauen hat sich Donald Duck den Helm tatsächlich aufgesetzt. Durch Kühnheit hatte er das Kaisertum erlangt, kühn wollte er regieren: Er kündigte eine radikale Vereinfachung des Steuersystems an. Alle bisherigen Steuern und Abgaben sollten wegfallen und in einer neuartigen Steuer aufgehen, Kopfsteuer und Verbrauchsteuer zugleich.

Thomas Hobbes legt im «Leviathan» dar, dass es natürliche Rechte gebe, die der Mensch im Interesse seines Überlebens auch um des Friedens willen nicht abtreten dürfe, darunter das Recht, «Luft und Wasser zu genießen» sowie «alle anderen Dinge, ohne die ein Mensch nicht leben oder nicht gut leben kann». Duck wollte die Luft besteuern und kehrte das Argument um: Gerade die Lebensnotwendigkeit der Atemluft macht es möglich, auf ihren Verbrauch eine absolut gerechte und effektiv einzutreibende Steuer zu erheben. Wendig war enthusiasmiert von der drakonischen Phantasietätigkeit seines Mandanten und arbeitete sogleich den Entwurf einer Luftsteuertabelle aus, in der ein Seufzer mit einem Zehner zu Buche schlug und ein Gähnen mit dem doppelten Betrag. Der Kaiser wollte Luftmesser an seine Untertanen ausgeben, aber nach Wendigs Konzept sollte sich die Höhe der Steuer nicht einfach nach der verbrauchten Luftmenge richten: Die fiskalischen Instrumente dienten zugleich der Verhaltenssteuerung, indem dem Langschläfer das Gähnen teurer kam als dem Verliebten der Seufzer. Diesen Paternalismus der kleinen Anreize machte später der Rechtsprofessor Cass Sunstein aus Chicago unter dem Bild des «Stupsers» («nudge») populär.

Dem Kaiser Wendig hätte man eigene gesetzgeberische Initiativen auf der von Duck vorgezeichneten Linie zutrauen müssen. Er wäre berufen gewesen, als Justinian der neuen Welt einen Codex Iuris Americani zusammenzustellen und in Kraft zu setzen, ein Gesetzbuch der Gesetzbücher, in dem der Codex Raptus, das Gesetz der Landnahme, durch sein bislang fehlendes Gegenstück ersetzt worden wäre, den Codex Tributorum, das Gesetz der Abgaben. Durch Abschaffung der Luftsteuern und Steuerfreiheit für jedermann hätte er sein Volk beglücken können, wenn er die Finanzierung der Staatstätigkeit komplett auf Gerichtsgebühren umgestellt hätte. Ein Systemwechsel zu einer Missbrauchsgebühr im Fall unterlassener Klageerhebung hätte die Liquidität des Reiches dauerhaft gesichert. Der Gesetzgeber muss nach Hobbes die Richter und Professoren ernennen, die die Gesetze auslegen, um zu verhindern, dass durch Auslegungskunst der Sinn eines Gesetzes ins Gegenteil verkehrt wird und der Ausleger sich an die Stelle des Gesetzgebers setzt. Wendig wäre für diese Aufgabe nicht nur zuständig, sondern auch kompetent gewesen.

Er hätte womöglich auch von der Lehrbefugnis Gebrauch gemacht, die Hobbes dem Souverän in allen Fächern zuspricht, dessen Professoren er beruft. Die Notwendigkeit der Arbeitsteilung im Regierungsalltag hält laut Hobbes auch fachlich qualifizierte Fürsten normalerweise davon ab, in allerhöchsteigener Person Vorlesungen zu halten. Aber der Wechsel des «politischen Layouts» (Gerd Roellecke) von der Republik zur Monarchie wäre für Wendig Grund genug gewesen, seine Bemühungen um die zeitgemäße Rezeption des römischen Rechts fortzusetzen. So hätte er bei Gelegenheit eine verbesserte Übersetzung der von ihm in den Jahren seiner Anwaltstätigkeit fast täglich zitierten Maxime «Jocus, Krocus, Spocus!» in Umlauf setzen können, aus «Wer zahlt, befiehlt» korrigiert in «Wer zahlt, gehorcht».

Als Versuchsbevölkerung für einen Rechtsstaat nach den Begriffen Wendigs sollten die Kanadier dienen. Das mit Weihrauch vereinbarte Anwaltshonorar wollte Wendig sich im Norden aus dem Kontinentalkuchen herausschneiden. 10 Prozent von Amerika, das war nach Wendigs Worten «etwa» Kanada. Für die Eventualität einer übermäßigen Verlängerung der Prozessdauer bat er sich zusätzlich die Abtretung von New York aus. Diesen Honorarverhandlungen kann die donaldistische Geographie zwei wichtige Informationen entnehmen. Erstens: New York liegt nicht in Kanada. Zweitens: Kanada nimmt ein Zehntel der Fläche Nordamerikas ein. Auf unseren Schulgloben sind für Kanada 9 984 670 Quadratkilometer ausgewiesen, 157 995 mehr als für die Vereinigten Staaten von Amerika. Das den Entenhausenern bekannte Kanada ist also viel kleiner, umfasst nur knapp zwei Millionen Quadratkilometer. Es grenzt offenbar an den amerikanischen Bundesstaat New York an, da Wendig an einem zusammenhängenden Territorium gelegen sein musste. Das Kanada der Entenhausener Atlanten ist demnach ein Kern-Kanada um Toronto und Montreal. Der britisch-amerikanische Krieg von 1812 bis 1814 hatte offenbar einen anderen Ausgang als in unseren Geschichtsbüchern. Dort steht, dass durch den Frieden von Gent der Status quo ante wiederhergestellt wurde. Zusätzlich muss ein Expansionsverbot für die britischen Kolonien von Ober- und Niederkanada vereinbart worden sein. Die Erschließung der riesigen Flächen im höchsten Norden und im Nordwesten des Kontinents im Laufe des neunzehnten Jahrhunderts vermehrte nicht den Boden Kanadas, sondern das Territorium der Vereinigten Staaten.

KAPITEL 5

Fluchtpunkt Timbuktu: Wo die Gumpe ins Meer fließt

«Das amerikanische Volk muss ein Volk von Museumsbesuchern werden!» Es ist nichts geworden aus der Erziehungsdiktatur des Entenhausener Museumsdirektors Thomas Weihrauch, der beherzt zugriff, als sich ihm die Chance auf das Kaisertum bot, aber nach den Strapazen des langen Fußmarschs bis an die östlichste Spitze von Neufundland so schnell einschlief wie mancher Schüler, der mit seiner Klasse im Völkerkundemuseum einen Vortrag der Kuratorin für alte Stoffe und Spitzen anhören muss. Ihm genügte die Aussicht nicht, dem Erfolgsbuch seines englischen Kollegen Neil MacGregor ein Pendant mit Material aus Entenhausener Beständen an die Seite zu stellen, «Eine Geschichte der Welt in weiteren 100 Objekten» vom Dinosaurier-Ei bis hin zum Gott des Kampfes, einer dynamisch bewegten Kleinskulptur aus dem Frühwerk Pissinassos – mit dem goldenen Helm Olafs des Blauen auf der Doppelseite in der Buchmitte. Weihrauch, vom Habitus her ein stiller Gelehrter, wollte selbst Weltgeschichte machen und wies sich dadurch als echter Amerikaner aus. Aber das amerikanische Volk ist ein Volk von Baseballstadiumsbesuchern geblieben. Ein Spielfeld, auf dem sich nichts tut, ist für sie eine herrliche Aussicht, die sie stundenlang betrachten könnten, weil sie nicht müde werden, die Trickbälle der Werfer und die Schlagtechnik der Schmetterer statistisch zu analysieren.

Für die Duckforschung ist Weihrauchs weltfremdes Programm gleichwohl wertvoller als eine Gesamtedition sämtlicher Wahlkapitulationen der römisch-deutschen Kaiser für die Münsteraner Zeremonialwissenschaft. Weihrauch wandte sich an ein amerikanisches Staatsvolk, das eine lange, längst in Museen dokumentierte gemeinsame Geschichte hat. Dass die Entenhausener zu diesem Volk gehören, setzte er als selbstverständlich voraus. Aus der Quizsendung, in der nach dem Sternenbanner gefragt wird, wissen wir, dass es auch in Entenhausen üblich ist, den Namen des Kontinents Amerika für den Begriff der Vereinigten Staaten stehen zu lassen: *totum pro parte*. So dürfen wir mit Sicherheit annehmen, dass Entenhausen ein Teil der Vereinigten Staaten ist, wie locker auch immer nach Jahrzehnten republikanischer Attacken auf die Zentralregierung die Bande zwischen Haupt und Gliedern geworden sein mögen. Die Vereinigten Staaten führen nach wie vor diesen Namen: So viel lässt sich mit wissenschaftlicher Autorität sagen, mit der Autorität von Professor Obeliskoff, einem Voodoo-Forscher, der sich den Ducks in Afrika als Ordinarius am Institut für okkulte Wissenschaften an der Universität Opulenta, USA, vorstellte. Aufgrund eines erfolgreichen Experiments zur Wirksamkeit des Schrumpelzaubers der Voodoo-Priester wird Obeliskoff nach Abschluss seiner Feldforschungen seinen Schreibtisch in einem Koffer aufstellen, so dass die Universität mit dem Reichtum im Namen in seinen alten Diensträumen ein neues Team von Spendeneinwerbern unterbringen kann.

Für Kaiser Berengar I. war es naturgemäß ohnehin keine Frage, dass Entenhausen zu Amerika gehörte. Dem angeblichen leiblichen Erben des Wikingers, der Amerika 600 Jahre vor Kolumbus entdeckt hatte, traten im äußersten Nordosten des Kontinents vier Entenhausener mit geballten Fäusten entgegen, als er mit Olafs Helm in der einen Hand und Olafs Karte in der anderen förmlich seinen Herrscheranspruch anmeldete. Donald Duck und seine Neffen verweigerten dem früheren Herrn Bläulich jede Geste der Huldigung, aber sie bestritten seinen Rechtstitel nicht. Widerstand kündigten sie lediglich gegen die vom Kaiser angekündigten Enteignungen an, und auch das nur, soweit sie einen innersten Bezirk persönlicher Besitztümer betrafen, die zusammengenommen eine Art Selbstporträt oder Identitätsnachweis ihres Eigentümers bilden. Thomas Hobbes, der Theoretiker der absoluten Staatsmacht, kennt ein Widerstandsrecht des Untertanen für den Fall, dass der Staat auf die lebensnotwendigen Güter zugreift, deren Besitz sich der einzelne durch den Verzicht auf die natürliche Freiheit und den Eintritt in den Staatsverband gerade garantieren lassen wollte. In der modernen Welt gehört zum moralischen Existenzminimum auch, dass jeder Mensch eine Geschichte hat, die ihm nicht genommen werden kann. Nicht Haus oder Auto, Fernsehgerät oder Sparschwein wollte Familie Duck vor der Beschlagnahmung retten, sondern zwei Reihen kleiner Bilder auf Papier, Massenzeichenware, die demjenigen, der sich die Mühe der Sortierung macht, einen Platz vor dem Panorama der Kultur- und Staatengeschichte verschafft: das Zigarettenbilderalbum der Neffen und die Briefmarkensammlung des Onkels.

Seltene Marken sind bei Donald Duck nicht selten. Für seinen Schwarzen Einser – die älteste Briefmarke Deutschlands, 1849 im Königreich Bayern zum Nominalwert von einem Kreuzer ausgegeben – hat man ihm schon viel Geld geboten. Wie viele Bilder Tick, Trick und Track in ihr Album kleben konnten, ist schwer zu schätzen; man trifft Mitglieder der Familie Duck eigentlich nie rauchend an. Es ging aber nicht um den materiellen Wert der Sammlungen in diesem Akt des symbolischen Protests, nicht um den Reichtum im Eigentum, sondern um das Eigene. Die Alben bildeten auch ein Stück Stadtgeschichte ab: Emil Erpel dürfte in der Zigarettengalerie nicht fehlen, mutmaßlich mit Tabakblättern statt Maiskolben in den Händen dargestellt; Briefmarkensammler sind an den Weltverkehrsknotenpunkten zuhause. Die Präsenz des Schwarzen Einsers in einer Entenhausener Sammlung spricht für frühe bayerische Einwanderung; ein Nachbar Ducks mit dem Namen Rupp kultiviert auch heute noch die kraftausdrucksstarke Redeweise seines Stammes, der sich im Entenhausener Schmelztiegel den Ruf eines originellen Völkchens bewahrt hat.

Die staatsrechtliche Zugehörigkeit zu Amerika hat nun aber ganz bestimmte geographische Voraussetzungen. Entenhausen muss auf dem nordamerikanischen Festland liegen. Die theoretische Möglichkeit, dass die Stadt unter amerikanischer Herrschaft steht, aber im geographischen Sinne nicht zu Amerika gehört, kann ausgeschlossen werden. Denn der von Olaf dem Blauen durch die Entdeckung erworbene Rechtstitel beschränkte sich ja auf das hinter der Küste gelegene Land. Läge Entenhausen auf Kuba wie das von den Vereinigten Staaten auf der Grundlage eines Pachtvertrags errichtete Gefangenenlager in Guantánamo oder auf einer anderen der von Kolumbus betretenen Karibikinseln, hätte die Stadt nach der Machtergreifung Bläulichs zum amerikanischen Taiwan werden können.

Der Befund wird von der Gegenprobe bestätigt: Entenhausen liegt nicht in Europa. Für diese Tatsache liegt eine amtliche Beglaubigung vor, das Zeugnis eines vollgültigen Wachmanns 4. Klasse der Entenhausener Küstenwache. Das Revier von Wachmann Donald Duck war die höllische Hunnenbucht, die sich vom Klabauterkap bis zum Rattenriff an der Hexenheide erstreckt. Obwohl dieser Küstenabschnitt einen breiten Sandstrand zu bieten hat und eine Gruppe hoch aufgeschossener Felseninseln eine malerische Kulisse für Wettbewerbe der Entenhausener Surf-Klubs abgäbe, ist die Gegend noch nicht als Naherholungsgebiet erschlossen. So wurde der Wachmann sogleich misstrauisch, als er sah, dass ein Existenzgründer einen Stand für warme Würstchen aufschlug, wo Ratte und Hexe sich gute Nacht sagen. Und das Misstrauen verdichtete sich zu dringendem Untatverdacht, als dem Würstchenmann seine Ware auf dem Seeweg geliefert wurde. Mit der Antwort auf seine Frage, warum die Kiste Wiener Würstchen von einem Boot und nicht von einem Lastwagen transportiert worden sei, gab Duck sich freilich zufrieden: weil von Wien keine Straße nach Entenhausen führt. Damit scheidet das europäische Festland als Hinterland Entenhausens aus. Auch die britischen

Inseln können ausgeschlossen werden: Schottland, Heimat der Vorfahren Dagobert Ducks, ist für die Familie Duck ebenso ein touristisches Reiseziel wie London.

Die englische Hauptstadt besuchten Donald Duck und seine Neffen im Rahmen einer Gesellschaftsreise unter dem Motto «5 Tage Europa unter kundiger Führung», die weitere Kurzaufenthalte in Venedig, Genf, Paris und Zürich einschloss und offensichtlich die Nachfrage einer amerikanischen Klientel bediente, die vor allem an fotografischen Souvenirs interessiert ist und gar nicht wissen will, welchen Söldnerhauptmann der Serenissima die am Canal Grande postierte weltberühmte Statue mit den reich verzierten Beinschienen eigentlich darstellt. Wäre eine Lokalisierung Entenhausens in England denkbar, hätten wir an der Nordseeküste gesucht und die Benennung der Hunnenbucht auf die Zeit des Ersten Weltkriegs datiert – als propagandistische Abwehrmaßnahme im Vorgriff auf eine deutsche Landung.

Die Kriegsmarine genießt in Entenhausen das höchste Prestige unter den Waffengattungen, wie sich am Anteil adliger Offiziere wie Konteradmiral von Kielwasser ablesen lässt. In der Bevölkerung spricht man anhänglich von der guten alten Kriegsmarine, mit deren glorreicher Geschichte schon die Kinder vertraut gemacht werden, so dass der Steuermann auf hoher See neben dem Erfinder und dem Kunstmaler ganz oben auf der Liste der Traumberufe aufgeweckter Knaben steht. Dankbar wird der Kriegsmarine bescheinigt, sie sorge für Gesetz und Ordnung auf See. Das lässt an das Selbstverständnis der Royal Navy denken, die als globale Wasserschutzpolizei über die Freiheit der Meere wachen wollte. Das besondere Interesse der Entenhausener Archäologie an der Schlacht von Salamis bezeugt eine Wahlverwandtschaft der Seemächte über die Zeiten.

Englisches Know-how wird importiert: Ein bei Scotland Yard in London ausgebildeter Detektiv mit original karierter Mütze wird einem Kollegen, der einen Fernkurs eines namenlosen Anbieters absolviert hat, selbstverständlich vorgezogen, wo es um Sicherheitskonzepte für die Hochfinanz geht. Für die Entenhausener Elite ist England die geistige Heimat, das Land der kulturellen Maßstäbe. Diese Idealisierung des guten alten England lässt die Anglophilen am lauten und bunten England ihrer Gegenwart leiden. Sie verkennen die Vitalität der Londoner Szene und machen Dekadenz ausgerechnet dort aus, wo neue Kunstformen aus alten

Kraftquellen schöpfen. Dagobert Duck hat in England ein Shakespeare-Theater gekauft und jammert nicht gerade phantasievoll, wenn die Besucherzahlen sinken. Dass die jungen Leute in England wie ihre Altersgenossen in Entenhausen die Platten des Popsängers Tipsy Topper kaufen, der Nr. 1 in der internationalen Hitparade, nennt er eine Kulturschande, einen Fall von Bildungssabotage. Seine Großneffen geben sich redlich Mühe, ihn mit dem Œuvre des Barden aus Tinpot bekannt zu machen, aber er will nichts davon hören. Seine musikalische Schulweisheit endet mit dem Fröhlichen Landmann aus Robert Schumanns Album für die Jugend. Eigentlich müsste er die englische Jugend zu einer Dichterkrönung in sein Theater einladen, um einen Lorbeerkranz in die Popkünstlermähne ihres Idols zu stecken. Toppers Lieder sind nämlich durchweg Fortdichtungen von Schlagern der elisabethanischen Liebeslyrik. Er hat's mit den Klassikern! Kostprobe: «Nicht länger kann ich mein Herz auf der Zunge tragen. / Sie ist schon ganz wund von all meinem Klagen. / Wie haben wir beide geliebt und gelitten! / Was haben wir voll Lust gestritten! / Und dennoch bist du mir entglitten! / Darum leg ich mein Herz zurück in die Brust. / Geknickt, gebrochen von all dem Frust!» Das lyrische Ich trägt die Totenmaske Shakespeares.

Aus der unternehmerischen Sicht Dagobert Ducks ist es das Gütesiegel am Werk eines Klassikers, dass es abgeschlossen vorliegt. Den Namenspatron seines Theaters apostrophiert er als den verstorbenen Shakespeare. Die Gefahr eines plötzlichen Wertverlusts durch Publikation ungelegener Gelegenheitsarbeiten – eines Reisetagebuchs aus Unstetistan mit Hymnen auf den großen Führer Budak oder eines brutopischen Kochbuchs mit Rezepten für andersgelbe Nudelnester (Salzen! Und Nachsalzen!) – ist bei einem lebenden Autor größer; jedenfalls steht der Tote nicht mehr für Buchhandelsveranstaltungen und Interviews zur Verfügung. In Tipsy Toppers Lied von der wunden Zunge kehrt der verstorbene Shakespeare aus dem Totenreich zurück, um letzte Worte an die «dunkle Dame» seiner Sonette zu richten. In diesen Gedichten beobachten wir mit Georg Brandes den «Gefühlsmenschen» in Shakespeare «mit dem leidenschaftlichen Drang zu lieben, zu vergöttern, sich in Liebe zu unterwerfen und mit einem entsprechenden Sehnen geliebt zu werden», wir bewundern, wie «weit er es gebracht» hat «in Bezug auf Wohlklang, auf kernige Sprache, auf den Ausdruck für Schmerz, Schwermut, Wehmut und Resignation».

Topper verklammert das Stabreimpaar «geliebt / gelitten» und das Endreimpaar «gelitten / gestritten» und spielt mit dem Doppelsinn des Wortes «Lust», um das masochistische Verhältnis von Dichter und Dame, das insbesondere die Sonette 141 und 147 beschwören, noch einmal im Stadium der finalen Erschöpfung nachzubilden. Das Herz, das zu schwer für die Zunge geworden ist, die sich an ihrer Last wundgerieben hat, steht für die psychischen Kosten jener «Offenheit und Rückhaltlosigkeit», durch die der Dichter nach Helmut Castrop die von der petrarkistischen Tradition vorgegebene Unterwürfigkeit überbietet, so dass er sich als fanatischer Bekenner «am Rande der Selbstzerstörung» bewegt. Als Sklave reicht der Dichter der Geliebten im Sonett 133 sein Herz dar: Sie solle ihm in ihrem stählernen Busen ein Gefängnis einrichten. In Toppers Fortsetzung nimmt er sein Herz wieder an sich, um es in der eigenen Brust zu bergen. William Wordsworth, Vermittlungsfigur zwischen Shakespeare und Topper, nannte die Sonette den Schlüssel, mit dem Shakespeare sein Herz aufgeschlossen habe. Beim Meister aus Tinpot ist Pop die Kunst der Wiederverschlüsselung. Während die mit «Darum» anhebenden Schlussverse das resümierende Couplet der Sonettform aufnehmen, weicht Topper sowohl vom jambischen Pentameter als auch vom Reimschema Shakespeares ab. Man mag es begreiflich finden, dass Dagobert Duck die Hommage nicht erkannte. Aber es gilt das Wort Heinrich Deterings über Bob Dylan: «Wo der Poet selber Spuren legt, verwischt er sie sogleich wieder. Wir haben ihn nur, indem er sich entzieht.»

Einen Narren gefressen haben die Reichen an der in England selbst mittlerweile verbotenen Fuchsjagd. Vorreiter ist ein waschechter Lord. Was Beckenbauer und Pelé für den Fußball in den Vereinigten Staaten waren, ist für das Waidwerk in den Wäldern um Entenhausen Lord Lumberjack. In früheren Jahrzehnten sanierten einzelne seiner Standesgenossen ihre Familienfinanzen, indem sie auf Amerikatournee gingen und mit einer Braut zurückkehrten. Lumberjack ist mit Sack und Pack und Frack in die neue Welt übergesiedelt und hat sogar sein neugotisches Familienschloss Lumberjack Hall Stein für Stein abgetragen und in der Nähe von Entenhausen wieder aufgebaut. Hier erteilt er Versicherungsdirektoren, Konservenfabrikanten und Justizräten Reitunterricht. Seine pragmatischen Ratschläge legen die Vermutung nahe, dass seine Vorfahren im königlichen Forstdienst emporgekommen sind und die Berufsgeheimnisse der Überlebenskünstler aus dem Haus Windsor studieren konnten: Vor einem Hindernis darf man sich schon einmal die Hand vors Gesicht halten, wenn nur das Pferd nicht die Augen schließt; Hauptsache, man bleibt im Sattel.

Als Inbegriff des Sportsmanns gilt Lumberjack auch Leuten, deren Jagderfahrung sich auf das Ausräuchern von Maulwurfsnestern im Garten beschränkt. Er besteht darauf, dass seine Jagddiener, die als Zeichen ihrer professionellen Stellung die ehrenvolle rote Jacke tragen, ihn mit «Eure Lordschaft» ansprechen. Seine Sportsfreundschaften nutzt er zur Anbahnung von Grundstücksgeschäften. Der Käufer freut sich über den Zutritt zu einem exklusiven Zirkel. In seiner Freude

legt er noch etwas dazu. Aus dem mit Jagdszenen des Malers Henry Thomas Alken dekorierten Arbeitszimmer soll der Butler abends gelegentlich ein heiteres Lied hören: «I'm a Lumberjack, and I'm O. K. I drink all night, and I hunt all day.»

Nachahmer belegen Lumberjacks lebensstilbildenden Einfluss. Baron Boskop verkauft seine Fabrik nicht an den Meistbietenden, sondern an denjenigen seiner Gäste, der bei einer Parforcejagd auf seinen Ländereien die meisten Füchse einsammelt. Es kann gut sein, dass der Adlige zum Verkauf genötigt ist, aber er kann demonstrieren, dass er nicht aufs Geld sehen muss, weil die Fuchsjagdmode garantiert, dass solvente Interessenten den Wettkampf unter sich ausmachen. Nachschub wird in einer Fuchsfarm gezüchtet, die nicht einmal minimalen Anforderungen an artgerechte Haltung genügt. Die Tiere sind in Hundehütten kaserniert. Das Gelände ist ebenerdig, es wurde kein einziger Baum gepflanzt. Aussichtspunkte und Rückzugsorte wie Baumstrünke und ausgehöhlte Baumstämme fehlen. Nur in die elektronische Schließanlage wurde investiert. Tierschutz ist in Entenhausen ein Gegenstand des karitativen, nicht des politischen Engagements. Eine «Wohltätigkeitslotterie zugunsten unserer hungernden Spatzen» ist ein gesellschaftliches Ereignis. Jedes Los wird verkauft, als Preis winkt eine goldene Uhr, die Glücksfee, die vor großem Publikum in die Trommel greift, trägt ein Minikleid mit bauch- und schulterfreiem Oberteil. Plakate mit Parolen vom Fuchs-KZ würden keine köstlichen Gefühle erzeugen. Der Spatz in der Hand ist den Entenhausenern lieber als der Fuchs auf der Farm. Für ohrlose Ohreulen, bedauernswerte Missgeburten, wie sie die Launenhaftigkeit der Evolution von Einzelfall zu Einzelfall hervorbringt, wird eine eigene Lotterie veranstaltet, während Tierquälerei als Geschäftsidee unbeanstandet bleibt. So schadet es dem Ansehen des Bürgermeisters nicht, wenn er sich an die Spitze eines Trupps von Rotröcken setzt und persönlich die Jagdsignale bläst. Der städtische Hundefänger, der die Hunde der Jagdgesellschaft des Bürgermeisters arretierte, weil sie entgegen Paragraph 3 der städtischen Hundehalterverordnung ihre Steuermarken nicht um den Hals trugen, wurde seines Postens enthoben und musste sich sogar ins Ausland absetzen. Seine gesamte Habe hatte er auf den zweirädrigen Anhänger seines Kleinwagens gepackt, kurz hinter der Stadtgrenze passierte er einen Wegweiser, der sein Ziel und dessen Entfernung angab: «Timbuktu 6983 km».

Andreas Platthaus prägte 1993 in seiner Untersuchung «Tombouctou, mon amour» den Begriff der Entenhausener Fluchtkultur. Die Stadt könnte im Licht dieser Forschungen auch Fuchshausen heißen. Denn Platthaus zeigt uns ein Volk von Gejagten, die davonlaufen vor Schuldeneintreibern, Parkwächtern und Schulpolizisten, vor Frauenzimmern, die sich unangenehme Arbeiten für die Männer ausdenken, und Erbonkeln, die ihre Neffen in Traineeprogramme stecken wollen, sowie immer wieder vor den eigenen Dämonen, vor Schande, Schmach und unsäglicher Peinlichkeit. Der Entenhausener flieht aber nicht blindlings. Ein Dr. Clarsicht des donaldistischen Strukturalismus, legt Platthaus unter dem Wirrwarr der sich überkreuzenden Fluchtlinien die elementaren Strukturen der Flüchtigkeit frei, ein gestuftes System von Fluchtorten und Fluchtarten, von der Weltflucht über Landflucht, Stadtflucht und Zimmerflucht bis hinunter zur Ausflucht. Diese letzte Variante ist eine Art Flucht vor der Flucht oder innere Emigration: Der Flüchtling zieht sich aus der Welt zurück, verlegt seinen Lebensmittelpunkt aber nur minimal, charakteristischerweise in die Besenkammer. Es soll Entenhausener geben, die es jahrelang in einer fensterlosen Wohngemeinschaft mit Putzmitteln ausgehalten haben. Selbstreinigung ist der Sinn der ritualisierten Choreographie. Wer Missbilligung fürchten muss, verfällt nicht in Schockstarre. Die selbstauferlegte Verbannung, eine individualistische Variante des altgriechischen Scherbengerichts, sorgt für permanente Mobilität. Fester Ort des Exils ohne absehbares Ende ist Timbuktu.

Platthaus erkannte schon, dass die exakte Ausschilderung dieses Fluchtziels ein Indiz hoher Frequentierung ist. Allein Donald Duck fand mindestens viermal Asyl hinter den weißgetünchten Mauern der westafrikanischen Oasenstadt. Durch Nichtstun arbeitete er nach beruflichen Katastrophen, die er durch Übermotivation ausgelöst hatte, an der Wiederherstellung seines seelischen Gleichgewichts. Als Regenmacher, der die Himmelsschleusen über einer Ausflugsgesellschaft im Höllental geöffnet hatte, saß er dort auf dem Trockenen und ebenso wieder als Desinfektionsbeauftragter des Wasserwerks, der die rote Farbe ins Reservoir goss, die bei der Einweihung des David-Duck-Brunnens für das Missverständnis sorgte, der Erbauer der Wasserleitung sei als Weinreinbringer dargestellt. Unter der gnädigen Sonne Timbuktus hätte die Geschichte des Testlings, der im Auswahlverfahren für das Veranstaltungsmanagement der Entenhausener Weltausstellung so gut abschnitt, dass er schon am Tag seiner Einstellung alle Beförderungsstufen gemäß dem Peter-Prinzip hinter sich brachte, ebenso im Sande verlaufen

sollen wie die Spur des Hundefängers mit der zu hohen Fangquote. Allerdings wurde Duck in Timbuktu schon von Dr. Dulle erwartet, dem Erfinder des nach ihm benannten Tests, der als Intelligenzforscher seinen Probanden immer einen Schritt voraus ist und sich nun rachedurstig auf seinen einstigen Protegé stürzte wie Pawlows Hund auf den vom Gebimmel verheißenen Blechnapf. Duck hatte nicht bedacht, dass seinen vom Bürgermeister entlassenen Vorgesetzten der Fluchtweg ebenfalls genau 6983 Kilometer weit führen musste – obwohl er nach dem Skandal um das vergiftete Trinkwasser in Timbuktu auf Dipl.-Ing. Düsentrieb gestoßen war, den Hersteller des roten Pulvers. An der These des Neurobiologen Gerhard Roth, «die besten Entscheidungen» seien «die Routine-Entscheidungen», sind aus donaldistischer Sicht erhebliche Zweifel angezeigt.

Hinweisschilder mit Entfernungsangaben gehören in den Musterkoffer der Städtepartnerschaftsreklame. Tatsächlich ist das Verhältnis von Entenhausen und Timbuktu eine informelle, aber nachhaltige Spielart der Städtepartnerschaft. Die reiche und die arme Stadt profitieren voneinander: Timbuktu bietet das Auffangbecken für die Murksmacher Entenhausens, deren Abfindungen in die örtliche Wirtschaft abfließen, insbesondere ins Beherbergungsgewerbe und in den Turbanhandel.

Erdkunde ist Pflichtfach in den Entenhausener Schulen, findet aber häufig in den Eckstunden statt, so dass die Anwesenheitsdisziplin zu wünschen übrig lässt. Abschätzig nennen Tick, Trick und Track Duck ihren erfahrenen Fachlehrer den ollen Semmelbauch; so viel wie er, meinen sie, wüssten sie schon lange – kein Wunder, da sie mindestens zwei Timbuktu-Trips mitgemacht haben, während Semmelbauch nicht der Typ Studienrat ist, der für übertrieben wohlwollende Testbewertungen mit einem Sabbatical in Afrika Buße tun muss. Im Unterschied zur Erdkunde ist die Mathematik versetzungsrelevant. Verglichen mit dem Stoff der Mathearbeiten, auf die Tick, Trick und Track sich mit größter Konzentration vorbereiten, können Geographieaufgaben tatsächlich trivial wirken. Geschult im Lösen von Gleichungen mit mehreren Unbekannten, lieferten die drei Zöglinge der Schillerschule dem Katastrophenschutz die Daten, durch die ein Zugunglück auf der sogenannten schiefen Ebene im Fichtelgebirge verhindert werden konnte. Einer führerlosen Lokomotive kam ein vollbesetzter Eilzug entgegen. Um den Ort des Zusammenstoßes vorauszusagen, mussten die Schüler unter anderem das Gesamtgewicht des Zuges, die Steigung, den Rückenwind und die Leistung der Lokomotive in PS einrechnen – eine Aufgabe, die von den Behörden eigentlich dem berühmten Mathematiker Professor Cosinus zugedacht war.

Diese Geistesheldentat, für die den jungen Ducks in einer Sondersendung des Fernsehens der Dank der Nation ausgesprochen wurde, war ein Triumph der Schulweisheit, näherhin sogar der Schillerschulweisheit über die Erkenntnistheoriearbeit ihres Namensgebers. Schiller bekräftigte am 7. März 1793 in einem Brief an Körner die Behauptung Kants, «dass wir die Lehrsätze der Mathematik mittelst einer reinen Anschauung (synthetisch) erkennen». Diese Anschauung ersetze in der Geometrie die Erfahrung: «Der Begriff des Triangels, den wir selbst konstruieren, wird uns gleichsam ein wahrgenommenes Objekt – eine innere Erscheinung – etwas durch Einbildungskraft Gegebenes.» Tick, Trick und Track hingegen erkannten die für das Abwenden von Zugkatastrophen einschlägigen mathematischen Lehrsätze durch die Arbeit mit einem dreidimensionalen Modell. Durch Beobachtung der Spielzeuglokomotive, die sie nicht konstruiert hatten, ging ihnen auf, dass in der Kurve das äußere Rad einen größeren Weg zurücklegen muss als das innere.

Wie leicht hat's dagegen der Geograph – wenn die Ortsausgänge ordentlich beschildert sind! Wer Entenhausen lokalisieren will, muss lediglich einen Kreis mit dem Radius von 6983 Kilometern um Timbuktu schlagen. Wo die Kreislinie die nordamerikanische Küste schneidet, liegt Entenhausen. Und das heißt: an der Ostküste. Nicht in Florida: Miami liegt 980 Kilometer zu weit westlich. Wir müssen mit dem Finger auf der Karte weiter nach Norden fahren, auch New York ist nicht östlich genug. Die Reise führt nach Neuengland. Von den Zinnen von Lumberjack Hall kann der Lord mit dem Fernglas fast noch die alte Heimat erkennen. Entenhausen liegt dort, wo Amerika der alten Welt am nächsten ist. Sollte Emil Erpel sein Schiff an der Anlegestelle der Mayflower festgemacht haben? Aber Plymouth liegt zu nahe an Timbuktu. Vierzig Kilometer weiter nordwestlich, in 6983 Kilometern Entfernung von Timbuktu, erhebt sich die stolze Hafenstadt Boston. Beziehungsweise in der Welt, aus der Carl Barks und Dr. Erika Fuchs berichtet haben, gerade nicht. Sondern die stolze Hafenstadt Entenhausen.

Damit scheint nicht nur erwiesen, dass der puritanische Gründungsmythos einen geschichtlichen Kern hat. Auch die Begebenheiten um den Helm Olafs des Blauen passen besser zu einem neuenglischen Standort der Stadt des Völkerkundemuseums als zu der in der donaldistischen Fachliteratur dominierenden Westküstentheorie. Museumsdiener Duck nimmt auf Geheiß von Direktor Weihrauch noch am Tag der Entdeckung des Helms und der Konfrontation mit Bläulich das Nachtflugzeug nach Neufundland, das von einer Fluglinie namens Nordland-Flugdienst betrieben wird. Mindestens eine Direktverbindung nach Neufundland täglich – das sieht eher nach der Ostküste aus; es wirkt nicht wahrscheinlich, dass die Maschinen des Nordland-Flugdienstes den Kontinent so häufig in ganzer Breite durchmessen. Auf der Wandkarte Nordost-Nordamerikas im Dienstzimmer des Museumsdirektors würde ein Westküsten-Entenhausen fehlen. Weihrauchs grandiose Pläne für eine um Helm und Karte Olafs des Blauen herum neu konzipierte Sammlung sahen vor, das Museum zum Eingangstor für alle Amerikabesucher aus Europa zu machen; der Besuch des Völkerkundemuseums wäre ein echter Übergangsritus geworden.

Wer sich als Polizeianwärter bei Scotland Yard bewirbt, bringt die steife Oberlippe gewöhnlich schon mit. Eiskalt muss der Polizist sein und nie die Nerven verlieren – das versteht sich von selbst und ist gerade deshalb kein eigenes Unterrichtsziel. Auf den Anblick des Hundes der Baskervilles war Inspektor Lestrade nicht vorbereitet: Er stieß einen Schreckensschrei aus und warf sich flach auf den Boden. Mit der gleichen Schwäche der legendären Ausbildung beim Metropolitan Police Service bekam es Dagobert Duck zu tun, als der Borddetektiv seines Frachters Terror den Posten räumte, statt der Erscheinung des Seeräubers Schundnickel auf den Grund zu gehen, der im Gumpensund mit seinem Segelschiff unter der Totenkopfflagge die Route der Terror kreuzte. Der Detektiv nahm seine Beine in die Hand und rannte von Kanada nach Entenhausen, um seine Kündigung persönlich einzuhändigen. Der Gumpenfluss verbindet den oberen Erpelsee, beliebt bei Angel- und Badeurlaubern, mit dem unteren Erpelsee. Zwischen den beiden Seen liegt Gösselstadt an der Gumpe, kurz hinter Gösselstadt ergießt sich der Strom über den majestätischen Gumpenfall. Hier fallen in einem Tag mehr Tropfen ins Tal als am Rheinfall von Schaffhausen in einer Woche – die genaue Zahl steht in «Wässer der Erde», Band III.

Die donaldistische Forschung nimmt an, dass die Gumpe der Fluss ist, der sich durch das Entenhausener Stadtgebiet wälzt und die Architekten und Ingenieure der Stadt zu Höchstleistungen der Brückenbaukunst inspiriert hat, die «Lebensader Entenhausens» mit dem Titel der klassischen Untersuchung von Hajo Aust. Ein Sund ist eine Meerenge oder Meeresstraße. Der Gumpensund ist der Gegenstand einer der ganz wenigen aus Entenhausen überlieferten, für die donaldistische Geographie unschätzbar kostbaren Karten: Im Mündungsgebiet der Gumpe liegt eine längliche Insel, die sich parallel zur Küste hinzieht und einen Meeresarm mit zwei Ausgängen vom Ozean abschneidet. Auf einer der beiden Spitzen der Insel steht ein Leuchtturm. Ihm gegenüber liegt die Spitze einer Halbinsel, die Gumpe und Ozean trennt. Der Sund beziehungsweise (das ist Küstenforscherlatein) das Ästuar der Gumpe ist ein zweiarmiges Wesen. Auf der Seite des Leuchtturms liegt eine durch Insel und Küste begrenzte Meeresstraße, auf der Gegenseite bildet die sich zur Mündung hin verbreitern-

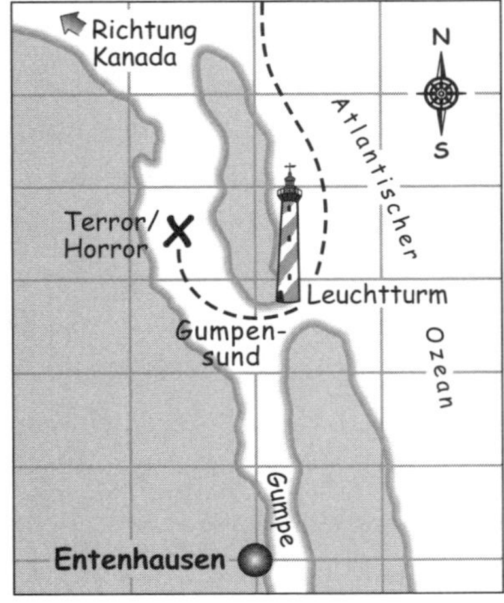

de Gumpe gleichsam eine Meeressackgasse. Landzungenspitze und Leuchtturminselspitze bilden den engeren der beiden Ausgänge des Sunds, den eigentlichen Engpass. Außer dem Leuchtturm gibt es hier meilenweit keine menschliche Behausung. Wollina bringt den Gumpensund am nördlichen Rand des Stadtgebiets unter; Aust hat kurioserweise die auf der Karte gut erkennbare Mündung übersehen und weiter südlich gesucht. Als der Detektiv und der Kapitän im Geldspeicher eintrafen, hatte Duck gerade erst das Telegramm des Leuchtturmwärters erhalten, das ihn über die Havarie der Terror unterrichtete. Selbst wenn der Denksportsfreund schneller gerannt sein sollte als der bekannte Sprinter-Stern Benno Blitz (das Lauftraining im Amtsflur gehört bei Scotland Yard bestimmt zum Curriculum), sollte man das Ziel seines Rekordlaufs wohl im Norden der Vereinigten Staaten suchen.

Eine neuenglische Adresse für die Duck-sche Konzernzentrale harmoniert mit unserer oben erläuterten Hypothese, dass das den Entenhausenern bekannte Kanada gar nicht bis zum Pazifik reicht. Noch erstaunlicher als die Lungenkraft des Marathonmützenmanns ist die Motorleistung der Horror, des Schwesterschiffs der Terror. Donald Duck ging in Sitka, der Hafenstadt im Südosten Alaskas, an Bord der Horror, die noch am Abend desselben Tages in den Gumpensund einfuhr. Das wäre auch bei einer Westküstenlage Entenhausens erklärungsbedürftig. Terror und Horror hatten Gold an Bord, ebenso drei weitere Schiffe, die in einem Zeitraum von nur drei Wochen im Gumpensund gestrandet waren. Die gruseligen Namen der Goldflottenschiffe sollten offenbar Seeräuber abschrecken – durch den Hinweis auf die monströse Motorkapazität? Plötzlich erschien die Terror am Horizont, und schon war sie auch wieder weg. Mit psychologischer Seekriegsführung glichen die Panzerknacker, an deren Fäden die Schundnickel-Puppe zappelte, den technologischen Vorsprung des globalen Handelskonzerns aus: Ein Geisterschiff brachte das andere vom Kurs ab. Die schreckenerregenden Schnellstboote waren wohl ein Spin-Off der Raumfahrttechnik; sowohl beim Kronos-Raumkreuzer als auch bei der Rapid-Raumjacht verweist schon die Typbezeichnung auf die Möglichkeit der Wiederverwendung des Motors in der Seefahrt. In der Entenhausener Hafenbehörde liegt ein Register aller Dampfer, Yachten und Äppelkähne aus. Die drei vor Terror und Horror von der Schundnickel-Falle verschluckten Schiffe könnten dort unter Furor, Pallor und Tremor verzeichnet stehen.

In der Forschung ist die Gumpensund-Karte, die Dagobert Duck mit der linken Hand hochhält, um mit dem Zeigefinger der rechten die wichtigsten topographischen Einzelheiten zu markieren, als Indiz für die Westküstentheorie herangezogen worden. Dabei wird vorausgesetzt, dass oben auf der Karte, so wie der Reeder sie hält, Norden ist. Nicht gut vereinbar mit dieser Voraussetzung ist freilich die Position der Gumpe: Sie müsste dann von Norden ins Meer fließen, obwohl Entenhausen im Süden des an der Grenze zu Kanada beziehungsweise näher an Alaska gelegenen Unglücksortes zu suchen ist. Wollina versucht dieser Schwierigkeit Rechnung tragen, indem er den Fluss vom

Dann stellte sich allerdings die Frage, warum die Kapitäne die Passage durch den Sund überhaupt riskieren sollten. Wäre es nicht das Sicherste, außen um die Insel herumzufahren?

Als Dagobert Duck gemeinsam mit dem kleinen Track von einem Wasserflugzeug aus die Klippen inspiziert, die den vier Schiffen zum Verhängnis geworden sind, fällt dem erfahrenen Pfadfinder etwas auf. Track stellt eine Frage, eine gute Frage, wie Andreas Platthaus in seiner enzyklopädischen Untersuchung der Schiffsunglücke anmerkt: «Warum haben sie nicht den Leuchtturm steuerbord liegenlassen?» Der Weg durch den Sund ist nicht kürzer. Platthaus meint, auf die gute Frage gebe es keine gute Antwort: «Wenn die Schiffe den Leuchtturm steuerbord hätten liegen lassen, wären sie gar nicht durch den Gumpensund gekommen.» Dieses Szenario setzt voraus, dass Süden auf der Karte oben ist und die Schiffe an der Küste der Insel entlangfahren, bevor sie den Engpass zwischen Insel und Halbinsel erreichen. Statt in den Engpass einzubiegen, hätten sie den Leuchtturm steuerbord liegen lassen und an der Ozeanküste der Halbinsel entlangfahren können – wenn nicht die Fahrt durch den Sund ein Teil der vorgeschriebenen Route gewesen wäre. Wenn Norden auf der Karte oben ist, liegt der Leuchtturm immer backbord, es sei denn, man biegt in den Engpass ein. Die Schiffe fuhren durch den Engpass in den Sund,

Osten her ins Meer münden lässt. Dann ist auf Ducks Karte allerdings Nordosten oben und die konventionelle Ausrichtung preisgegeben. Konsequent ist es, die Karte nicht wie Wollina um 45, sondern um 180 Grad zu drehen. Sie steht auf dem Kopf, weil der Eigentümer der Horror seinem Neffen Donald Instruktionen für den Kapitän mitgibt: So liegt auf der rechten Seite der Karte, was rechts ins Blickfeld eines von Norden kommenden Seefahrers treten wird. Auf dieser rechten Seite erscheint der Besatzung der Horror später der Leuchtturm («Leuchtturm steuerbord voraus, Käpt'n!»), sie fährt mit halber Kraft durch den Engpass zwischen der Halbinsel und dem Leuchtturm in den Sund ein. Denselben Weg müssen die anderen Schiffe genommen haben, die nach Passieren des Leuchtturms an der Küste zerschellt sind. Wäre oben auf der Karte Norden, müssten die Schiffe an der Küste der Halbinsel entlangfahren. Das Land läge backbord. Ihr Ziel, der Hafen von Entenhausen, wäre unterhalb der Unterkante der Karte zu ergänzen, jenseits des leuchturmlosen Sundausgangs.

machten einen Bogen um den Leuchtturm und zerschellten an den Klippen des Küstenabschnitts, der der Leuchtturminsel gegenüber liegt. Von dort aus betrachtet nimmt sich Tracks Frage in anderer Hinsicht merkwürdig aus. Lässt sich nicht sagen, dass die Schiffe den Leuchtturm tatsächlich steuerbord haben liegenlassen, indem sie Kurs auf die Küste nahmen? Sind sie nicht auf die Klippen aufgelaufen, weil sie sich zu weit backbord hielten?

Man muss sich an Tracks Stelle versetzen und den ganzen Sund aus der Vogelperspektive betrachten, dann sieht man, was er meint. Steuerbord liegenlassen heißt Abstand zum Hindernis wahren und nach backbord lenken. Statt im Engpass steuerbord zu lenken und sich in die Meeresstraße mit den Klippen hineinziehen zu lassen, hätten sie sich backbord halten sollen, um in den anderen Arm des Ästuars einzubiegen und auf der Gumpe flussaufwärts zu fahren – bis zum Hafen von Entenhausen. Wenn oben auf der Karte Norden wäre und auch Entenhausen im Norden des Gumpensunds läge, wäre dieses Manöver ein U-Turn. Track sieht aus dem Flugzeug etwas Evidentes: die richtige Route, die jeder verständige Kapitän genommen hätte. Dass die Schiffe von diesem Kurs abgekommen sind, beweist, dass es nicht mit rechten Dingen zugeht und entweder Magie oder Piraterie im Spiel ist. Elegant passt zu Tracks einfacher Einsicht der einfachere Weg – der voraussetzt, dass Norden auf der Karte unten ist. Das Schiff wäre zunächst außen an der Insel und dann innen an der Halbinsel entlang gefahren. Es wäre in den Sund eingefahren, aber auf geradem Weg, ohne steuerbord abzubiegen. Anders gesagt: Es hätte jenseits des Engpasses die Fahrt unerschrocken fortgesetzt und den Leuchtturm steuerbord liegenlassen. Wenn Dagobert Duck die Karte so hält, dass oben Süden ist, zeigt die Karte ein Stück Ostküste.

KAPITEL 6

Was heißt Globalisierung? Selbst Dagobert Duck kauft jedes Jahr einen neuen Globus

Um den 1755 von seinem Vorfahren David Fürchtegott Duck mit Jean Nepomuk Schubiack geschlossenen Speditionsvertrag zu erfüllen und die mit der Goldenen Gans in der Karibischen See versunkene Kiste Meerrettich an ihren Bestimmungsort Jamaika zu bringen, charterte Dagobert Duck das Bergungsschiff Lorelei, ein zweimastiges Segelschiff. Nach einigen Tagen kam Haiti in Sicht; zehn Seemeilen südlich der Insel war die Goldene Gans untergegangen. Dreißig Tage hatte Duck Zeit, um die Rechtskraft des Urteils über die Abtretung seines gesamten Vermögens an Schmu Schubiack Junior abzuwenden. Wenn Entenhausen nicht an der Atlantikküste läge, hätte er wohl ein Flugzeug in die Karibik genommen und dort ein Boot gemietet. Die Tropen-Fluglinie fliegt von Entenhausen einmal täglich Ziele in Mittelamerika und auf den Westindischen Inseln an. Der Atlantik war auch der Schauplatz einer der kühnsten Unternehmungen in der Geschichte der christlichen Seefahrt: Donald Duck und seine Neffen setzten mit einem von gezähmten Haien angetriebenen Fischerboot von Entenhausen nach Afrika über. Sie erreichten die nordafrikanische Küste über das offene Meer und nicht durch den Suezkanal. Acapulco liegt allerdings an der Pazifikküste. Plante der Exportkaufmann Donald Duck eine Panamakanal-Passage ein, als er seinen Frachtkahn Nixe mit 200 Schachteln Veilchenseife für die Schönen des mexikanischen Badeortes belud?

Viele Forscher haben Entenhausen in Kalifornien gesucht. Wie Professor Püstele, ein Entenhausener Schüler Alexander von Humboldts, den Weg ins unzugängliche Hochland der Anden fand und Gesteinsproben sammelte, wie Donald Duck und Gustav Gans als Raketenpiloten in den Diensten der rivalisierenden Wissenschaftler Düsentrieb / Märzbecher und Maienboom in achtzig Minuten um die Welt flogen und von jedem Kontinent ein typisches Souvenir mitbrachten, so schlugen sich donaldistische Pioniere zu Fuß durch den Stadtverkehr von Los Angeles, um mit dem Fotoapparat Indizien für die Identität der Stadt der Engel und der Stadt der Enten zusammenzutragen. Die forschenden Fotoreporter ertrugen es, von Autofahrern als verrückte Hühner verspottet zu werden, und ließen Motive aus, bei denen den Bildredakteuren der Los Angeles Times die Ohren geschlackert hätten («Bär scheucht Polizei»), weil ihr Interesse den Briefkästen und Hydranten galt. Aber wo Püstele hinter einer Nebelwand die Stadt entdeckte, die er zu Ehren seiner Vaterstadt auf den Namen Eckenhausen taufte, da kann ein noch so voluminöses Album von Déjà-vu-Momentaufnahmen nie die Geländeaufnahme ersetzen.

Donald Ducks Vorhaben, sein Leben nach den Regeln der weltweiten Organisation der Knoblisten zu reformieren und sich an jedem Kreuzweg die Richtung durch einen Münzwurf vorgeben zu lassen, scheiterte an einem Autobahnkreuz, das wir besser ein Autobahnrhizom nennen sollten, einem binär nicht aufzudröselnden Knäuel von Auf- und Abfahrten, Zu- und Wegbringern. Tatsächlich ragen zwischen den Dörfern, aus denen Los Angeles zusammengewachsen ist, solche Spiralverkehrsgebirge empor. Aber es ist mit den Straßennetzen amerikanischer Städte «wie mit allem Organischen in der Natur» gemäß Alexander von Humboldt: «Nichts steht ganz für sich, nichts ist dem Andern völlig unähnlich.» Die Anfälligkeit für Erdbeben und Flutwellen wird bemüht, um Entenhausen im südlichen Kalifornien zu lokalisieren. Nach der Bausatzung von Los Angeles hätten die Hochhäuser im Entenhausener Hafenviertel, die alle Trump-Tür-

me von New York übertrumpfen, allerdings nie errichtet werden dürfen.

Höchstens vier Stunden braucht man mit dem Auto, um von Entenhausen in die Wüste zu gelangen; vor der Raststätte im Todestal hält auch ein Linienbus der Entenhausener Verkehrsbetriebe. Aber wird man in einem Park einer kalifornischen Stadt ein Denkmal zu Ehren eines wackeren Hilfspostboten finden, der auch in Schnee und Regen nur so weit wie einen Fingerbreit vom Pfade der Pflicht abgewichen ist? Für Säbelbeins kalifornische Kollegen heißen die Berufsrisiken des Zustellers Sandsturm und Sonnenstich. Dagobert Duck und seine Neffen Donald Duck und Gustav Gans haben einmal am jährlichen Goldgräberwettbewerb am Sacramento River teilgenommen. Nach diesem längsten Fluss von Kalifornien heißt die Hauptstadt des Bundesstaates. Wollina bringt das Sacramentotal im nordöstlichen Eck des Großraums Entenhausen unter, auf derselben Breite wie den Gumpensund. Es scheint aber ausgeschlossen, dass der Sacramento in der Nähe von Entenhausen fließt. Der Schiedsrichter im Goldsucherdreikampf kennt Dagobert Duck nicht, dem, wenn er daheim auf die Straße tritt, die Bauarbeiter einen guten Morgen wünschen. Kalifornien ist für die Entenhausener ein touristisches Reiseziel. Sie können dort nicht zuhause sein, denn sie kommen zu Besuch.

Donald Duck unternahm mit seinen Neffen einmal eine Rundreise im Auto und erteilte ihnen zunächst einmal einen Grundkurs in kalifornischer Geschichte, von der

Eroberung durch Hernando Cortez im sechzehnten Jahrhundert bis zum Goldrausch des Jahres 1848. Die Zeit vor der Entdeckung des Goldes wurde in dieser Erzählung in ein warmes Licht getaucht. Den spanischen Eroberern standen keine einheimischen Besiegten gegenüber. Die Hopi-Indianer, gab Duck an, schwängen lieber das Tanzbein als das Kriegsbeil. Pioniere, die unter Mühen und Plagen dem herrenlosen Rest des Bodens das Lebensnotwendige abtrotzten, kamen erst dreihundert Jahre später. Der natürliche Reichtum des Landes erlaubte den Granden, alle Tugenden aus den spanischen Ritterbüchern zu kultivieren, unter denen die Großzügigkeit an erster Stelle stand. Die zivilisatorische Sendung dieser imperialistischen Führungsschicht ging auf in einem konservativen Ethos der Schonung und Verschönerung: Durch Herren- und Missionshäuser wurde die malerische Kulisse eines Lebens im Einklang mit der Natur noch malerischer. Auf den Festen der Granden drehte sich wie im Kult der Hopis alles um den Tanz.

Es liegt auf der Hand, dass dieses alte Kalifornien ein Produkt der nostalgischen Phantasie ist. Abseits der Küstenautobahn, auf der sein Kleinwagen sich zwischen all den dicken Brummern und fetten Schlitten kaum einfädeln konnte, entdeckte Donald Duck alles, was Entenhausen nicht ist. Gegenüber seinen Neffen hat Duck einmal freimütig bekannt, dass er im Beruf des Ritters seine eigentliche Bestimmung sehe. Geld braucht er, weil er leben möchte wie ein Fürstenkind und gerade nicht wie ein Bankiersneffe. Ihn überkommt schon einmal der Ekel, wenn sein Onkel ihn an die Aufgaben der Vermögensverwaltung heranführt, damit er sich sein Erbe verdienen kann. Naiv malt er sich dann aus, dass in einer Gesellschaft, in der jedermann Millionär wäre, niemand mehr arbeiten müsste.

In einer klassischen Untersuchung hat Elke Imberger an Donald Ducks Liebesauffassung seine Rezeption von Topoi der höfischen Dichtung des Mittelalters nachgewiesen. Unter soziologischen Aspekten erkennt man in Duck den aristokratischen Romantiker, wie er laut Norbert Elias in «gehobenen Schichten» auftritt, «die stärkeren Interdependenzzwängen und stärkeren zivilisatorischen Selbstzwängen ausgesetzt sind als frühere Formationen und für die daher Vertreter solcher früherer Entwicklungsstufen zu Symbolen eines freieren, ungebundeneren, einfacheren, natürlichen oder jedenfalls eines besseren Lebens werden, zu Vertretern von Idealen, nach denen man sich sehnt, aber für die man im gesellschaftlichen Leben der Ge-

genwart oder der Zukunft keine Erfüllung mehr erhofft».

Auch Ducks Bekehrung zum Knoblismus war ein Versuch, sich aus der Verstrickung in die Interdependenzzwänge zu lösen. Professor Poth, der mit einem Zelt von Stadt zu Stadt zieht und zu jeder vollen Stunde einen Vortrag mit dem Versprechen «Lernen Sie Ihr Leben meistern!» hält, steht in einer Reihe mit den großen amerikanischen Lehrern der methodischen Selbstheilung von Mary Baker Eddy bis L. Ron Hubbard. Poths Behauptung in seinem Buch «Die Philosophie des Knoblismus», durch nichts werde «die Freiheit des menschlichen Willens sinnfälliger dokumentiert» als durch die Delegation aller Willensentscheidungen an eine Münze, ist paradox und soll durch Verblüffung überzeugen. Jeder Versuch, in einer gegebenen Entscheidungssituation eine vernünftige Wahl unter Abwägung aller Umstände zu treffen, ist, so setzt Poth voraus, vorherbestimmt durch die Summe der unzähligen Entscheidungen, die wir in unserem Leben schon getroffen haben. Jemand wie Donald Duck scheint mit seinen Launen und Einfällen, seiner Unruhe und Erregungsbereitschaft die Unberechenbarkeit des menschlichen Verhaltens zu verkörpern. Aber Wolf Singer vom Frankfurter Max-Planck-Institut für Hirnforschung erläutert im Sinne Poths: «Welches der vielen möglichen Erregungsmuster als nächstes die Oberhand gewinnt, ist festgelegt durch die spezifische Verschaltung und den jeweils unmittelbar vorausgehenden dynamischen Gesamtzustand des Gehirns.» Ob dagegen die in die Luft geworfene Münze nach dem Fall auf die Handfläche Wappen oder Zahl zeigt, wird durch Gehirnaktivität nicht festgelegt – und auch nicht durch die Kette aller vorangegangenen Münzwürfe.

Über die Mitgliederzahl des Knoblistenbundes ist nichts bekannt. Als Donald Duck das Vortragszelt betrat, saßen auf den Holzbänken nur drei weitere Zuhörer. Falls Poth Mitglieder des Entenhausener Knoblistenkapitels eingeladen hatte, vor den Interessenten über die segensreiche Wirkung der Methode auf ihr Leben zu berichten, so hatten sie offenbar auf knoblistischem Weg den Weg zum Zelt nicht gefunden. Während die um Hubbards Dianetik herum gebaute Kirche der Scientologen in den Vereinigten Staaten als Religion anerkannt ist und sich vor den Gerichten mit Erfolg auf das Gebot strikter weltanschaulicher Neutralität des Staates aus dem ersten Verfassungszusatz berufen hat, brachte Donald Duck seine Lebensführung nach knoblistischen Prinzipien eine Verurteilung zu einer Geldstrafe von fünfzig

Talern durch den Entenhausener Amtsrichter Dr. Euler ein – «wegen Benützung eines Geldstückes anstelle des gesunden Menschenverstandes». Nach Kant soll die Philosophie darüber «wachen, dass der gemeine Menschenverstand ein gesunder Verstand bleibe», und die an Spekulation laborierenden höheren Fakultäten der Theologie, des Rechts und der Medizin «zum Gesunden Menschenverstande herabbringen». In Entenhausen usurpiert die Justiz dieses Wächteramt, weil Professoren wie Poth unter dem Namen der Philosophie eine höhere Weisheit propagieren, die nach Amtsrichterbegriffen die geistige und jedenfalls die körperliche Gesundheit gefährdet, wenn Knoblismus-Adepten wie Duck durch Münzwurf die Entscheidung treffen, entgegen der Fahrtrichtung in eine Einbahnstraße einzubiegen.

Die aristokratischen Romantiker sehnen sich nach dem gefährlichen Leben, aber es ist ihr Dilemma nach Elias, dass sie «zwar an ihren Ketten rütteln, sie aber nicht abschütteln können». Wenn Donald Duck nicht in dem Zustand ist, den seine Neffen als «geistig irgendwie weggetreten» umschreiben, weiß er, dass er sich der Arbeit nicht entziehen kann. Er weiß auch, dass auch die Freizeit Arbeit ist. Leicht übertreibend veranschlagt er sogar die Hälfte seiner Lebenszeit für die Bekämpfung von Milben, Mehltau, Würmern und Wanzen im heimischen Garten. Duck verhehlt sich nicht, dass man auf dem Boden Entenhausens keine Wiederkehr des Rittertums in voller Blüte erleben wird. Sein Bekenntnis zur ritterlichen Lebensform reflektiert durch modale Qualifizierung das Irreale dieser Identifikation. Es lautet nicht: Ein Ritter, das ist mein Ideal. Sondern: «Ein Ritter, das wär' mein Ideal.» Dass seine Wünsche mit Elias «im wesentlichen unerfüllt» bleiben müssen, bestimmt Duck selbst als seine Tragik. Der Satz, mit dem Edmund Burke die moralischen Verhältnisse in einem nominell noch monarchischen Frankreich auf den Punkt brachte, wo kein Adeliger seinen Degen zückte, als Königin Marie-Antoinette wie eine Gefangene von Versailles nach Paris gebracht wurde, gilt auch für das republikanische Entenhausen, wo ämterlose Blaublütige wie Baronin Billroth das höchste Prestige genießen, aber die Gäste der Baronin Donald Duck mit Spott überschütten, als er auf einem ihrer berühmten Maskenfeste in einer Rüstung erscheint: «Das Zeitalter des Rittertums ist vorüber.» In der kalifornischen Vergangenheit findet Duck immerhin die Spuren eines amerikanischen Feudalismus, einer harmonischen Sozialordnung unter vorkapitalistischen Bedingungen, deren Ideale nicht wie in den Südstaaten durch die Sklaverei befleckt sind. Er bildet sich ein, dass in den Herrenhäusern pausenlos Feste gefeiert worden seien und muntere Reisende die schönen Señoritas zum Fandango hätten auffordern dürfen.

Ein Autounfall beendete die geschichtstouristische Erkundungsfahrt schon am ersten Tag. Indianer nahmen sich der Unfallopfer an und flößten ihnen einen Heilkräutertrank ein, der sie für sechs Wochen in ein Koma versetzte. Der Kräutersud des fidelen Medizinmanns stimulierte eine intensive Traumarbeit, deren Protokoll sich wie eine Novelle liest – mit den Ducks in der Rolle der passiven Helden Walter Scotts, die sozusagen als Besucher aus der Zukunft eine Gesellschaft in einem früheren zivilisationsgeschichtlichen Stadium studieren. Als Gäste von Don Gaspar Fernando Ignacio de Sepulveda y Verougo y Buenaventura unterschätzen sie zunächst die Bedeutung der Manieren für den Mikrokosmos des Herrenhauses. Die Leutseligkeit, jene königliche Tugend, in der diejenigen sich zu bewähren haben, denen Loyalität entgegengebracht wird, hat die Einhaltung elaborierter Verhaltensregeln zur Voraussetzung. Im Klub der Millionäre musste sich Dagobert Duck einmal von einem anderen Mitglied vorhalten lassen, sein Neffe Donald, Gast im Club, benehme sich für jemanden, der nicht wenigstens Juniormanager sei, reichlich ungeniert. Ebenso ungeniert, tanzend weniger wie die Hopis als wie die Hippies, nähern sich die Ducks in ihrem Traum dem Anwesen von Don Gaspar – was die These von Elias bestätigt, dass der aristokratische Romantiker, obwohl er gebildet genug ist, es besser wissen zu können, sich seine Vorfahren als unbekümmert vorstellen möchte.

Don Gaspars Gemahlin, keine Romantikerin, sondern eine echte Aristokratin, erkennt hingegen sofort, dass die ungebetenen Gäste nicht seltsame, sondern gar keine Manieren haben und daher nicht aus der Vergangenheit, sondern aus der Gegenrichtung kommen: «Ohne Zweifel Amerikaner!» Die durch das Bläulich-Drama rechtlich und geographisch erwiesene Zugehörigkeit der Entenhausener zu Amerika findet in der kalifornischen Traumnovelle ihre tiefenpsychologische Bestätigung. Nachdem die Ducks im weiteren Verlauf des Traums auf einer Kutschfahrt durch Los Angeles gekommen sind, einen für damalige Verhältnisse stattlichen, zwei Straßenblöcke tiefen Ort, erreichen sie den Sacramento, als gerade der Goldrausch ausbricht. Damit kündigt sich das Aufwachen an. Als man das Gold aus dem Uferkies siebte und hackte, begann die Verdinglichung der Werte. Vorher war das ganze Zeitalter ein goldenes gewesen. So legt sich der Entenhausener die kalifornische Vorgeschichte zurecht, der Besucher aus einer Stadt, deren reichster Bürger alle Mitbürger mit dem verfluchten Hunger nach Gold angesteckt hat.

Jugend forscht, Erwachsene fälschen: Der von Tick, Trick und Track Duck erfundene Golddetektor deckt den Betrug ihres Onkels Donald auf, der es nicht gewagt hat, seiner Kusine Daisy keinen Goldschmuck zu schenken, so dass sie ein Zeitbömbchen am Finger trägt, einen Ring, dessen Feingehalt angeblich 18, in Wahrheit aber null Karat beträgt. Buchstäblich in Fleisch und Blut übergegangen ist den Entenhausenern der Glaube, dass Gold das Maß aller Dinge ist: Die grünliche Verfärbung des Fingers, auf den Daisy den Blechring gesteckt hat, zeugt von einem starken Schuldreflex des Organismus. Falschgold? Abstoßen!

Als im Entenhausener Raketen-Center die erste heil zurückgekehrte bemannte Mondrakete gelandet war, traten die beiden Astronauten euphorisch grinsend hinaus auf die ausgeklappte Tür. In den ausgestreckten Händen hielten sie haufenweise Nuggets, die sie auf dem Mond an sich gerafft hatten: Ein großer Reibach für sie, ein minimaler Gewinn für die Menschheit. Mit aufgerissenen

Augen – das Beispiel Emil Erpels, der im Moment der Offenbarung des Überflusses diskret die Augen schließt, in den kosmischen Wind schlagend – standen sie den Ehrengästen gegenüber, weil sie unbedingt mitansehen wollten, wie eine ganze Stadtgesellschaft von einem schweren Fall von Goldrausch gepackt wurde. Warum hatte die Raketenbesatzung die Nachricht von den Mondbodenschätzen nicht schon vorab per Funk durchgegeben? Die bittere Wahrheit: Die Astronauten mussten befürchten, dass das Bodenpersonal der Nationalen Raumfahrtbehörde sie ihrem Schicksal überlassen hätte. Jeder Techniker hätte sofort versucht, sich eine eigene Mondrakete zu basteln, ohne die Landung der ersten Mondgoldgräber abzuwarten.

«Wie werde ich Goldgräber?» heißt ein Erfolgstitel aus einer Reihe von Ratgebern, die in den Entenhausener Buchhandlungen zu so hohen Stapeln aufgeschichtet werden wie in den Spielwarengeschäften vor Beginn des Weihnachtsgeschäfts die Metallbaukästen. Nachgewiesen sind die Titel «Wie werde ich Tierbändiger?», «Wie werde ich Schauspieler?», «Wie werde ich Cowboy?» und «Wie werde ich Privatdetektiv?» Nur Bände aus der «Du und»-Serie schieben sich gelegentlich zwischen die Selbstläufer aus dem «Wie-werde-ich»-Programm auf den vorderen Rängen der Sachbuchbestsellerliste. «Du und der Motor», «Du und das Wasser», «Du und die Sandbänke»: In existentialistischer Verpackung wird das Ratgebergenre auch für Leser attraktiv, die aller Berufssorgen ledig sind. Nie erschienen ist «Wie werde ich Verleger?» Zauberkünstler verraten ihre Berufsgeheimnisse nicht, und es scheint Zauberei, dass es sich für einen Entenhausener Verlag rentiert, die Reden des Ministers Moser als zehnbändige Gesamtausgabe in Prachtausstattung herauszubringen. Moser war kein Mann der großen rhetorischen Gesten wie General de Gaulle, der nach der Schilderung Raymond Arons selbst eine Pressekonferenz zum Kunstwerk machte: «Der Redner überfliegt den Planeten, erinnert an die Vergangenheit und wirft Lichtstrahlen auf die Zukunft.»

Mit diesem Satelliten aus Fleisch und Blut, der in einsamer Höhe dank strammem Tempo über seine Schutzbefohlenen wacht, identifiziert sich in Entenhausen eine unverheiratete Führungskraft des weiblichen Arms der weltumspannenden Pfadfinderschaft. Ihr ganzes Leben lang hat sie eine bestimmte Idee von Entenhausen gehabt: die Idee einer

steller gibt, die ihre Texte nicht für Warenhausbesitzer produzieren, sondern für andere Schriftsteller, so ist Moser ein Minister der Minister – die seine Reden allerdings in der Parlamentsbibliothek einsehen können und nicht an der Haustür kaufen

formierten Gesellschaft, in der Uniformträger hinter Uniformträgern hermarschieren und Zivilisten am Straßenrand Spalier stehen. Fräulein Kraus ist allerdings weit vom Generalsrang entfernt, wurde weder mit dem S. H.-Kreuz (für stramme Haltung) noch mit dem U. R.-Stern (für unerschütterliche Ruhe) oder mit der T. B.-Spange (für tadelloses Benehmen) dekoriert. Ihren Vorgesetzten ist wohl nicht entgangen, dass sie ihrem Trupp zwar voranschreitet, aber sich von der Rotte die Richtung vorgeben lässt, so wankelmütig wie nach dem Sprichwort die Gunst des Volkes. Dieser Gaullismus ist nur eine Illusion der Größe.

Auch der Redner Moser erinnert an die Vergangenheit und richtet seinen Punktstrahler auf die Zukunft. Ihm ist es gegeben, in Parlamentsprotokollen zurück- und vorauszublättern. Es zieht ihn nicht auf die Erdumlaufbahn des Weltpolitikers, solange er den Aktenumlauf überblickt. Sein Ressort kennen wir nicht, das ist kein Zufall: Das Regieren ist sein Fachgebiet. Wie es Schrift-

müssen. Er überlässt Parteifreunden den Ruhm, vor der brutopischen Gefahr gewarnt zu haben; seine Wachsamkeit ist auf das Kleingedruckte im Gesetzgebungsprozess gerichtet. Abertausend Stunden von Redeschlachten sind auf Tonband archiviert. Aus diesem Material hat die Verlagswerbung eine Hörprobe ausgewählt, die den Redner als Leser vorführt: «Der Gesetzesentwurf, der dem Hohen Hause vorliegt, ist nicht zu verwechseln mit dem, der in der vergangenen Legislaturperiode zur Debatte stand.» Wer sich die zehn Bände leistet und über der Lektüre nicht einschlummert, kann sich den Kauf von «Wie werde ich Politiker?» sparen.

«Wie werde ich Goldgräber?» lenkt die Schritte des Anfängers in Richtung alter Flussläufe. Es muss märchenhaft viele Auflagen von diesem Titel gegeben haben, denn in den ausgetrockneten Nebenarmen des Sacramento findet man fast nur noch gelbe Kieselsteine – man kann froh sein, wenn etwas Katzengold eingesprenkelt ist. Für die alten Goldgräber, die jeden Stein zehnmal umgedreht haben, ist es längst lukrativer, den Bildreportern Modell zu stehen, die von der überregionalen Presse Jahr um Jahr zur Berichterstattung über den Wettbewerb entsandt werden, obwohl die Goldreserven im kalifornischen Boden nahezu erschöpft sind. Auch im Entenhausener Weltverhältnis hat sich ein ikonischer Umschwung vollzogen. Das Bild hat sich vor das Ereignis geschoben, kann das Ereignis ersetzen und verdrängen. Die früheren Sieger im Wettschürfen satteln weiter Jahr für Jahr ihre Esel. Aber sie setzen ihre Karrieren nur noch in den Bildlegenden fort. Die Chefredakteure der Zeitungen befehlen den Redakteuren des Ressorts Entenhausen und die Welt: Druckt die Legende!

Wenn die Bilder sich bewegen, sind sie mit dem bloßen Auge gar nicht mehr vom Leben zu unterscheiden. Wie Andreas Platthaus erkannt hat, führt der hohe tricktechnische Standard der in Entenhausen gezeigten Filme dazu, dass die Bürger «jegliche abnorme Erscheinung», die den Wahrscheinlichkeitsbegriff ihrer Schulweisheit sprengt, «für ein Produkt des Kinos» zu halten geneigt sind. Wenn am Waldrand eine Kavallerieeinheit auf winzigen Krafträdern einem im gleichen Maßstab motorisierten Indianerstamm eine Schlacht liefert und beide Seiten hinterher in trauter Runde ein Schwätzchen halten, nehmen Spaziergänger an, dort werde wohl gerade ein Film gedreht. Derselbe Schluss drängt sich auf, wenn im Entenhausener Hafen ein Matrose an Bord eines Schiffs verschleppt wird, dessen Kapitän er gerade erst der Leuteschinderei bezichtigt hat. Als Donald Duck seine Neffen als Expeditionsmannschaft für die Suche nach dem Goldhelm Olafs des Blauen in die Pflicht nahm, sagte ihnen das Reiseziel nichts. Sie hielten den Ortsnamen Labrador für einen Filmtitel.

Entenhausen hat eine eigene Filmindustrie. Die Parasol-Filmgesellschaft besitzt im Stadtgebiet ein weitläufiges Studiogelände, wo der Regisseur Gruslich seine Monsterfilme dreht. Der Veteran des für das Entenhausener Kino prägenden Paläorealismus lehnt es ab, die in der Massenproduktion von Schockeffekten gängigen Miniaturmodelle zu verwenden. Einen Konkurrenten von Godzilla wie Goliath, den Riesen vom anderen Stern, den auf der Erde beim Anblick friedlicher Einfamilienhäuser eine unbezähmbare Wut ergreift, lässt Gruslich in den Parasol-Werkstätten als lebensgroßen ferngesteuerten Roboter bauen. Auch Spezialfirmen wie ein Zoo, der zahme Tiere an Filmproduktionsfirmen vermietet, finden ihre Marktnische in Entenhausen, der Stadt der realistischen Illusionen. Gleichwohl ist ein anderer Ortsname die Chiffre für die Branche, die weltweit Wunschbilder zu Geld macht und im Unterschied zu Reisebüros, Warenhäusern und Grundstücksmaklern keine Reklamationen unsanft aus ihren Träumen erwachter Kunden fürchten muss. Hollywood – dieser Name steht auch im Alltag für die märchenhaften Chancen unentfremdeten Rollenspiels, die gerechte Entlohnung der Arbeit am Spiegelbild. Die Hollywoodjacke ist ein elegantes Sakko mit spitzem Kragen und aufgesetzten Taschen, das etwas weiter und länger getragen wird. Ein nonchalantes Auftrumpfen macht die dem Schauspieler abgeschaute Eleganz aus: Fesch ist an dieser Herrenmode die Anmutung tänzerischer Beweglichkeit, als könnte man in alles, was das Leben von einem verlangt, so eben einmal hineinschlüpfen.

Als Donald Duck zum Vorsprechen für eine Laientheateraufführung des Damenkränzchens seiner Cousine Daisy eingeladen wird, malt er sich aus, dass die Titelrolle in Schillers Schauspiel «Wilhelm Tell» oder die Partie des Landvogts für ihn die erste Station auf dem Weg nach Hollywood sein könnte. Hollywood liegt offenkundig nicht in der Nachbarschaft, Entenhausen ist kein Stadtbezirk von Los Angeles.

Auch außerhalb der Dreharbeiten stehen Filmleute ständig vor der Kamera. Im mondänen Badeort Palmsand spielen sie sich selbst. Ein Fernsehteam begleitet Rosita Rührschneck in den Schönheitssalon, Fotografen warten vor der Tür der Birro-Bar auf Sam Saddelsitter, und den Goggi-Grando-Fans, die neben einem Autogramm auch den Rat eines erfahrenen Showmannes mitnehmen möchten, erzählt Grando eine Version seiner Lebensgeschichte, in der Schauspielunterricht, Auswendiglernen und die Heirat mit einer Kollegin, die jeden Morgen beim Frühstück die berühmte finstere Miene in sein Gesicht zaubert, nicht vorkommen. Ein Meisterschlag beim Golfspielen, behauptet er, verschaffte ihm sein erstes Engagement. Berufsarbeit, so die tröstliche Botschaft solcher von Klatschreportern reproduzierten Ursprungslegenden der Berühmtheit, hat mit Lebenserfolg nichts zu tun.

Dagobert Duck versucht seinen künftigen Erben das Kinolaufen auszureden, weil Filmindustrie und Filmpresse jungen Leuten den Floh ins Ohr setzen, dass jedermann wie ein Filmstar leben kann. Duck ist allerdings selbst Eigentümer einer Kinokette, deren monatliche Einnahmen ungefähr zwanzig Geldsäcke füllen. Noam Chomsky meint zu wissen, dass kein Vorstandsvorsitzender beim Blick in den Spiegel sage: «Diese Person ist ein Monster.» Der Linguist hat seine kapitalismuskritische Rechnung ohne den Chef des Duck-Konzerns gemacht, der härter als die Härtesten ist, auch gegen sich selbst. Wenn Duck zu Bewusstsein kommt, in wie vielen Branchen er seine Finger hat, sieht er sich in ein Wirtschaftsungeheuer verwandelt – dessen Nachbau, sollte Gruslich seinem Œuvre einen Finanzkrimi hinzufügen wollen, die Parasol-Filmgesellschaft in den Ruin treiben müsste.

Lädt Duck seine Neffen ausnahmsweise einmal ins Kino ein, sucht er einen Film aus, der eine wahre Geschichte zu erzählen behauptet, damit sie etwas für ihre Bildung tun. Doch wie wirtschaftspädagogisch wertvoll ist ein Werk wie «Goldgruben und ihre Schicksale», wenn es Tick, Trick und Track auf den Gedanken bringt, dass in der Mustang-Mine im Colorado-Gebiet, die der Hauptgegenstand des Films ist, ungehobene Schätze warten? Die Goldsucher, glauben sie, hätten ihre Arbeit ja regelmäßig eingestellt, wenn sie genug gehabt hätten. Halten sie denn ihren Großonkel, der nie genug hat, für einen Freak? Soweit denken sie gar nicht. Das Kinoerlebnis hat ihre soliden Kenntnisse in der Menschenkunde neutralisiert. Man versteht, wie ein Mann der Wissenschaft wie Daniel Düsentrieb zu dem Schluss kommen konnte, man solle überhaupt nicht ins Kino gehen, da alles, was dort geboten werde, einen völlig kopflos mache.

Die Entenhausener Medizin hat einen Begriff parat, der auf seine Rezeption in der kulturkritischen Diagnostik wartet: *perduftia spiriti*. (Gehört das Wort «spiritus» in dem in Entenhausen gebräuchlichen Latein nicht zur U-, sondern zur O-Deklination? Dass die U-Deklination im Zuge evolutionärer Vereinfachung verschwunden sein sollte, kann ausgeschlossen werden. Wir kennen das Gegenbeispiel: «raptus». Wahrscheinlich ist der falsche Genitiv ein Kasus von Gelehrtenhumor: Er demonstriert, dass auch und gerade Wissenschaftler nicht immun gegen Gedächtnisverlust sind.)

Selbst ein Film mit dokumentarischem Anspruch wie «Goldgruben und ihre Schicksale» verbreitet die Hollywood-Ideologie des süßen Lebens, die Mär von der Rundumversorgung durch die unerschöpfliche Natur. In Wahrheit war die Mustang-Mine so lange bewirtschaftet worden, bis sich der Goldabbau nicht mehr rentierte. Der letzte Goldgräber, der den Stollen verließ, war ein alter Mann, der dort bis zur völligen Entkräftung gearbeitet hatte. Er war zu schwach, die beiden Satteltaschen mitzunehmen, in die er seine Ausbeute gestopft hatte, und starb in der nächstgelegenen Siedlung unter den Augen seines Kollegen Dagobert Duck. Dieser fand Jahrzehnte später in der aufgegebenen Mustang-Mine die beiden Taschen, die ihr Eigentümer noch nicht einmal vergraben hatte, weil er wusste, dass nie wieder ein Mensch einen Fuß in eine Mine setzen würde, in der nichts mehr zu holen war. Das gleiche Bild wie im Colorado-Canyon am Sacramento River: Der Sand dort ist so oft durchwühlt worden, dass im Goldgräberwettbewerb für Feuermachen und Wildeselfang eigene Punkte vergeben werden. In diesen Subdisziplinen wird man auf jeden Fall einen Sieger ausrufen können. Es hat wohl Jahre gegeben, in denen die Reporter keinen einzigen Goldfund fotografieren konnten. Einmal wurde die Höchstpunktzahl im Schürfen dem Finder eines geschliffenen Diamanten zugesprochen, den ein Zuschauer, möglicherweise ein Maharadscha, verloren hatte.

Nach Westen führte die Ducks der Weg von Entenhausen zum Colorado-Canyon, wo sie im südlichen Ausläufer eines Seitentals die Mustang-Mine vorfanden. Die Reiseroute bestätigt, dass Entenhausen an der Ostküste Nordamerikas liegt. Es mag allerdings verwundern, dass Dagobert Duck diese Reise als Beifahrer im Kleinwagen seines Neffen unternahm. Proviant wurde erst eingekauft, als man bei einem Rasthaus vorbeikam. Duck hielt es für möglich, dass man länger unterwegs sein würde, das heißt aber umgekehrt auch: nicht für sicher. Auf unseren Karten entspringt der Colorado in dem Bundesstaat, dem er seinen Namen gegeben hat, um nach 2330 Kilometern auf mexikanischem Hoheitsgebiet in den Golf von Kalifornien zu münden. Die Entenhausener kennen den Colorado als Austragungsort eines Motorbootrennens, das Mineralölkonzernherren zur Werbung für die Wunderwirkstoffe in ihren Benzinprodukten nutzen. Der Startschuss wird an einer Flussbiegung vor der majestätischen Kulisse der Tafelberge des Canyons abgefeuert. Der Fluss ist hier so breit, dass bis zu hundert Boote am Rennen teilnehmen können. Die Strecke führt an der markanten Felsformation des Gänsekragens und dem bei Kranichen als Nistgebiet beliebten Luschensumpf vorbei. Vor dem Ziel müssen die Boote die gefürchteten Teufelsriffe passieren.

Zwei Tagesmärsche vom heutigen Lauf des Colorado entfernt fanden die Ducks im Zuge einer Wüstenwanderung, deren Zweck eigentlich das Sammeln von indianischen Pfeilspitzen gewesen war, das Wrack eines spanischen Expeditionsschiffs aus dem sechzehnten Jahrhundert. In der Kapitänskajüte lag das Logbuch. Der letzte Eintrag ist einer der frühesten Augenzeugenberichte aus der Geschichte der Seefahrt über das heute mit dem japanischen Wort Tsunami bezeichnete Phänomen. Man war in die Mündung des Colorado eingefahren, den das Logbuch als «ziemlich großen Fluss» charakterisiert, als plötzlich die Erde bebte und eine ungeheure Flugwelle das Schiff weit ins Innere des Landes trug. Als sich die Wasser verzogen, saß man auf dem höllisch Trockenen, «inmitten einer Wüstenei» – ganz selbstverständlich verwendete Dagobert Duck in seiner Übersetzung aus dem Spanischen das Wort, mit dem man in Entenhausen den von Emil Erpel vorgefundenen Zustand des späteren Stadtgebiets beschreibt. Den gestrandeten Spaniern war es nicht vergönnt, zwischen Kakteen und Agaven eine Stadt zu gründen und zur Blüte zu führen. Es wäre auch nicht nötig gewesen, da man unversehens im Vorgarten der reichsten Metropolregion der Erde gelandet war, am Fuß eines Gebirges, in dem sich die legendären sieben Städte von Cibola verbargen, deren Straßen, wie die Legende wahrheitsgemäß berichtet, mit Gold gepflastert waren.

Die traurige Fortsetzung der Geschichte der Schiffbrüchigen ergibt sich aus der indianischen Überlieferung. Am Eingang zum Tal der sieben Städte ist die Bilderchronik von Cibola in die Wand geritzt. Auch bei dieser Quelle sind die Pfeilsucher aus Entenhausen die ersten Leser des letzten Eintrags, den sie mithilfe des Pfadfinderhandbuchs entziffern. Die «weißen Männer auf dem großen Kanu» schleppten eine tödliche Seuche ein. Es gab offenbar keinen einzigen Überlebenden, weder bei den Einheimischen noch unter den Eindringlingen. Die Springflut hatte die Markierungen der uralten indianischen Handelsstraße weggeschwemmt, die vom Ufer des Colorado in östlicher Richtung nach Cibola führte. Donald Duck übertrieb die Bedeutung der Funde nicht, als er voraussagte, man werde in der Weltpresse die Schlagzeile «Dagobert Duck, der größte Altertumsforscher aller Zeiten!» lesen. Der Schliemann von Cibola hatte nebenbei eines der größten Rätsel des Zeitalters der Entdeckungen gelöst.

Den Befehl und die Feder auf dem todbringenden Schiff führte Francisco de Ulloa, der Kommandeur der Flotte von Hernando Cortez. Mit drei Schiffen war Ulloa 1539 von Acapulco aus aufgebrochen, um auf Privatkosten von Cortez die Küste nördlich der spanischen Bastion zu erkunden. Er segelte an der Küste entlang. Als er die Spitze des Golfs von Kalifornien erreicht hatte, drehte er bei, um seine Fahrt entlang der Gegenküste, der Ostküste Niederkaliforniens, fortzusetzen. Schon bald nach Expeditionsbeginn sank das erste Schiff, das auf den Namen des Zweiflerapostels Thomas getauft war. Das zweite Schiff, die Santa Agueda, schickte Ulloa zurück, als die Vorräte knapp wurden. Mit dem dritten Schiff, der in allerhöchstem Segen segelnden Trinidad, stieß er weiter ins Unbekannte vor – so weit, dass man von ihm, seiner Mannschaft und seinem Schiff nie wieder etwas hörte. Das ist alles, was die nichtdonaldistische Geschichtswissenschaft über Francisco de Ulloa weiß.

Wie der Kapitän des holländischen Dreimasters, der anno 1659 in Bombay eine Ladung Goldbarren an Bord nahm, das Kap der Guten Hoffnung ansteuerte und auf der Höhe von Madagaskar zum letzten Mal gesehen wurde, wie der schottische Freibeuter Ducklas MacDuck, den im Mai 1688, ein halbes Jahr vor der Glorreichen Revolution in England, seine Besatzung im Stich ließ, weil er bei einem Raubzug an der mittelamerikanischen Küste eine Unmenge Sardinen erbeutet hatte, aber kein Körnchen Salz zu ihrer Konservierung, hat auch der Admiralfeldmeister der Wasserpfadfinderschaft Neuspaniens die Phantasie der Nachgeborenen gefesselt. Aus Seemannsgarn ließen sich die abenteuerlichsten Theorien über den Verbleib der Trinidad stricken. Von Zeit zu Zeit wollten Wanderer ein Geisterschiff in der kalifornischen Wüste gesehen haben. 1952 verkündete Joseph J. Markey, ein Arzt aus Oceanside in Kalifornien, er habe in einer Höhle nahe der Mündung des San Luis Rey River bei San Diego die Skelette der Mannschaft der Trinidad entdeckt. Von Skorbut heimgesucht, hätten die Seeleute das Schiff verlassen und ein Lager in der Nähe eines Indianerdorfs aufgeschlagen. Sie hätten Wasser aus demselben See getrunken wie die Indianer und sich Dysenterie zugezogen, gegen deren Erreger die Indianer nach jahrhundertelanger Gewöhnung immun gewesen seien.

Das aufgegebene Schiff müsse dann irgendwann gesunken sein. Über Jahrzehnte suchten Taucher das Mündungsgebiet nach dem Wrack ab, unbeeindruckt von den Skeptikern, die vermuteten, dass Markey Affenskelette gefunden hatte. Die Edition des Tagebuchs eines der Offiziere der Trinidad, das Markey angeblich in einem spanischen Archiv ausgegraben hatte, blieb er bis zu seinem Tod 1985 schuldig.

Das Kapitänstagebuch, das Dagobert Duck an Bord des Wracks unter fingerdickem Staub auf Ulloas Schreibtisch entdeckte, enthält zwei unerhört wertvolle Informationen über die letzte Fahrt der Trinidad. Den Aufzeichnungen ist zu entnehmen, dass Ulloa 1539 von Kalifornien aus nach Westen segelte. Was Markey vermutete und etwas voreilig bewiesen zu haben glaubte, steht damit fest: Ulloa gelangte tatsächlich über die von ihm umrundete Halbinsel Niederkalifornien hinaus und legte an der Küste des eigentlichen Kalifornien an. Von dort wandte er sich nicht nach Norden, folgte also der kalifornischen Küste nicht weiter. Er machte aber auch nicht kehrt, um den Heimathafen der neuspanischen Flotte im tiefen Süden anzulaufen. Westwärts ging seine Weiterreise: Er nahm Kurs aufs offene Meer. Wie gelangte er auf diesem Weg zur Mündung des Colorado? Man muss den Namen Francisco de Ulloas dem Katalog der Weltumsegler hinzufügen. Ihm gebührt auf dieser Liste der Kühnsten der Kühnen der dritte Platz, nach Ferdinand Magellan und Andrés de Urdaneta. Indem er immer weiter nach Westen fuhr, näherte er sich dem amerikanischen Kontinent schließlich von Osten her. Es drängt sich der Schluss auf, dass auf der Erde, auf der Entenhausen liegt, der Colorado nicht in den Golf von Kalifornien mündet, sondern in den Golf von Mexiko, wenn nicht sogar in den Atlantik.

Das erklärt, dass man die Autofahrt von Entenhausen zur Mustang-Mine vielleicht auch ohne eiserne Ration aus dem Rasthaus hätte absolvieren können. Cortez hatte Ulloa den Auftrag gegeben, die Nordwestpassage zu suchen, den Seeweg, der den Pazifik mit dem Atlantik verbindet. Wenn Ulloa nach dem Morgengebet aus dem Fenster der Kapitänskajüte sah, lag rechter Hand eine endlose Landmasse: immer dasselbe, reichlich eintönig. So schwenkte er eines Tages um auf Plan B, die Suche nach einer Westostpassage nördlich der Magellanstraße. Wahrscheinlich fand er den ein Vierteljahrhun-

dert später von Urdaneta kartographierten Weg nach Manila. Kolumbus war überzeugt davon, das irdische Paradies gefunden zu haben; das Delta des Orinoko hielt er für die Mündungen der vier im Buch Genesis genannten Paradiesflüsse. Ein halbes Jahrhundert später musste sich den Spaniern in der neuen Welt der Verdacht aufdrängen, dass Kolumbus sich getäuscht hatte. Das Paradies, von den Kirchenlehrern des Mittelalters östlich des christlichen Europa angesiedelt, musste von Amerika aus gesehen weiter westlich liegen.

Aus Ulloas Logbuch wissen wir, dass die sieben Städte von Cibola, die er mit Finderglück im Schiffsunglück entdeckte, tatsächlich das Ziel seiner Expedition gewesen waren. Vielleicht verbanden die Gelehrten am Hof von Cortez die Überlieferung von den Sieben Städten, die angeblich von sieben Bischöfen gegründet worden waren, mit der alchimistischen Legende, die später in Kleists Aufsatz über das Marionettentheater wiederauftaucht, das Paradies sei verriegelt, weshalb wir «die Reise um die Welt machen und sehen» müssten, ob es «vielleicht von hinten irgendwo wieder offen» sei. Wie Kolumbus erwartete Cortez, im fernen Westen auf die märchenhaft reichen Inseln vor der Küste Chinas zu stoßen, die Marco Polo beschrieben hatte. Diese ethnographischen Wunderberichte wurden von der Wissenschaft verdrängt und sind in den Volksglauben ausgewandert.

Hartnäckig hält sich in Entenhausen die Vorstellung von paradiesischen Zuständen auf den kleinen Inseln im riesigen Meer zwischen Asien und Amerika. Donald Duck braucht nur in den Radionachrichten zu hören, dass General Quakfuß von der Insel Tuku Tiva zurückgekehrt ist und von seltenen schwarzen Steinen berichtet, denen die Eingeborenen Zauberkraft zuschreiben – sofort verkauft Duck das Haus, in dem er mit seinen schulpflichtigen Neffen lebt, um vier Schiffskarten für die Fahrt in die Südsee bezahlen zu können. Denn er hat von der Insel gelesen, in einem populären Sachbuch des Genres, das den Zweifel an der Schulweisheit zu Geld macht, und weiß, dass der Finder eines solchen Steins sich alles wünschen darf, auch die sofortige Versetzung in den Ruhestand. Sieben Matrosen des Schiffes Petunis sollen es als Wunschsteinsammler zu beträchtlichem Wohlstand gebracht haben. Die märchenhafte Zahl, identisch mit der Zahl der Städte von Cibola und ihrer bischöflichen Gründer, stimmt Duck nicht misstrauisch. Zwar ist die Nachricht von der Heimkehr von General Quakfuß eine Ente, ein Aprilscherz. Aber sie ist offenbar nicht zu frei erfunden. Wie in den Zeiten von Cortez und Ulloa sind Entdeckungsreisende in geopolitischer Mission unterwegs: Landnahme und Kenntnisnahme, Erkundung und Eroberung gehören zusammen. Die Südsee denkt man sich als eine Zone der Selbstgenügsamkeit, die weder die östliche noch die westliche Zivilisation sich dauerhaft einverleiben konnte.

Im Prozess der unaufhörlichen Erosion, der die Erdgeschichte ausmacht, sind die Inseln das, was übrigbleibt, nicht überschwemmt wurde, noch nicht untergegangen ist. Inseln, so lautet in Entenhausen die Faustregel der Trittbrettfahrer einer global ausgreifenden Immobilienbranche, sind immer gefragt. Inselland ist von Natur aus eingegrenzt, anders gesagt: per definitionem knapp. Die Möglichkeit einer Insel ist die Chance auf ein Leben ohne Chancen, Risiken und Sicherheiten. Wer eine Insel bewohnt, braucht kein Haus, sondern baut sich eine Hütte beziehungsweise deren zwei: eine Grashütte für Regentage und eine Badehütte am Strand. Im fast unberührten Norden des Landes, in dem Entenhausen liegt, geht Ausflüglern auf, dass Rousseau wohl ein Stubenhocker gewesen sein muss: Das Leben in der Natur ist grausam, und zu essen findet man nichts. Die Phantasiebilder der Üppigkeit, von denen sich Emil Erpel und seine Brüder in die neue Welt locken ließen, kehren als Postkarten aus der Südsee nach Entenhausen zurück. Bananen wachsen da wie Unkraut: Mit diesem Versprechen bringt ein Hochstapler einen wertlosen Besitztitel auf die Insel Imi-Ata an den Mann, einen Hausbesitzer, der des Rasenmähens und des Begleichens der Gasrechnung müde ist.

Donald Ducks angelegentlich apodiktisch verkündete Maxime, Kinder sollten sich mit Physik beschäftigen, nicht mit verstorbenen Klassikern, erinnert in ihrer schroffen Antithetik an die Sentenzen des Historikers Macaulay. In seinem Essay zum Lob Francis Bacons erklärte Macaulay Platon und alle Platoniker unter den Klassikern für mausetot. Die Grundsätze der philosophischen Schulen wollte er nach ihrem Ertrag sortieren wie Grundstücke: «Ein Morgen Land in Middlesex ist besser als ein Fürstentum in Utopia.» Diese hausväterliche Kritik der philosophischen Spekulation muss vom spekulativen Charakter des Immobiliengeschäfts absehen. In utopischen Gefilden, im Nirgendwo jenseits der Zuständigkeit aller Grundbuchämter, warten die interessantesten Objekte auf den Anleger. Diese Bewirtschaftung der Sehnsucht liefert im Sozialkundeunterricht einer Entenhausener Schule den Stoff eines Rollenspiels. Die von Hajo Aust herausgestellte Fortschrittlichkeit der Lehrmethode erkennt man auch an der Sorgfalt der Vorbereitung. Für den Schüler, der spontan die Rolle eines Adligen wählt, der dem Makler Max Makelmann eine Insel in der Südsee abkauft, liegen die Utensilien des Geldmanns bereit: Zylinder, Spazierstock und Monokel, als wäre dieser Baron Bollmann gerade auf dem Weg zu einem Empfang in der Gesandtschaft von Pontevedro. Der Realismus dieser Einführung ins Wirtschaftsleben erschöpft sich nicht in den Kostümen: Das Originalformular eines notariellen Kaufvertrags findet Verwendung, und an der Wand des Klassenzimmers hängt zwischen Tierzeichnungen eine Karte der polynesischen Inselwelt.

Dass man von Entenhausen mit dem Kreuzfahrtschiff oder sogar mit einem Segelboot nach Tuku Tiva und Imi-Ata gelangt, scheint mit der Ostküstenlage der Stadt nicht ohne weiteres zu vereinbaren. Auch nach Hawaii führt der direkte Seeweg ohne Kanaldurchfahrt und ohne Berührung der Hoheitsgebiete fremder Staaten. Die Küstenwache, die den Schiffsverkehr im Entenhausener Hafen kontrolliert, sieht auch in der Zwölfmeilenzone um Hawaii nach dem Rechten. Als Dagobert Duck große Teile seines Barvermögens auf die Insel Tanai in Sichtweite von Hawaii auslagern wollte, ließ er die Scheine im Entenhausener Hafen eindosen. Nur vor Piraten musste er sich während der Überfahrt in Acht nehmen, nicht vor Zollinspektoren. Aufhorchen lässt allerdings, dass ihn seine Großneffen fragten, ob man zu Wasser, zu Lande oder mit einem Flugzeug nach Hawaii reisen werde. So ungern Tick, Trick und Track sich zur Erdkundestunde beim ollen Semmelbauch einfinden, wo die Unterschiede von Ober-, Mittel- und Untermoränen oder aber von Unter-, Mittel- und Oberzentren gepaukt werden, so unwahrscheinlich ist es doch, dass ihnen Lage und Beschaffenheit von Hawaii unbekannt sind.

Wie wir gesehen haben, kann im Unterricht anderer Fächer auf eine kartographisch exakte Kenntnis Polynesiens zurückgegriffen werden, die sogar die Entfernungen zwischen den einzelnen Inseln einzelner Inselgruppen einschließt. Winfried Tost hat auf die Präzision von Semmelbauchs Tafelbildern aufmerksam gemacht: Auf der Kreideskizze eines Globus erkennt man das Gradnetz, die Neigung der Polachse und die bei etwa der Hälfte der Entenhausener Globen nachgewiesene Nordpolspitze – dieser Stab steht für ein markantes Bauwerk am geographischen Nordpol, eine Zuckerstange, um die sich Iglus gruppieren, die Spielzeugwerkstätten des Weihnachtsmanns. Die Frage nach dem Landweg nach Hawaii lässt keineswegs auf das Fehlen einfachster geographischer Grundbegriffe schließen. Im Gegenteil muss die Option, trockenen Fußes von Entenhausen nach Hawaii zu gelangen, wenigstens denkbar gewesen sein. Wie ist das zu erklären?

Als Dagobert Duck unter Berufung auf das Recht des Entdeckers die kleine Insel betrat, die er vom Fernsehsessel aus nördlich der Cookinseln erblickt hatte, das wäre auf unseren Globen etwa sechs Grad westlich von Hawaii, geriet er ins Schwimmen, weil die Korallenscholle nicht im Meeresboden verankert war, sondern als Spielball der Strömungen in den Bezirk des Finanzamts Papayan und ins Hoheitsgebiet des Mango-Archipels trudelte, bevor sie in einem Taifun auf Mülltonnengröße abgeschliffen wurde. Folgt man Andreas Platthaus, so weist dieser Bewegungsdrang das dem Entdecker entgleitende Eiland mitnichten als Sonderling in der globalen Landmassengesellschaft aus. Durch vergleichende Untersuchung sämtlicher in Entenhausen belegter Globen sowie der Ansichten des Erdballs aus der Perspektive Entenhausener Raumfahrer hat Platthaus plausibel gemacht, dass man im Wasserstraßenverkehr schwimmenden Inseln von ganz anderen Ausmaßen begegnen kann. Viele Jahre vor der vom Entenhausener Militär or-

nähert, «ist die Inselgruppe offenkundig auf Wanderschaft». Der neuseeländische Historiker John Pocock wird poetisch, wenn er darlegt, wie das Weltverständnis der Maori von der Erinnerung daran geprägt ist, dass ihre Vorfahren mit Booten nach Neuseeland übergesetzt sind. Für die Neuseeländer, mit denen die Entenhausener in Berührung kommen respektive in den uns vorliegenden Berichten gerade nicht in Berührung kommen, ist die Überfahrt nicht Daseinsmetapher, sondern Daseinsbedingung oder besser Fortseinsbedingung. Könnte aber Neuseeland nicht einfach irgendwann nach der Herstellung des von Dagobert Duck konsultierten Globus im Meer versunken sein, sei es plötzlich, infolge eines verheerenden Seebebens, wie es Francisco de Ulloa in die Wüste spülte, sei es allmählich, benagt vom Zahn der Zeit?

ganisierten Kolonisierung des Mondes gelang Donald Duck in einer selbstgebauten Rakete eine Mondumrundung. Bei anderer Gelegenheit stellte er sich den Astronomieprofessoren Uranus und Sirius als Testpilot einer Mondrakete zur Verfügung. In den Berichten von beiden Reisen sind Panoramabilder des Heimatplaneten der Ducks überliefert. Wir erhalten die Bestätigung dafür, dass die Entenhausener ihren Planeten Erde nennen, und können die Verteilung der Kontinente studieren.

Eine Ansicht der Erde nach dem Start der professoralen Rakete zeigt den pazifischen Ozean, gesäumt von Asien, Nordamerika, Südamerika sowie Australien samt Tasmanien – aber ohne Neuseeland. Auf einem Globus im Arbeitszimmer Dagobert Ducks finden wir Neuseeland dagegen, wo wir es selbstverständlich suchen, östlich von Australien. Platthaus schließt daraus mit dem Mut zum konsequenten Umsortieren der nur scheinbar bekannten Welt, der den wissenschaftlichen Entdecker auszeichnet: Während Donald Duck sich dem Mond

Als Duck an einem Raddampferrennen auf dem Mississippi teilnahm, kaufte er eine Karte aus dem Jahr 1876, um neunzig Kreuzer zu sparen. Sein Globus wird auch nicht das neueste Modell sein. Aber Platthaus gehen noch viel größere Fische ins Netz der Hypothese des Inseltourismus. Auf dem Globus, der Neuseeland in der vertrauten Rolle des australischen Trabanten präsentiert, fehlt doch etwas, jedenfalls auf der für den Leser sichtbaren Halbkugel, ein ganzer Subkontinent: Indien. Dass ein Reisebüroangestellter einem Kunden, der eine Flugkarte in den Süden verlangt, an möglichen Zielen nicht nur Südamerika, Australien und Afrika nennt, sondern auch Indien in die Auswahl einbezieht, deutet Platthaus nicht im Sinne einer romantischen Geographie, für die der Süden das Passepartout aller Gegenwelten zur prosaisch-kühlen Sphäre der modernen Zivilisation ist. Wenn Indien wenigstens zeitweilig auf der Südhalbkugel anzutreffen ist, muss die donaldistische Forschung den größten Grundbesitzer der Welt nicht als Großmaul abtun, einen Texaner, der seinem Gläubiger Dagobert Duck berichtet, seine Arbeiter seien beim Bohren nach Öl so tief vorgedrungen, dass sie ein Ölfass in Bombay von unten angezapft hätten. Ebendort war 1659 das mit Gold beladene Schiff ausgelaufen, das unter dem Namen des Fliegenden Holländers ins Reich der Sage einging. Bombay lag damals noch, wie Dagobert Duck beweist, indem er auf einem anderen Globus mit dem Zeigefinger die Route des Unglücksschiffs nachzeichnet, in der Weltecke nordöstlich von Madagaskar.

Friedrich Schlegel benannte in seiner Abhandlung «Über die Sprache und Weisheit der Indier» eine Schwierigkeit, die gegen seinen Vorschlag sprach, die Gemeinsamkeiten der indogermanischen Sprachen mit der indischen Herkunft der germanischen Völker zu erklären: «Zweifel erregen» müsse die Frage, warum «eine Völkerschaft aus dem fruchtbarsten und gesegnetsten Erdstriche Asiens bis in den äußersten skandinavischen Norden hinauf habe wandern» sollen. Die Entenhausener Altertumskunde konnte diesen Zweifel zerstreuen: Wenn es nicht nur einzelne indische Völkerschaften in unwirtliche Weltgegenden verschlagen hat, sondern Indien selbst im Laufe der Weltgeschichte mehrmals die Klimazonen durchwandert, dann mussten die Inder, die die ersten Ideen von poetischer Erzählung und politischer Verfassung nach Skandinavien brachten, ihre wohnliche Umgebung während der Reise nicht verlassen und auch ihre Ernährung nur langsam umstellen. «Denn die großen Wanderungen geschahen fast immer allmählich»: Diese Einsicht Schlegels hat ihre eigentliche Wahrheit dort, wo die gesamte Landmasse eines Subkontinents das Reisegepäck bildet.

Die von Schlegel geforderte «kritische Bearbeitung der eigentümlichen indischen Erdkunde aus den Quellen» dürfte von der Entenhausener Indologie längst vorgelegt worden sein. In der Monographie «Der Jogaschlaf der Inder», die wir in der Handbiblio-

thek des Hypnotiseurs Professor Popanz finden, wird man nachlesen können, wie die indischen Weisen gerade durch das permanente Hintergrundgeräusch oder besser Untergrundgeräusch des beim Wandern rumorenden Bodens dazu gebracht wurden, zur Seelenruhe vorzustoßen. Die von Platthaus erkannte Tatsache der Subkontinentaldrift schließt uns die Traditionen der indischen Fürstentümer auf, sozusagen die Geoinnenpolitik Indiens. Für Schlegel stand inmitten «der Verwirrung der ältesten indischen Geschichte» nur eines fest: «dass es schon damals große Monarchien in Indien gab». Auch «bei den von Indien abstammenden Nationen und Kolonien», so Schlegel weiter, «dürfte die republikanische Verfassung erst später entstanden, die monarchische in den ältesten Zeiten die herrschende gewesen sein». Als Donald Duck für einen Tag zum Maharadscha von Majoran erhoben wurde, lernte er ein archaisches Königtum kennen, dessen Inhaber mit Haut und Haar für das Heil des Volkes haftet. Statt Kaviar wurden dem neuen Fürsten beim Krönungsmahl, das er in strenger Abgeschiedenheit einnahm, Schrotkugeln vorgesetzt. Ein untergewichtiger Maharadscha wird nämlich noch am Tag der Thronbesteigung an die Staatstiger verfüttert – so ist es, wie ein Hofbeamter versicherte, von alters her Brauch beim Volk der Majorani. Jede Audienz, die der Maharadscha seinen Ministern gewährt, gerät unter diesen konstitutionellen Bedingungen zur Leibesvisitation.

Wenn nun der Klatschreporter vom Entenhausener Kurier fast jedes Jahr darüber berichten kann, dass ein indischer Fürst seine Ferien in Entenhausen verbringen möchte, werden wir geneigt sein, einen solchen Auslandsaufenthalt als Urlaub von den lebensgefährlichen Amtspflichten der Verkörperung des Gemeinwesens aufzufassen. In Wahrheit treibt das Reisekönigtum die Repräsentation auf die kostspielige Spitze. Wie Mahadöh, der Herr der Erde, in Goethes Ballade vom Gott und der Bajadere regelmäßig auf Wanderschaft geht, so leben die Herren des Stücks Erde, das majestätisch über die Weltmeere gleitet, standesgemäß auf großem Fuß beziehungsweise auf der Rückbank eines großen Automobils, dessen Türen mit Flügeln verziert sind. Der Maharadscha von Zasterabad überschüttet die Gastgeber mit Rupien, um seinem Land den Weg zu bereiten, das Entenhausen über kurz oder lang einen Staatsbesuch abstatten wird, einen Besuch von Staat zu Staat. Und hat er die Stadt sich als Wand'rer betrachtet, kann er weiterziehen, wenn noch Geld in der Reisekasse ist.

Die Presse mochte die kindliche Selbstversunkenheit eines Mannes, der in seinem Beruf nicht erwachsen werden muss, darin sehen, dass der Maharadscha von Meckerabad seine Entenhausener Ferien zum Sandburgenbau in der Mondbucht nutzte. Aber mit Recht nannte Schlegel es merkwürdig, dass «die geschichtlichen Urkunden» des westlichen Asien wie des südöstlichen Europa «mit Erzählungen von einer uralten Königsburg beginnen». Seinen Untertanen in Meckerabad und seinen Rivalen unter den Fürsten signalisierte der Maharadscha, dass das Weltzeitalter der indischen Koloniegründungen noch nicht zu Ende gegangen war.

Das Selbstbewusstsein der Kulturexportnation hat sich sogar auf die Tierwelt übertragen, wie ein verhaltensbiologisches Experiment des Entenhausener Zoodirektors lehrt. Vier Zootiere wurden mit einem kleinen Futtervorrat im Gebirge ausgesetzt: ein Bär, ein Gorilla, eine Bergziege und ein indischer Plaudervogel. Durch Beobachtung wollte der Direktor feststellen, wie lange die in die Freiheit entlassenen Tiere den Menschen ihre Anhänglichkeit bewahren würden. Der gefiederte Proband, wissenschaftlicher Name: Cracula papperlapappa, legte dem mit dem Transport betrauten Spediteur Duck wortreich dar, dass er sich von ihm gar nichts sagen ließ. Kümmerlich musste ein auf Lastkraftwagen angewiesenes Umzugsunternehmen aus der Perspektive des Vogels erscheinen: Seine Ahnen picken seit Jahrtausenden ihren Gesprächsstoff in einem Land auf, dessen Dasein ein einziger ebenso abenteuerlicher wie feierlicher Umzug ist.

Unter strengster Geheimhaltung schiffte sich Dagobert Duck auf der SS Plutonia nach Asien ein, um das größte Immobiliengeschäft seit dem Erwerb Louisianas durch die Vereinigten Staaten abzuschließen: Er wollte den Mount Everest, das Taj Mahal sowie Hongkong kaufen und in seinem Vergnügungspark in Entenhausen aufstellen. Auf den ersten Blick ein Projekt des neokolonialistischen Größenwahns, der mit Menschenopfern erkauften Volksbeglückung wie die Landgewinnungsmaßnahmen des greisen Faust. Aber wenn Indien eine schwimmende Insel ist und auch andere Teile Asiens möglicherweise Weltreiseerfahrung haben, dann ist Ducks Plan, drei Brocken aus der asiatischen Landmasse herauszuschneiden und auf dem Seeweg nach Entenhausen zu verbringen, nicht so vermessen, wie wir zunächst glauben wollen: Überbietende Nachahmung des natürlichen Laufs der Welt ist das Prinzip der Technik. Die asiatischen Potentaten, mit denen Duck verhandeln wollte, hatte er im Wettbewerb um die Gunst der Entenhausener wie beim Austausch von Geschenken nach den Spielregeln der internationalen Fürstengesellschaft als Virtuosen der symbolischen Diplomatie kennengelernt. Sie mussten das Moment der Schmeichelei in seinem Ansinnen zu schätzen wissen.

Die Sandburgenanlage im phantastischen Stil des Regierungsviertels von Meckerabad war nach der Abreise ihres Erbauers sogleich ein Raub der Gezeiten geworden. Dauerhafte Werbung für indische Wertarbeit verhieß dagegen der Vorschlag, das Mausoleum des Großmoguls Shah Jahan für seine Lieblingsfrau Mumtaz Mahal im Original an den Tivoli Entenhausens anzudocken. Als Walt Disney 1958 Deutschland besuchte, sah er davon ab, in Kaufverhandlungen über Schloss Neuschwanstein einzutreten, obwohl sich die Bayerische Staatsregierung im Zeitalter der Modernisierungseuphorie womöglich auf den Abtransport des Denkmals ruinöser königlicher Verschuldung eingelassen hätte. In Walt Disney World in Florida steht daher wie in Disneyland in Kalifornien eine mehr oder weniger freie Kopie. So will sich auch die in Dubai von einem Investor geplante Falcon City of Wonders damit begnügen, den Eiffelturm, die Cheops-Pyramide, den Schiefen Turm von Pisa, die Chinesische Mauer und das Taj Mahal als Nachbauten zu präsentieren. Im Gegensatz dazu setzt das Ducksche Geschäftsmodell reeller Familienunterhaltung auf reale Attraktionen. Für das Echte gibt es keinen Ersatz: Ein Weltkonzern schützt mit konservatorischem Handeln nach dieser Maxime zugleich seine Marken.

Wie pfleglich das Duck-Imperium mit dem geistigen Eigentum der Konkurrenz umgeht, ist schwer zu überblicken. Familienintern gibt Dagobert Duck die Maxime aus, im Krieg und im Geschäft sei alles erlaubt, womit er sich auf den schwankenden Boden der Wirtschaftsethik Mephistos begibt: «Krieg, Handel und Piraterie, / Dreieinig sind sie, nicht zu trennen.» Wenn die Landesverteidigung den Staatsschatz des ostasiatischen Königreichs Samboria dezimiert, so dass der König das vereinbarte Honorar für die vom Duck-Konzern gelieferten akustischen Reisfinkenscheuchen nicht mehr zahlen kann, denkt Duck zwar wie Richard Cobden, der viktorianische Prophet des Freihandels, und beklagt, dass kriegerische Verwicklungen die Wirtschaft schädigen. Aber das ist nur die halbe Wahrheit. Kriegerische Verwicklungen fördern die Wirtschaft in Gestalt der Markenpiraterie, indem sie rechtsfreie Zonen schaffen und ein gewaltiges Heer globaler Proletarier freisetzen, die für einen Hungerlohn die Distribution übernehmen. Nach einem der zahlreichen Irak-Kriege teilten sich die Duckschen Zementwerke mit Halliburton die Verträge über den Wiederaufbau des Landes auf. In Bagdad besitzt Duck eine Lederbeutelfabrik, bei deren Produkten er serienmäßig befremdliche Beulen in Kauf nimmt, um Dumpingpreise garantieren zu können. Dass auf diesen Taschen das Doppel-D prangt, ist wenig wahrscheinlich. So dürfte das Geld der Entenhausener Pauschaltouristen, denen beim Zwischenstopp in Venedig die Zeit fehlt, die Etiketten der von Straßenhändlern feilgebotenen Prada- und Louis-Vuitton-Accessoires unter die Lupe zu nehmen, in die Säcke ihres heimischen Champions fließen.

Die kolonialistischen Effekte der vom Duck-Konzern forcierten Globalisierung sind nicht zu leugnen. Gleichwohl haben Billigwaren auf den Ost-West-Handelsstraßen die Luxusprodukte nicht völlig verdrängt, die schon lange vor Marco Polo aus Fernost importiert wurden. Im Entenhausener Freihafen lagern Millionenwerte chinesischer Seide. Aus China wird auch Tee angeliefert, aus Tibet eine exotische Delikatesse: getrocknete Lämmerschwänze.

Für Dagobert Duck waren die Lehrjahre in den uralten Handelsmetropolen Asiens noch wichtiger als die Erfahrungen des amerikanischen Goldrauschs. In Kalifornien und

Alaska hatte es der junge Duck hauptsächlich mit groben Kerlen zu tun, denen er kaum etwas abschauen konnte. Als er sich gegenüber seinen Großneffen als zäher als die Zähesten und schlauer als die Schlauesten charakterisierte, unterließ er zu erwähnen, dass er auch geschmeidiger ist als die Geschmeidigsten. Diesen Habitus eignete er sich als Finanzberater des Prinzen von Pompadour an, in einem ostasiatischen Fürstenstaat, der wohl zur Zeit Ludwigs XV. Verbindungen zum französischen Hof anknüpfte und aus Dankbarkeit die Mätresse des Königs in seinem Namen verewigte. Anno 1892 hatte Duck schon im großen Stil Viehhandel in Tibet getrieben, zwanzig Jahre später war er Augenzeuge und vielleicht auch Akteur der Revolution in Putschistan. In der Zwischenzeit grub er nach Zinn in Malaya, richtete Kormorane zum Perlenfischen ab und überlistete Straßenräuber in der Mongolei.

Seit unvordenklicher Zeit hatten die Inder als fliegende Händler des Geistes die Völker mit Ideen versorgt. Indem Duck den Besuchern von Duckland durch Kulturimport aus Asien die Zeit vertreiben wollte, erwies er sich als Geschäftsmann alter abendländischer Schule, der weiß, dass das Besondere und Raffinierte aus dem Osten kommt und also auch die besonders raffinierte Zerstreuung: Ex oriente Jux.

Jürgen Wollina hat es versäumt, im Stadtplan von Entenhausen die gigantischen Freiflächen auszuweisen, die Platz für die asiatischen Weltwunder bieten sollten. Die Proportionen können nicht stimmen: Bei Wollina umfasst das Entenhausener Stadtgebiet 120 Quadratkilometer. Allein das Territorium der ehemaligen Kronkolonie Hongkong, die zum Zeitpunkt von Ducks Einkaufstour offenbar schon nicht mehr unter britischer Verwaltung stand, beansprucht aber 1104 Quadratkilometer – um hier vom Mount Everest zu schweigen.

Um seine Theorie von den Wanderungen der Inder plausibel zu machen, verwies Schlegel darauf, dass schließlich auch die Araber «durch Eroberungen, Handel und Kolonien ihren Einfluss und ihre Sprache über einen großen Teil von Asien, den ganzen Norden, die Küsten und bis tief in das Innere Afrikas, ja bis auf die entlegenen indischen Inseln verbreitet» hätten. Auch Wüstensöhnen, die den mütterlichen Sandkasten all ihr Lebtag nicht verlassen haben, ist die Erinnerung an diese Bestimmung ihres Volkes noch gegenwärtig. Als Dagobert Duck dem Beduinenscheich Jussuf Ben Schakal einzureden versuchte, er solle ihm das in einer Quarzgrube in der Nähe des Roten Meeres versteckte Gold des Königs Salomo nicht streitig machen, da er sich ja doch nichts dafür kaufen könne, verwahrte sich der Scheich dagegen, dass ihn der Entenhausener als Wüstenhocker hinstellte. Und einer seiner ältesten Gefolgsleute, dem schon die meisten Zähne ausgefallen waren, ergänzte stolz: «Wir Araber sind alte Wandervögel, hoho!» Schlegel bemerkte, dass «unsere Geschichte oft nicht zureicht, zu erklären, wie das Arabische», das wir im innersten Afrika und auf den äußersten indischen Inseln «unleugbar finden, in so ferne Gegenden gekommen sei».

Wie Schlegel von den Arabern auf die Inder schließen wollte, werden Entenhausener Historiker geneigt sein, die Überlieferungslücke in der Geschichte der arabischen Expansion mit dem komplementären Analogieschluss zu füllen. Wahrscheinlich hatte nicht nur der indische Subkontinent, sondern auch die arabische Halbinsel eine von Wind und Wellen bewegte Jugend. Kleinere Inseln wie Hawaii schwimmen vor der Küste Entenhausens häufiger vorbei. Die Landverbindung, die es in der Kindheit von Tick, Trick und Track einmal gegeben haben muss, wurde von den Menehunes wieder eingerissen, dem «kleinen Volk» der unsichtbaren Helfer, das Dagobert Duck, als er von Tanai Abschied nahm, mit den Heinzelmännchen von Köln verglich. Entenhausenern, die es sich auf Südseeinseln mit kandierten Yamswurzeln und eingelegtem Süßholz gutgehen lassen wollten, wurden von den Insulanern unter Kokosnüssen begraben oder unter dem Einsatz von Keulen und Lanzen ins Meer getrieben. Aber jedes Mal, wenn wieder ein mit Palmen bewachsener Sandhaufen in der Entenhausener Hafeneinfahrt auftaucht und das Paradies zum Greifen nah scheint, erneuert sich der Glaube an die glücklichen Inseln.

Erklären die Inselwanderungen auch das Vorkommen deutscher Ortschaften in der Nachbarschaft Entenhausens? Die Aufnahme der «Wacht am Rhein» mit dem Posaunenchor Poppenbüll im Plattenschrank Donald Ducks mag ein Import aus Europa sein. Aber Kronberg, wo Philatelisten aus der ganzen Welt zur Briefmarken-Schau zusammenkommen, ist von Entenhausen mit dem Zug zu erreichen. Dasselbe gilt für die häufig verregnete Stadt Quakenbrück, aus der Gerlinde Giergans, Erbtante von Gustav Gans, 1901 ins sonnigere Entenhausen umzog. Die Pfadfindergruppe aus Tuntenhausen, die das Fähnlein Fieselschweif während einer Geländeübung im Fach Vermisstensuche zur Verstärkung anforderte, sollte schwerlich aus dem Landkreis Rosenheim anreisen. Besonders hoch ist die Konzentration von Namen aus Oberfranken. Der Obstbauer Olbers, der beim Regenmacher Donald Duck zweieinhalb Zentimeter sanften Regen für seine Himbeeren bestellt, hat seinen Hof in Oberkotzau. Die Geflügelfarm Piepmeier, die sich mit der Duck'schen Privatbahn siebzehn Kisten junger Truthähne liefern lässt, liegt in Rehau, zwanzig Kilometer vom nächsten Bahnhof entfernt. Und das Gelände, unter dem Dagobert Duck durch akustische Messungen ein Öllager von mindestens hunderttausend Fass

lokalisiert, befindet sich in dem kleinen Tal auf dem Weg nach Klein-Schloppen. Von diesem Ort wird ausdrücklich gesagt, dass er in der Nähe von Entenhausen liegt; er ist auf einer Umgebungskarte verzeichnet, die bei Donald Duck im Wohnzimmer hängt. Der Ochsenkopf, an dessen Hang Dagobert Duck einen Sessellift unterhält, und der von Bergwanderern geschätzte Waldstein sind zwei Gipfel im Fichtelgebirge, allerdings ist der Ochsenkopf bei Entenhausen mit 1800 Metern fast doppelt so hoch wie das Wunder der Natur, das als Ausflugsziel nicht nur bei den Klassen der Jean-Paul-Schule in Schwarzenbach an der Saale beliebt ist. Das Fichtelgebirge ist mehr als eine Summe seiner Berge und – wir erwähnten das dort dank einer heroischen Rechenleistung der Brüder Duck verhinderte Zugunglück – unter diesem Namen belegt, komplett mit der sogenannten schiefen Ebene, einer Eisenbahn-Steilstrecke wie auf der zwischen 1844 und 1848 erbauten Bahnlinie Bamberg-Hof.

Muss man also der Geschichte der deutschen Auswanderung nach Amerika ein Kapitel der geologischen Emanzipation hinzufügen? Ist ein deutsches Mittelgebirge ausgebrochen aus deutschem Mittelmaß, bahnte es sich – vielleicht während sintflutartiger Regenfälle in der norddeutschen Tiefebene, so dass man Quakenbrück als Anhalter mitnehmen konnte – den Weg zur Nordsee, um sich an England und Irland vorbei auf die Ostküste Nordamerikas zutreiben zu lassen?

In der mittelalterlichen Gelehrtenwelt kursierte das Gerücht vom Stein der Weisen. Durch die richtige Mischung von Urstoffen, hieß es, ließ sich eine Substanz herstellen, die durch bloße Berührung unedle Metalle in Gold verwandeln konnte. Dagobert Duck gelangte durch das Studium alchemistischer Traktate zu der Überzeugung, dass Gabir Ibn Hajan aus Aleppo, dem die Synthese des superkräftigen Kunststoffs zugeschrieben wird, ein ernsthafter Chemiker gewesen war und wirklich gelebt hat. Manche westlichen Wissenschaftshistoriker porträtieren Geber, wie er in lateinischen Quellen genannt wird, als denkfaulen Streber, der den griechischen Kollegen ihren Vorsprung neidete, wenn sie nicht sogar seine Existenz bestreiten und in ihm nur eine Ausgeburt muslimischer Allmachtphantasien sehen wollen. Duck fand den unscheinbaren, in den Quellen nirgendwo beschriebenen Klumpen, den nur ein Sammler bemooster Feldsteine aufgehoben hätte, auf Kreta, im Labyrinth des Minotaurus neben den Ruinen des Palasts von König Minos. Es handelte sich wohl wirklich um den Prototyp aus Aleppo, den sarazenische Piraten 1450 dem genuesischen Hofarchäologen Basilius Bollanus abgenommen hatten. Die Transmutation funktionierte nach zwölfhundert Jahren noch einwandfrei, was die Goldknöpfe an Ducks Gamaschen ebenso bezeugten wie seine goldene Stockzwinge. Jedoch unterband eine Intervention der Internationalen Währungsbehörde in der Person ihres Schweizer Agenten Arnold Bürzli die Fortsetzung der Goldvermehrung, die die Knappheit von Gold beseitigt und damit den Wert dieser Rücklage des Weltwirtschaftssystems zerstört hätte.

Andreas Platthaus hat mit seiner These vom fortwährenden Landmassenaustausch auf den Weltmeeren den Stein der Weisen der donaldistischen Geographie gefunden. Dagobert Duck hatte richtig erkannt, dass durch die revolutionären Erkenntnisse der Atomphysik den Berichten über die Pionierleistung Gabir Ibn Hajans eine noch nie dagewesene Plausibilität zuwuchs. Der Beweis, dass das dem Namen nach unteilbare Atom gar nicht unteilbar ist, hat es denkbar gemacht, ein Element durch Herauslösung oder Hinzufügung von Bauteilen in ein anderes zu verwandeln. Im Labor der Raketenbauer Uranus und Sirius werden wohl zu diesem Zweck getrocknete Atomkerne und Neutronen in Gelee vorgehalten. Raketenmotorölproduktion ist Schwarzgoldmacherei. So sind unter dem Forscherauge von Platthaus wie durch den Beschuss einer Laserkanone die Kontinente zerbröselt. Sezession ist das Bewegungsprinzip der Erdgeschichte, jedem Erdteil droht jederzeit der Zerfall in Erdteilchen. Entenhausener, die weltweite Geschäftsverbindungen unterhalten, kommen ebenso wie Reisebüros, Botschaften und Schulen nicht umhin, alle paar Jahre ihre Globen auszuwechseln. Wilfried Tost hat allein im Haushalt Donald Ducks sieben verschiedene Globen nachgewiesen.

Auf die donaldistische Wissenschaft greift diese Unruhe der von ihr untersuchten Welt über. Rauschebärtige Mitforscher, die ihren geographischen Schulkenntnissen vertrauen, müssen sich von Platthaus dasselbe zurufen lassen wie 1896 die in Eisenach versammelten «Freunde der christlichen Welt» vom einunddreißigjährigen Ernst Troeltsch: «Meine Herren, es wackelt alles!» Bis auf die Messstation, die diese Erdbebenwarnung ausgibt. Es macht die Dialektik des wissenschaftlichen Fortschritts aus, dass der Paradigmenwechsel gleichzeitig Verunsicherung erzeugt und Sicherheit verspricht. Der über die Wanderlust der Sub-, Subsub- und Subsubsubkontinente belehrte Geograph kommt aus dem Staunen heraus: Mit der Platthaus-These hat er einen Zauberstein in Händen, der aus jedem Nebeneinander zusammengewürfelter Örtlichkeiten ein Ensemble von Liegenschaften mit Wanderpass macht. Jede Singularität, die aus der landschaftlichen Umgebung herausragt, kann als Insel gedeutet werden, die vor Anker gegangen ist. Die bislang nur von einem einzigen Bergsteiger bezwungene Satanszacke, von Wollina nah ans Wasser gesetzt, zwei Kilometer südwestlich von der Bilgenbucht, drängte sich vielleicht erst in jüngerer Zeit ins Vorstadtbild. Sollten wir hier ein Fragment der Neuseeländischen Alpen vor uns haben? Und bei der Nadelzinne ebenfalls? Deren Gestein ist allerdings so wenig massiv, dass man eher auf eine Vorgeschichte als mobile Müllkippe schließen möchte.

Gabir Ibn Hajan dürfte an einigen seiner Laborgeräte die Macht seiner Erfindung erprobt haben. In Gebrauch behielt er wahrscheinlich nur die kleinsten der goldenen Instrumente wie Spatel oder Pinzette, um nicht Argwohn mit einem Ausstattungsluxus zu erwecken, den er schwerlich mit plötzlichem Drittmittelzufluss hätte erklären können. Erst recht durften die vornehmen Liebhaber der in Aleppo bis heute kultivierten Falknerei nicht ahnen, dass er ihnen Drahlen und Schnappschäkel aus Gold liefern konnte. Aus den Zollakten von Genua wissen wir, dass Basilius Bollanus 1450 keine goldenen

Gegenstände ausführte, bevor er den Sarazenen in die Hände fiel. Wahrhaft weise ist der Weise, der vom Stein der Weisen einen ökonomischen Gebrauch macht.

Entsprechende Regeln guter Haushaltsführung gelten für die Nutzung wissenschaftlicher Theorien. Als Donald Duck seinem Onkel einige antike Zehnkreuzerstücke abkaufte, die dieser jahrzehntelang dem Geldumlauf entzogen hatte, bot man ihm im numismatischen Fachhandel zunächst gute Preise. Als er dann aber einen auf Pump übernommenen ganzen Sack solcher Zehner zu Scheinen machen wollte, musste ihm der Inhaber der Firma Nickel & Nepp über das Risikokalkül hinter solchen Spekulationsgeschäften aufklären: «Mein guter Mann, seltene Münzen sind nur seltene Münzen, wenn sie selten sind.» So hatte die Konfiskation des Steins der Weisen durch die Internationale Währungsbehörde ihre Rechtfertigung in einer Variante dieses Gesetzes: Edle Metalle sind nur edle Metalle, wenn sie sich auf den Schrottplätzen so rar machen wie die Angehörigen des zweiten Standes in der Masse der französischen Untertanen im Ancien Régime. Sollte eine spekulative Erdgeschichte der Umgebung von Entenhausen auch Oberjoch (Allgäu), Teufelsmoor (Osterholz) und Hasenheide (Berlin) als frühere Wanderinseln mitteleuropäischer Herkunft identifizieren, würden die Kontinentalsockel aufgerieben wie Dagobert Ducks Korallen-Neuland. Könnte man dann mit Platthaus überhaupt noch von analoger Geltung der von Alfred Wegener aufgestellten Landbewegungsgesetze sprechen?

Das internationale Recht, auf das sich Dagobert Duck bei der Okkupation im Pazifik berief, begrenzt das Recht des Entdeckers durch die kategorische Unterscheidung zwischen Festland und Insel. Es gilt nur für den Inselfinder, das Festland gilt seit den Weltumsegelungen als *terra cognita*. Die Insel wird nicht als «ein vom Festland abgespaltenes Stück dieses Festlandes» (Carl Schmitt) angesehen. Würde in ihr das Spaltprodukt eines zerfallenden Kontinents erkannt, gäbe es nichts zu entdecken, höchstens etwas wiederzuentdecken. Umgekehrt wird das Festland nicht als Agglomeration ehemaliger und künftiger Inseln betrachtet. Nun ist diese Kompaktheit des Festlands eine juristische Fiktion, die von den Tatsachen der Erosion und der Kontinentaldrift absieht. Aber eine gewisse Stabilität der Landmassenverteilung

birge sich aus der Umklammerung seines Heimatkontinents löst und – vielleicht unter Führung eines kühnen Bürgermeisters – zu neuen Ufern aufbricht, darf nicht zu häufig vorkommen. Diese unternehmerische Region stünde zwar schon in den Lexika, wäre aber zweifellos im einfachen Wortsinn eine neue Insel. Das Völkerrecht kann nicht wollen, dass die Auswanderer neben allen Unwägbarkeiten auch noch das Risiko eingehen, von einem Seewegelagerer versklavt zu werden, der sein Recht des Entdeckers anmeldet. Tauchten nicht die meisten neuen Inseln menschenleer aus dem Meer auf, müsste die völkerrechtliche Terminologie besser verdeutlichen, dass, wie von Griepenkerl 1624 postuliert, nur eine Insel, die «Niemandssache» ist, im juristischen Sinne entdeckt werden kann. Der donaldistische Kartograph braucht nicht nur Bleistift, Zirkel und Geodreieck, sondern auch Ockhams Rasiermesser. Das dem franziskanischen Philosophen Wilhelm von Ockham zugeschriebene Gesetz der Sparsamkeit in der Hypothesenbildung lässt sich in unserem Zusammenhang wie folgt konkretisieren: Insulae non sunt multiplicandae praeter necessitatem – man sollte die Zahl der Inseln nicht ohne zwingende Anhaltspunkte vermehren.

KAPITEL 7

Nach dem großen Knall: Die Heimkehr des verlorenen Bruders

Ernst Horst berief sich auf Wilhelm von Ockham, den 1347 in München verstorbenen Hoftheologen Kaiser Ludwigs des Bayern, als er 1982 auf dem Bochumer Kongress der Donaldisten eine Theorie zur Lage Entenhausens vorstellte, mit der er die bis dahin im Donaldismus herrschende Zwei-Welten-Lehre des Hans von Storch angriff. Je einfacher, desto besser: In dieser kongenial knappen deutschen Fassung zitierte Horst die *lex parsimoniae* Ockhams. Storch hatte 1977 die Existenz eines unbekannten und doch nur zu gut bekannten Sterns, einer zweiten Erde, postuliert. Wegen der verwandten These, es gebe unendlich viele bewohnte Planeten, war Giordano Bruno 377 Jahre vorher verbrannt worden. Horst knipste 1982 den neuen Stern wieder aus. Er hielt sich an den älteren Ketzer und reduzierte nach Ockhams Logik die Weltenzahl auf das ihm notwendig erscheinende Maß. Zu viele Koinzidenzen muss Storch annehmen, als dass Horst glauben will, dass die beiden Universen wirklich zwei Welten sind, die nebeneinanderher existieren. Wie Franz Gans hatte sich Storch seinen Planeten erträumt – zugleich aber jeden Versuch für aussichtslos erklärt, die Existenz des Traumsterns durch Raumfahrt zu verifizieren. Horsts Gegentheorie lokalisiert Entenhausen auf demselben Planeten wie München, Großhansdorf und Schwarzenbach an der Saale, aber in der Zukunft. Nebenbei erklärt sie das hohe Aufkommen deutscher Ortsnamen in der Umgebung der Stadt ohne die Annahme der Verpflanzung ganzer Städte und Gebirgszüge.

Den Titel für seinen Vortrag entnahm Horst der «Micky Maus». Bis 1976 enthielt das Heft zur Besänftigung von Eltern, die Comics für törichtes Zeug hielten, einen pädagogisch wertvollen Textteil mit Reiseberichten des Chefreporters Flix und der Rubrik «Die gute Tat», in der Leser darüber berichteten, wie sie einem Bäcker bei der Entladung eines Lieferwagens zur Hand gegangen waren oder einem älteren Herrn beim Überqueren einer Brücke geholfen hatten. 1958 erschien dort der Vorabdruck des Buches zu dem Disney-Film mit dem putzigsten aller Titelhelden: «Unser Freund, das Atom» von Professor Heinz Haber. Horst geht aus von der Beobachtung, dass der Umgang der Entenhausener mit Radioaktivität auf uns leichtfertig wirken muss. Ein Röntgendiagnostiker durchleuchtet einen Sack Bonbons – und den Besitzer der Bonbons gleich mit. Ein Vertreter verkauft Geschäftsleuten eine Spezialtinte, die ein radioaktives Spurenelement enthält. Es wirkt direkt auf das sogenannte Gewissenszentrum im Großhirn, so dass säumige Schuldner zum Zahlen gezwungen werden können. Im Campingurlaub befestigt Donald Duck Urانknöpfe an den Mützen seiner Neffen, um sie mittels eines Geigerzählers orten zu können. Offensichtlich sind die Bewohner Entenhausens relativ unempfindlich gegenüber ionisierender Strahlung. Andererseits muss ihre Umwelt hochgradig radioaktiv verseucht sein. Denn als Tick, Trick und Track versuchen, sich der Weihnachtswäsche zu entziehen, nimmt ihr Onkel wieder mit dem Geigerzähler ihre Spur auf, einem zweiten, weniger handlichen, leistungsstärkeren Gerät, obwohl sie diesmal keine Uranknöpfe an der Kleidung haben. Der Schmutz, den die Neffen vom Rodelhügel ins Haus geschleppt haben, bringt das Zählrohr zum Ticken.

Horsts Erklärung für den zweiteiligen Befund der Resistenz bei starker Kontamination: Entenhausen ist nach dem Atomknall entstanden. Die Zweibeiner mit Hundeohren und die Enten mit Zähnen hinten im Schnabel sind durch Mutation aus den uns vertrauten Arten hervorgegangen. Die Vermutung des physikalischen Laien Gustav Gans, wenn Stürme immer häufiger würden, komme das «alles von den Atombomben», reflektiert das Allgemeinwissen der Entenhausener über die Urkatastrophe ihrer Geschichte. Der Feuersturm ließ die allermeisten Wässer der Erde austrocknen. Berge wurden in die Luft gejagt, Täler füllten sich. Als das Wasser wieder floss, hatte der Colorado seinen Lauf geändert.

Zu atomarer Abrüstung hat der Weltenbrand allerdings nicht geführt. Das Gegenteil ist der Fall, wie Andreas Platthaus bemerkt hat: Wo wir bis heute im Alphabet der nuklearen Höherrüstung nicht über die H-Bombe hinausgekommen sind, verfügt der Entenhausener Geheimdienst schon über die Pläne der Q-Bombe. Wenn man erwartet, dass Europa auch das Hauptschlachtfeld des Dritten Weltkriegs sein wird, löst sich zwanglos das Rätsel der deutschen Ortsnamen in der Umgebung von Entenhausen: Nicht die Orte sind nach Amerika verpflanzt worden, sondern nur die Namen, nachdem Europa unbewohnbar geworden war.

Als Horst in Bochum seine Theorie der

wissenschaftlichen Öffentlichkeit vorstellte, befand sich die Friedensbewegung in der Bundesrepublik auf dem Höhepunkt ihrer Wirkung. Damals war vorstellbar, dass mit dem Atomkrieg die Verwandlung unserer Zivilisation in die Welt von Entenhausen unmittelbar bevorstand. Die von Carl Barks und Erika Fuchs überlieferten Begebenheiten spielen sich in der zweiten Hälfte des zwanzigsten Jahrhunderts ab. 1982 konnte Horst gerade noch damit rechnen, dass in Entenhausen unsere Zeitrechnung weiterlaufen würde. Am Abend der Fernsehübertragung der aus der himmlischen Magellanstraße hinabgefunkten Bilder der Erde aktualisierte einer von Donald Ducks Neffen die klassische Formulierung des Hochgefühls der Neuzeitgenossenschaft aus dem Weihnachtsbrief Ulrichs von Hutten an Willibald Pirckheimer von 1518. «O Jahrhundert! O Wissenschaften», hatte der dreißigjährige Hutten schriftlich ausgerufen: «Es ist eine Lust zu leben!» In Entenhausen sind es fast ein halbes Jahrtausend später die Naturwissenschaften, die im Duckschen Wohnzimmer den Grund dafür liefern, den «schönen Triumphruf» (David Friedrich Strauß) des ritterlichen Humanisten zu erneuern: «Es ist eine Lust, im zwanzigsten Jahrhundert zu leben.» Allerdings müsste sich die jüngste und umfassendste Renaissance geradezu unheimlich schnell vollzogen haben, wenn dieser Ausspruch wirklich höchstens siebzehn Jahre nach der atomaren Zerstörung der geschichtlichen Welt getan worden sein sollte. Das von Dagobert Duck gerne variierte Schiller-Zitat, schnell fertig sei die Jugend mit dem Wort, könnte da nicht alles erklären.

Das zwanzigste Jahrhundert ist ohne großen Knall zu Ende gegangen, und seitdem steht fest, dass die Geschichte Entenhausens unter der Voraussetzung der Gültigkeit von Horsts Theorie frühestens im einundzwanzigsten Jahrhundert unserer Zeit beginnen wird – und dass die Entenhausener eine neue Zeitrechnung einführen werden. Horst hat eine Erklärung dafür, dass Dagobert Duck am Goldrausch von Klondyke teilnehmen konnte, ohne dass er eine Spur in der reichen Erinnerungsliteratur der großen Stampede hinterlassen hätte. «Ganz einfach: Eine russische Wasserstoffbombe legt die tieferen goldführenden Schichten in Klondyke frei, und es kommt zu einem zweiten Goldrausch am gleichen Ort.» Es muss aber noch viel mehr solcher Wiederholungen welthistorischer Ereignisse gegeben haben, als Horst zunächst erkennen wollte. Das ergibt sich aus Zwangsläufigkeiten der Chronologie. Laut dem von Dagobert Duck studierten Buch «De efficiendo auro» («Von der Kunst des Goldmachens») kam der Stein der Weisen mit einem heimkehrenden Kreuzritter ins Abendland, der im Jahre 1229 auf Schloss Schwanenfels im Schwäbischen Quartier nahm. Nach Christi Geburt oder nach postatomarer Zeitrechnung? Zunächst wird man zu vermuten geneigt sein, dass der Ritter als Gefolgsmann Kaiser Friedrichs II. am fünften Kreuzzug unserer Geschichtsbücher teilgenommen hatte. Aber Horsts Klondyke-Szenario lässt sich durchaus übertragen. Bombenschäden, wie sie an einem Ort Anreize für eine neue Goldsucherinvasion schaffen, können anderswo Rechtfertigungen für eine neue Generation bewaffneter Wallfahrer liefern. Die Gefahr der atomaren Zerstörung Jerusalems müsste den ursprünglichen Grund der Kreuzzüge, die Sorge um den Zustand des Heiligen Grabes, sofort wieder auf die Tagesordnung der Weltpolitik setzen und vor allem in Amerika jene apokalyptischen Spekulationen anheizen, für die sich auch Friedrich II. interessierte.

Als Dagobert Duck die Suche nach dem Stein der Weisen aufnahm, wusste er aus dem Itinerar des Kreuzritters, «wo dieser Stein vor 747 Jahren war». In diesem Zeitraum von 747 Jahren ist aber nicht genug Platz für die gesamte Weltgeschichte vom letzten Stauferkaiser bis zum atomaren Weltkrieg plus die Geschichte des Wiederaufbaus bis zum zwanzigsten Jahrhundert einer neuen Zeitrechnung, selbst wenn als Nullpunkt des neuen Kalenders nicht der große Krieg, sondern ein Datum aus der Vorgeschichte gewählt worden sein sollte. Dann aber ist unter Horsts Prämissen der Schluss unabweisbar, dass zwischen dem Atomkrieg oder der genauso gut denkbaren Unfallkette in den Atomkraftwerken der Welt und Dagobert Ducks Reise nach Schwaben, Italien und Kreta mindestens 747 Jahre gelegen haben – wahrscheinlich aber noch sehr viel längere Zeiten.

Entenhausen wurde nicht an einem Tag erbaut; es dauerte Jahrtausende, bis die Kulturhöhe unserer Zeit wieder erreicht war und Dirk von Petersdorff, der Dichter der besonnten Inventur («Ich will loben, gut sehen, schön machen, / raffe auf die Jalousie: / Pflaumenlicht, und schon, ihr Sachen, / fließt Lob-Energie.»), in Kritzler, dem Ekphrasten von Klotzigs Schaufenstern («Zum Sehen geboren, zum Shoppen bestellt»), seinen Nachfolger gefunden hatte. Wie Storch muss also auch Horst eine weitgehende Duplizität der welthistorischen Ereignisse annehmen. Er kann aber den Verdacht der Unwahrscheinlichkeit dieser Wiederkehr des Gleichen zerstreuen: Die Nachahmung war Absicht, Selbstheilungsmittel eines Menschengeschlechts der Gezeichneten, die sich beim Blick in den zerbrochenen Spiegel kaum noch wiedererkannten. Wer die Katastrophe überlebt hatte, mochte wünschen, dass sich die Geschichte noch einmal so entrollte, wie sie bei den Historikern zu lesen stand.

In den neunziger Jahren des zwanzigsten Jahrhunderts erregte der Privatgelehrte Heribert Illig mit der These Aufsehen, Karl den Großen habe es nicht gegeben, die gesamte Karolingerzeit sei die Erfindung eines Netzwerks klösterlicher Urkundenfälscherwerkstätten. In der Popularität solcher Konstruktionen kommen nationalistische und rationalistische Vorurteile gegenüber der römischen Kirche zusammen: Die Epoche des universalen Papst- und Kaisertums gilt als die Zeit von Leichtgläubigkeit, Gewalt und List, in der Dunkelmänner die Aufklärung hinausgezögert hätten. Spuren dieses volkstümlichen Bildes vom finsteren Mittelalter finden wir auch in Entenhausen, wenn Donald Duck das Schanghaien, eine entgegen seiner Auffassung in der Seefahrt durchaus noch übliche Rekrutierungsmethode, geradezu mittelalterlich nennt und die von seinem Onkel gründlich studierte Literatur über das Goldmachen mit der Bemerkung abtut, er wisse schon, dass man im Mittelalter an solchen Hokuspokus geglaubt habe. Aus donaldistischer Sicht spricht sehr viel dafür, dass Karl der Große sogar zweimal gelebt hat – beziehungsweise, dass es zwei Frankenkönige aus der Familie der Karolinger mit dem Namen Karl gab, die sich im Jahr 800 ihrer Zeitrechnung zum Kaiser krönen ließen. Der eine traf 806 auf der Reichsversammlung von Diedenhofen Anordnungen für die Aufteilung seines Reiches unter seine Söhne, der andere ließ 807 ein Gesetz über Landnahmen jenseits des Meeres erlassen – vielleicht, um nach den schlechten Erfahrungen mit dem Reichsteilungsprinzip den Ehrgeiz nachgeborener Prinzen nach Übersee umzuleiten.

In der Frankfurter Allgemeinen Zeitung präsentierte Ernst Horst 2007 ein kunsthistorisches Beispiel für dieses Lernen der gebrannten Kindeskinder: das Entenhausener Münster. Diese Kathedrale im gotischen Stil erhebt sich auf einer großen Freifläche in der Stadtmitte, nicht weit vom Bankenviertel und vom Klubhaus des Fähnleins Fieselschweif. Die Entenhausener erzählen Touristen, dass dieses Wahrzeichen ihrer Stadt so groß wie der Wiener Stephansdom ist, dessen Dachfirst die Höhe von immerhin 37,85 Metern erreicht. Flaneure mögen sich in der Stadt, in der niemand lieber etwas Kleineres sein möchte, vor allem für das Volumen des Baus begeistern. Horst erkannte, dass die Form des Münsters einem anderen Vorbild folgt: In der Seitenansicht gleicht es «wie ein Zwilling (oder Drilling)» der Krönungskathedrale von Reims, deren Grundstein 1211 gelegt wurde. «Verblüffenderweise sind aber die ursprünglich geplanten sieben spitzen Turmhelme, die in Reims aus Geldmangel nie errichtet wurden, alle ausgeführt. Schon das beweist, dass Entenhausen in der Zukunft liegt.» Für die verbesserte Replik, vermutet Horst, sind vielleicht auch Originalteile aus den Ruinen von Europa verwendet worden. Dass der Entenhausener Dombaumeister Reims besucht hat, hält Horst für unwahrscheinlich. Als Vorlage für sein Werk habe er nämlich nur eine einzige Zeichnung von Eugène Viollet-le-Duc aus dem Jahr 1859 benötigt und verwendet. Andere Teile der Entenhausener Kathedrale glichen der von Reims überhaupt nicht. Sollte Horst unterschätzt haben, dass die Arbeit in Dombauhütten anderen Rhythmen folgt als in Brigaden, die den staatlichen Befehl «Wir bauen uns ein Atomkraftwerk» auszuführen haben?

Der katholische Fundamentaltheologe Christian Wessely aus Graz hielt 2013 auf dem Basler Kongress einen Vortrag über die Baugeschichte des Münsters, der ganz ohne die hypothetische Figur eines Erwin von Entenhausen auskam. Wessely suchte am Strebewerk nicht die Signatur eines einzelnen Meisters, sondern die Fingerabdrücke unzähliger Bauhandwerker, die im Laufe der Jahrhunderte hier weitergebaut, angebaut, umgebaut und abgebaut haben. Im Schatten der Basler Münstertürme wies Wessely dem Entenhausener Kirchenbaudenkmal seinen Platz in der Geschichte jener frommen Brüder an, die überall in der Christenheit unter dem einen oder anderen Dach zusammenkamen und dieses Dach dann ausbesserten und ausbauten, um den Segen des Gebets über die Zeit zu retten, vielleicht sogar bis in eine Zeit, in der nicht mehr gebetet wird.

So wollte Willibald Sauerländer mit seiner Rede zur Achthundert-Jahr-Feier der Kathedrale von Reims «an jenes erloschene kultische Brauchtum erinnern, das dieses Kircheninnere einst mit Leben erfüllte». Im Entenhausener Münster werden keine Messen mehr gelesen. Die Türflügel sind ausgehängt und entfernt worden: Während das Entenhausener Militär nur einmal im Jahr, nämlich zu Weihnachten, am Tag der Friedensverkündung der Engel, einen Tag der offenen Tür abhält, stehen die Münsterportale das ganze Jahr über offen. Angesichts der Wetterverhältnisse ist ausgeschlossen, dass im Winter Gottesdienste im Münster abgehalten werden. Wessely, der selbst Diakon ist, stellte einen «eklatanten Mangel an Sakralpersonal in Entenhausen» fest.

Am eklatantesten ist der Mangel natürlich in der großen Kirche, die einst, wie ihr Name sagt, mit einem Kloster, einem *monasterium*, verbunden war. In den Seitenschiffen steht nirgendwo ein Beichtstuhl, in dem ein Priester auf die alte Frau wartet, die bekennen möchte, dass sie gegen den Lärm ihres Nachbarn von gegenüber zu laut protestiert hat. Das Mittelschiff ist zu beiden Seiten des Mittelgangs mit langen Bankreihen gefüllt. Insofern gleicht das Münster noch nicht vollkommen jenen «stummen, entleerten Räumen», in denen, wie Sauerländer in einer kritischen Wendung gegen die Ästhetisierung der profan gewordenen Sakralbauten notiert, «nachreligiöse Betrachter den Schauer des Erhabenen erleben». Wessely vermutet, dass die Bänke für Besucher von Orgelkonzerten aufgestellt worden sind, obwohl ein reisender Organist wie Hans Maier sich wohl höchstens aus historischem Interesse an den Spieltisch setzen würde, der gerade einmal zwei Manuale bietet. Die dicken Kissen, die in den Seitenschiffen aufgestapelt liegen, beweisen, dass hier tatsächlich für ein kulturbürgerliches Publikum Vorsorge getroffen wird.

Gibt es überhaupt noch Christen in Entenhausen? Der Religionssoziologe muss darauf achten, dass er die Privatisierung der Religion nicht mit einem Verschwinden des Christentums verwechselt. Es gibt Anzeichen dafür, dass das Proletariat nicht die gottlose Schicht altsozialdemokratischer Hoffnungen und konservativer Ängste ist. Kinder aus der Fabrikvorstadt, die am Schneemannwettbewerb des Bürgermeisters teilnehmen wollen, beten um Neuschnee. Nicht alle traditionell dem ordinierten Personal vorbehaltenen Dienstleistungen wurden abgeschafft. Daisy Duck hat eine Patentante, ist also vermutlich getauft. Der Lettner, der prächtige Kirchenraumteiler, der den Chor abtrennt, macht noch für den heutigen Besucher die besondere Stellung der Kleriker sinnfällig, die hinter der Schranke zum Gesang zusammentraten.

Umso gewichtiger ist Wesselys Beobachtung, dass der Altar vor dem Lettner aufgestellt ist, so dass der Priester, der dort die Messe feiert, der Gemeinde im Mittelschiff zugewandt ist. Sollte das heißen, dass das Münster erst nach 1965 errichtet worden ist, dem Jahr des Inkrafttretens der Liturgiereform des Zweiten Vatikanischen Konzils? Man mag einwenden, dass in den meisten alten Kirchen der Hauptaltar heute dort steht, wo im Bauplan kein Altar vorgesehen war. Aber da das Münster ja gar keinen liturgischen Zwecken mehr dient, sondern als Denkmal konserviert wird, darf man annehmen, dass eine etwaige Anpassung an die Erfordernisse der reformierten Messe zugunsten der Wiederherstellung des historischen Zustands rückgängig gemacht worden wäre. Daraus folgt, dass das Münster entweder tatsächlich ein sehr junges Bauwerk ist, ein Produkt des Kirchenbaubooms nach dem Zweiten Weltkrieg, oder aber dass in der Kirche, die hier ihre Gottesdienste feierte, die alte Messe, die der Schriftsteller Martin Mosebach restauriert sehen möchte, nie die verbindliche Form war.

Wir lernen das Gebäude kennen, während Dagobert Duck und seine Neffen das Münstermännchen jagen. Dieses vermeintliche Gespenst erweist sich als schwarz vermummter Geldsammler, der aus dem großen Brunnen, der sich im Kircheninneren in der Nähe des Südportals erhebt, die Münzen stiehlt, die dort hineingeworfen werden, um fromme Wünsche in Erfüllung gehen zu lassen. Die Münsterbesichtigung auf die schnelle Tour führt uns auch an Orte, die Touristen verschlossen bleiben, vom unterirdischen Labyrinth über den Wandelgang, der das Dach umgibt, bis hinauf zur drehbaren Spitze des Vierungsturms. Dieser Turm über dem Kreuzungspunkt von Haupt- und Querschiff wird von Wessely auf eine Höhe von 144 Metern geschätzt. Er wäre damit sogar acht Meter höher als der Südturm des Stephansdoms und nur neun Meter niedriger als die Türme

des Hohen Doms zu Köln: mit seinem spitzen Helm eine Nadelzinne der triumphierenden Kirche, die aber auch der militärischen und ebenso der wissenschaftlichen Aufklärung diente.

Die Spitze lässt sich öffnen; von der drehbaren Plattform aus konnte der Sternenhimmel studiert werden. Bis heute hat sich gerade bei Entenhausenern in Führungspositionen, die fortwährend Entscheidungen zu treffen haben und daher an der Zurückdrängung des Zufalls interessiert sind, ein gelehrter Glaube an die Macht der Sterne erhalten, in dem Astronomie und Astrologie noch nicht getrennt sind. In Dagobert Ducks Geldspeicher hängt im Zimmer mit der Geldbadewanne für die kleine Wäsche zwischendurch sein persönliches Horoskop an der Wand, ausgestellt für Ort, Tag und Stunde seiner Geburt. Außerdem konsultiert der Bankier täglich das Horoskop im Entenhausener Amtsblatt. Auf Auslandsreisen führt er ein Büchlein mit astrologischen Tabellen mit sich, dem er entnehmen kann, zu welcher Tageszeit an einem gegebenen Ort beispielsweise der Mars und der Saturn aufgehen werden – denn wenn die Bahnen dieser beiden Planeten sich kreuzen, ist das ungünstig für Leute, die acht Buchstaben in ihrem Vornamen haben.

In Basel lehnte Wessely den Vorschlag ab, den Baustil des Münsters als neugotisch zu klassifizieren. Er verwies auf den Figurenschmuck, der auch in Nischen hoch über dem Erdboden detailreich ausgeführt wurde, wo er für die Gemeinde unsichtbar ist. Die Bauherren neugotischer Monsterkirchen wie Kaiser Franz Joseph, der Stifter der Wiener Votivkirche, hätten solche Dekorationsprogramme für das Auge Gottes eingespart. Wo ein mittelalterlicher Bischof im Vertrauen auf die Gebetsgemeinschaft der Mitbrüder zuerst den Grundstein gelegt und dann den eigenen Grabstein in den Kirchenfußboden eingelassen habe, sei ein moderner Auftraggeber hauptsächlich daran interessiert, das Bauwerk zu seinen Lebzeiten vollendet zu sehen. Genau dieses Geistes Kind ist der geheime Hausherr des Münsters. Das Münstermännchen hat die Wunschgroschen aus dem Brunnen an sich genommen, um in einem der geheimen Gewölbe im Untergeschoss das Münster aus Münzen nachzubauen. Als der passionierte Bastler sich eingestehen musste, dass für seine Lebensplanung nicht genug Münzen im Brunnenwasser landeten, stahl er die Flöte Dagobert Ducks. Er hatte aufgeschnappt, dass die Panzertür des Geldspeichers durch einen individuellen akustischen Code gesichert war: Der Bankier spielte auf diesem Instrument das Lied «Gold und Silber lieb ich sehr», um die Tür zu öffnen. Duck erkannte das melancholische Motiv des Diebes und hörte milde lächelnd zu, als das Münstermännchen unter Tränen gestand: «Ja, ein Lebenswerk unvollendet zurückzulassen, das ist traurig.» So gibt es in Entenhausen also doch ein neugotisches Münster – unten im Münster. Duck sicherte die Fertigstellung zu, nachdem der Künstler sein Inkognito gelüftet hatte.

Für das bloße Auge des Betrachters auf dem Erdboden immerhin zu ahnen ist der monumentale Figurenschmuck an den Außenwänden der Türme. In einem der Zacken des Kronreifs um den Vierungsturmhelm macht man einen König mit Schwert, Schild und Schnabel aus. Ob hier ein biblischer oder ein christlicher König dargestellt ist, mag, wie Sauerländer über die Galerie der Reimser Königsstatuen bemerkt, «in einem tieferen Sinne belanglos» sein. Für das Entenhausener Geschichtsbild ist die Frage indes von höchstem Belang, ob sich die Erbauer des Münsters in eine Tradition des christlichen Königtums und das heißt: in eine europäische Tradition gestellt haben. Ein Deckengemälde zeigt einen Ritter im Kampf mit einem Drachen, wahrscheinlich den heiligen Georg. Sollte die Kirche dem Nationalpatron der Engländer geweiht sein, ist sie das Denkmal der Verbundenheit Entenhausens mit dem Heimatland der Pilgeronkel? Dann müsste man im König des Vierungsturms Eduard den Bekenner (gestorben 1066) vermuten, den einzigen von einem Papst heiliggesprochenen englischen Monarchen. Karl I. (hingerichtet 1649) wird zwar von der anglikanischen Kirche als Heiliger verehrt, aber die Statue ist völlig bartlos, und der Bildhauer hätte sich zweifellos an van Dycks Porträts orientiert.

In der Ritterzeit, als Mannesehre noch etwas galt, gaben auch Herren in Ganzkörperkampfanzügen ihren Namen und ihre Art zu erkennen – durch Piktogramme. Die Heraldik sollte uns Auskunft darüber geben, welcher Monarch auf dem Münsterturm Wacht hält. Sein Schild zeigt ein Kreuz mit zwei Querbalken. Dieses Symbol wurde im Zweiten Weltkrieg in der ganzen Welt bekannt als Hoheitszeichen der Freien Französischen Streitkräfte unter dem Oberbefehl von General de Gaulle. Alles spricht dafür, dass der überlebensgroße Schildträger der christlichen Freiheit der Fürst ist, der den fränkischen Stamm auf eine universale Mission verpflichtete und mit dem General mehr als den Vornamen gemein hat: Karl der Große, der seinen Thron in Aachen aufrichtete, der ersten Hauptstadt von Lothringen, dem Reich seines Enkels Lothar. Die Kaiserfigur versinnbildlicht die Herkunft des französischen Königtums, ist sozusagen die Brosche auf dem Kleid der Kathedrale, das nach dem Reimser Strickmuster angefertigt worden ist.

Das Gehäuse ist hochgotisch, aber viele Einzelheiten scheinen aus anderen Zeiten zu stammen: Die unverzierten Schlusssteine des Kreuzrippengewölbes sind aus der Frühgotik übriggeblieben; glatte Säulen und kahle Kapitelle sind Rückgriffe auf eine als antik empfundene Schlichtheit, die in der Renaissance auftreten; die Ausmalung der Gewölbezwickel kennt man eigentlich erst aus dem Barock. Wessely bringt diesen Eklektizismus mit einer Stimmung der katholischen Reform im Frankreich des sechzehnten Jahrhunderts in Verbindung, mit einem historischen Bewusstsein, das in der gemeinsamen Vergangenheit der Religionsparteien den Boden für Kompromisse suchte. Eine in diesem Sinne vermittelnd denkende Klostergemeinschaft musste nach Ausbruch des Bürgerkriegs fürchten, zwischen den konfessionellen Fronten aufgerieben zu werden – und könnte beschlossen haben, ihr irdisches Heil im Exil in der neuen Welt zu suchen. Unter Mitnahme ihrer Klosteranlage. Am Zufluchtsort, unter lernfähigen Puritanern geduldet, baute man dann eine größere Kirche, als man sie in der Heimat je besessen hatte, fast schon das Museum, das nach der Austrocknung der liturgischen Loyalität in der Gegenwart aus ihr geworden ist.

Karl der Große war der Schutzheilige eines exportierten Gallikanismus, eines idealen Frankreich, in dem zwischen Staatstreue und Frömmigkeit kein Widerspruch aufbrechen sollte. Das lothringische Kreuz des Generals wurde entweder nach 1940 auf den Kaiserschild appliziert, als Zeichen der Solidarität Entenhausens mit dem freien Frankreich. Oder aber, wenn das Münster gemäß der Theorie von Ernst Horst ein Bauwerk des zweiten Durchlaufs der Weltgeschichte ist: Schon die zweiten Karolinger im achten Jahrhundert neuer Zeitrechnung wählten das Zeichen des zweiten großen Charles als ihr Wappen. Der Gaullismus der Pfadfinderoffizierin Kraus ist jedenfalls bei genauerer Betrachtung mehr als ein schrulliges Hobby. Dass Fräulein Kraus alle männlichen Verehrer abgewiesen hat, kann Ausdruck einer Entscheidung für die zölibatäre Lebensform sein. Möglicherweise gehört sie einer Laienschwesternschaft an, einem Orden von Ritterinnen des Alltags, der mit dem Münster verbunden ist, dort jedenfalls früher seine Andachten hielt und den Geist der heiligen Könige und seligen Generäle ins moderne Leben trägt.

Als die Ducks durch das Südportal, nicht durch das möglicherweise vermauerte Hauptportal unter der Orgel im Osten, die Kirche betreten, steht dort ein Wächter, der ihnen einiges zu den baulichen Begebenheiten mitteilt, aber den Dienst quittiert, als sich die Legende vom Münstermännchen als wahr erweist. Er trägt eine Uniform militärischen Zuschnitts mit Schulterstücken und Ärmelstreifen sowie einen Helm mit Federbusch. Seit Jahren führt er hier Aufsicht; Wessely vermutet, dass er ein städtischer Bediensteter ist. Er könnte auch ein Kirchenschweizer sein, ein Angestellter der Gemeinde, der mit seiner Amtstracht die kirchliche Hoheit über den Kirchenraum versinnbildlicht und während der Touristenbesuche außerhalb der Gottesdienstzeiten die Atmosphäre einer gewissen alltagsliturgischen Hintergrundfeierlichkeit herstellt. Verglichen mit der Kleidung der Kölner Domschweizer, den tiefroten bodenlangen Mänteln mit schwarzem Samtbesatz, Stulpen und Samtknöpfen und dem schwarzen Barett, sieht der Aufzug des Münsteraufsehers zwar dezidiert weltlich aus. Aber in vielen Kirchen tragen die Kirchenschweizer Uniform.

Am Mainzer Dom wurde in napoleonischer Zeit die Stelle eines Dompolizisten eingerichtet. Seine Uniform imitiert französische Vorbilder und besteht aus einem schwarzen Zweispitz und einem Frack mit roter Schärpe. Eine Gemeinsamkeit mit Entenhausen ist der Federschmuck; allerdings wird der Zweispitz nur an hohen Festtagen mit Straußenfedern dekoriert. Als Paradewaffe trägt der Mainzer Domschweizer eine Hellebarde, die er bei Gottesdiensten vor dem Altar abstellt. Eine Plakette auf der Schärpe zeigt das Mainzer Rad mit Mitra und Bischofsstab. Auch am Helm des Entenhausener Wachsoldaten befindet sich eine Plakette. Ob sie ein heraldisches Motiv zeigt, ist schwer auszumachen. Es scheint sich aber weder um den heiligen Georg oder die Silhouette des Münsters zu handeln noch um die fette Ente des Stadtwappens – wer der Dienstherr ist, können wir diesem Zeichen nicht ablesen. Früher stand auf dem ovalen Schild der Mainzer Gottesdienstordnungshüter «Police d'oculte». So steht es jedenfalls auf der Internetseite des Domkapitels, aber das ist wohl doch ein Druckfehler für «Police de culte».

Einer echten Polizei des Okkulten scheint hingegen der Entenhausener Aufseher anzugehören. Außer dem Gespenst gibt es noch weitere Geheimnisse des Münsters. Der Wächter wacht über sie, indem er nichts verlauten lässt. Der Ort, an dem er Posten steht, und die Haltung, die er einnimmt, sprechen für Wesselys Vermutung, dass er seine Befehle von der Stadt empfängt. Er steht buchstäblich auf der Schwelle zwischen sakralem Bezirk und profaner Umwelt. Seine stramme Haltung mit angelegten Armen kann man einerseits als Ausdruck der Ehrerbietung lesen. Andererseits würde man Soldaten in genau dieser Stellung vorzufinden erwarten, wenn das Münster unter Bewachung gestellt worden wäre. Der Aufseher heißt die Besucher nicht willkommen, hilft ihnen nicht, sich in die Rhythmen des rituellen Lebens hineinzufinden. Weder reicht er ihnen ein Informationsblatt noch bittet er sie um eine Spende. Er rät Dagobert Duck, nach dem Flötendieb in den sogenannten Katakomben zu suchen. Zwar verwendet er die Namen, die hier seit Jahrhunderten an den Orten haften, aber er setzt sie gleichsam in Anführungszeichen. Er gehört nicht zur Münstergemeinde.

wassers. Den gelehrten Mönchen des an den Rand der puritanischen Erpelstadt versetzten Münsters stand wohl dieses Modell einer Nachfolge in der lokalen Heilsverwaltung vor Augen. Unter dem Hauptschiff schneiden die gemauerten Pfeiler ein Gangsystem, das schon vorher dagewesen sein muss. Der heidnische Kultort wurde überbaut, die spirituelle Tradition konnte weiterfließen.

Christliche Ethnologen haben die Vielfalt indianischer Lebensordnungen unter dem Begriff der Naturreligion subsumiert. Die Verdrängung der Indianer durch die weißen Siedler fiel mit dem Vordringen eines individualistischen Rechtsbegriffs zusammen. Den meisten Stämmen kam es frevelhaft vor, natürliche Ressourcen an Privateigentümer zu verteilen. Einer der zahlreichen Versuche, für den Geldspeicher einen sicheren Ort jenseits der Begehrlichkeiten von Panzerknackern, Spendensammlern und Stadtplanern zu finden, führte Dagobert Duck in den hohen Norden, ins Land der tausend himmelblauen Seen, von denen er dem Entenhausener Grundstücksmakler Heinrich Scharrer jun. hundert Stück abkaufte. Entgegen den Versprechungen des Maklers erwies sich das Gebiet als keineswegs menschenleer. Duck sah sich mit einem indianischen Begriff des treuhänderischen Gemeineigentums konfrontiert, der eine Miteigentümerschaft der Tiere einschloss. Der Weise Rabe, der Häuptling des tapferen Volks der Zwergindianer, verweigerte dem von Duck vorgelegten Papierkram schon deshalb die Anerkennung, weil die Fische

Im Gedächtnis der Christen sind die Katakomben die unterirdischen Begräbnisorte ihrer ältesten römischen Glaubensgenossen. Unter dem Einfluss romantischer Kulturkampfideen malte man sich aus, dass sich die christlichen Familien dort vor ihren Verfolgern versteckten und im Schutz des Geheimnisses Gottesdienst hielten, auch wenn die Eingänge zu den Gewölbetrakten an den Straßen vor der Stadt nicht verborgen waren. Eine Klostergemeinschaft, die über Katakomben die Messe feiert, macht sich auf Schritt und Tritt bewusst, dass die Kirche gezwungen sein kann, in den Untergrund zu gehen. Grabinschriften finden wir an den Wänden der Münsterkatakomben nicht. Das Wort ist wohl von vornherein im erweiterten, gedächtnispolitischen Sinn verwendet worden. Diese Form von Unterkellerung ist ungewöhnlich. Normal ist eine Krypta, eine Unterkirche. Einen Brunnen gibt es auch in der Kathedrale von Chartres. Es wird angenommen, dass der erste Kathedralbau über einem vorchristlichen Quellheiligtum errichtet worden ist. Die nachhaltige Mission begann mit der Christianisierung des Taufder von Duck beanspruchten Gewässer nie einen Verkaufsauftrag hätten unterschreiben können.

Die englischen Kolonisten in Jamestown an der Küste von Virginia wurden 1609, im dritten Winter nach ihrer Ankunft, von einer furchtbaren Hungersnot heimgesucht, weil das Wasser der beiden Brunnen, die sie gegraben hatten, verdorben war und sie sich das Wohlwollen der Indianer verscherzt hatten. Auch in der Mustersiedlung von Emil Erpels Maisbauern bedeutete der Zugang zum Quellwasser im heutigen Münsterareal, wo wohl ein kleiner Nebenfluss der Gumpe entsprang, einen überlebenswichtigen Vorteil in den Beziehungen von Eindringlingen und Einheimischen. Der Bau der Wasserleitung durch David Duck garantierte, dass die Entenhausener dem Schicksal der Einwohner von Jamestown entgingen, die, wie jüngste archäologische Funde gezeigt haben, im Hungerwinter sogar zum Kannibalismus Zuflucht nahmen.

Dagobert Ducks Geldspeicher erhebt sich auf den Grundmauern eines Forts, in das sich die ersten Entenhausener bei Indianerangriffen zurückzogen. Ein gemauerter unterirdischer Gang zum Fluss stellte sicher, dass Nachrichten und Proviant durch die feindlichen Linien gebracht werden konnte. Man wird annehmen, dass die Indianer ihrerseits Tunnel für ihre Kundschafter gruben, die an der heiligen Wasserstelle zusammenliefen. Dagobert Duck ließ sich einmal während einer Seeschlacht mit den Panzerknackern, die ihn mit einem U-Boot angriffen, zu der Aussage hinreißen, Untermenschen im Untergrund pflege er unterirdisch zu erledigen. Das war möglicherweise ein Satz aus dem Keller des Stadtgedächtnisses, der «Krypta», in der laut Jan Assmann traumatische Erinnerungen konserviert werden können, so dass sie nach Jahrhunderten des Schweigens wieder zur Sprache kommen. Als Dagobert Duck von der Stadt den Riesengroßauftrag für den Bau der Kanalisation erhielt, werden seine Arbeiter an vielen Stellen auf Reste jener Gänge gestoßen sein, in denen Siedler und Indianer versucht hatten, einander wechselseitig auszuräuchern oder zu ersäufen.

Der langfristigen technischen Überlegenheit der Neuamerikaner mussten die Alteingesessenen ihre Vertrautheit mit den natürlichen Kraftquellen entgegensetzen. Der Indianerhäuptling Schwarze Nase kennt die Untiefen des großen kanadischen Lachssees so gut, dass er beim jährlichen Angelwettbewerb siebenmal hintereinander den ersten Preis gewonnen hat. Die Mönche werden die Chance genutzt haben, das Quellwasser abzufüllen und seine heilende Kraft zum höheren Ruhme des Klosters zu vermarkten – Münstermann Kulissengeist, mit doppelter Wirkung bei Einnahme unter dem Kirchendach. Dass die kanadischen Drahthaarindianer sich in den dreißiger Jahren des zwanzigsten Jahrhunderts ein Importverbot für Entenhausener Duftwässer auferlegten («Wasser riecht schlecht»), mag ein Akt der Pietät gegenüber ihren ungewaschen in die ewigen Jagdgründe eingegangenen Vettern von der Atlantikküste gewesen sein.

Am auffälligsten an der städtebaulichen Situation des Münsters ist die riesige parkartige Freifläche um die Kirche. Wo sind die Wohn- und Wirtschaftsgebäude des Konvents, Kreuzgang und Kräutergarten, Bibliothek und Klosterschule? Alle diese Anlagen wurden Stein für Stein abgetragen, während der Mönchsgemeinschaft der Nachwuchs ausging. Irgendwann lebten im Kloster nicht mehr genug Priester, um die Gottesdienstpläne einer Großkirche ausfüllen zu können. Diese Auszehrung ist wohl noch in die frühe Neuzeit zu datieren. Der barocke Figurenschmuck des Wünschelbrunnens kommt schon ohne jegliche christliche Symbolik aus. Die marmornen Erpelknaben auf dem steilen Steinberg, der als unbehauenes Stück Natur in den filigran durchgebildeten Kirchenraum hineinragt, haben keine Engelsflügel, verkörpern eine unschuldige Fruchtbarkeit. Mit ihren Krügen schütten sie das Wasser zurück in den Brunnen: Der Wasserkreislauf des Lebens bleibt ungetrübt in seiner Bahn, schwillt nicht zur Erbsündflut an. Auf diesen Felsen würde Jesus seine Kirche nicht bauen, wenn sie nicht schon dastünde.

Damit das Regenwasser nicht in den Brunnen tropft und sich mit dem Quellwasser vermischt, ist das Dach der Kathedrale mit einem Netz von Wasserspeiern überzogen. Diese Figuren dienen dem Gebäudeschutz auf zweierlei Weise, gemäß den physikalischen wie den metaphysischen Gesetzen. Sie leiten schmutziges Wasser ab und halten böse Geister fern. Der apotropäische Zweck wird durch die phantastische Gestaltung erreicht. Die Bildhauer haben freie Hand, die Hauptsache ist, dass die Gesichter grimmig wirken, so grausig-gruslig, dass niemand den Anblick aushalten kann. Den Kobolden, die alle Übel der Welt aushecken, wird ihre eigene Fratze vorgehalten – ganz wörtlich. Ergebnis? Jeder Dämon im Anflug auf das Münsterdach hält an und sagt sich: Das soll ich sein! Und macht kehrt. Wessely ist aufgefallen, dass einige dieser Idol-Irritatoren, wie man die Wasserspeier mit einem von Daniel Düsentrieb geprägten Fachausdruck nennen kann, nach innen blicken, in den Kirchenraum. Wem gilt aber dann der Abwehrzauber? Nach Wesselys Vermutung sollen sicherheitshalber die früheren Platzhirsche eingeschüchtert werden, die heidnischen Götter. Doch das verträgt sich schlecht mit dem Weiterbetrieb der Quellwasserheilanstalt. Wahrscheinlicher ist, dass die Figuren umgedreht wurden, nachdem die staatlichen Autoritäten von der leeren Kirche Besitz ergriffen hatten.

Als der Wachmann in panischer Flucht seinen Posten räumt, lässt er einen pikanten Informationsbrocken fallen: Jahrelang hat er über die Geschichten vom Münstermännchen gelacht. Das überrascht. Sollte die oberste seiner Dienstpflichten nicht die absolute Zurückhaltung sein? Er hatte wohl Order, sich als menschlicher Wasserspeier zu gebärden. Wie die Greifen des Wandelgangs hinter den Triforiumssäulen sich am Anblick des verwaisten Opferraums ergötzen, so dass man bei starkem Wind zu hören meint, wie sie ein dämonisches Gelächter ausstoßen, so schneidet der Wachmann höhnische Grimassen, wenn ihn jemand fragt, wie man sich beim Münsterbesuch gegen einen Überfall des Münstermännchens wappnen kann. Die Ridikülisierung ist der Exorzismus der radikalen Aufklärung.

Für den Erfolg dieser drastischen Volkspädagogik wenigstens bei den Gebildeten sprechen Aussagen Dagobert Ducks, den wir doch bei anderer Gelegenheit als Adepten der Astrologie kennengelernt haben. Beim Betreten des Münsters erklärt Duck apodiktisch: «In Kirchen gehen keine Gespenster um! Das wär' ja noch schöner.» Und nachdem das Münstermännchen sich den Scherz erlaubt hat, die an einem Faden in den Brunnen hinabgelassene Flöte durch einen Fisch zu ersetzen, bekräftigt der Bankier seine Überzeugung in Form eines Glaubensbekenntnisses: «Ich glaube jedenfalls nicht, dass sich Gespenster in einer Kirche halten können.» Ja, lehrt die Kirche denn nicht die Unsterblichkeit der Seele und die Existenz des Fegefeuers, wo den Verstorbenen durch Gebete der Lebenden geholfen werden kann? Kinder, die am Rosenmontag und in der Walpurgisnacht durch Klingelterror Konfektspenden erpressen, stehen für die Toten ein, die Wegzehrung brauchen. Hat der Traum der mittelalterlichen Schulweisheit nicht Ungeheuer geboren, indem der Raum zwischen Himmel und Erde mit Legionen guter und böser Geister bevölkert wurde, die um die Seelen kämpfen? Muss man also nicht vermuten, dass Gespenster in einer rundum aufgeklärten Gesellschaft ihre Nischen nur noch in verstaubten Kirchenräumen finden?

Duck glaubt aber, dass das Ambiente einer Kirche den Überlebenschancen von Gespenstern besonders ungünstig ist. Und damit sagt er, hört man genau hin, nicht, dass eine laizistische Schockpädagogik ihre desinfizierende Wirkung getan hat. Eher wird der Kirche als Verdienst zugerechnet, dass der Aberglaube von der leibhaftigen Wiederkehr der Toten, von den Forderungen, die sie an die Lebenden stellen, überwunden ist. So erscheint die Kirche selbst als Institut der Aufklärung, was dem Selbstverständnis jener Mönche entspricht, die sich mit ihrem Münster freiwillig in einer protestantischen Stadtgemeinde ansiedelten und vielleicht schon damit rechneten, dass sich die hellsten ihrer Schüler irgendwann bürgerliche Berufe suchen würden. Die Lehre von der exklusiven Zuständigkeit des geweihten Klerus für alle heilswirksamen Verrichtungen verfiel einer Kritik, die Argumente der Tradition vorbringen konnte. So wendete die Neuausrichtung der Wasserspeier Instrumente der Verkündigung gegen die Vergötzung des Priestertums.

miliengeheimnis. In den Katakomben des Münsters verbarg sich einer der beiden verschollenen Drillingsbrüder von Dagobert Duck. Der Felddiensthund Spürobold nimmt Donalds Anspielung auf die Identität seines wiedergefundenen Onkels mit dem wissenden Lächeln professioneller Genugtuung auf: Er hatte bei der Verfolgungsjagd gerochen, dass der Dieb und der Bankier dieselbe DNA haben.

Weiterhin im Dunkeln liegt nach all diesen strahlenden Siegen der Aufklärung das Geheimnis des Münstermännchens. Wie entstand die Legende vom Gespenst, und in welchem Verhältnis steht sie zu der von uns nachgezeichneten Politik der Säkularisierung? Nutzte der von den Ducks enttarnte Phantomschweizer einen hartnäckigen Aberglauben aus, oder ist er der Sachwalter einer verborgenen Tradition? Als das Münstermännchen die Kapuze abnimmt, ergeht es Dagobert Duck wie dem Dämon vor dem Wasserspeier: Er blickt in sein Spiegelbild. Der Erbauer des Münzmünsters ist ein Doppelgänger des reichsten Mannes der Welt.

Nach dem ersten Schreck über diesen Überblendungseffekt wie aus dem Parasol-Filmklassiker «Das Kabinett des Dr. Quakelbein» bemerkt Donald Duck unter dem Gelächter von Tick, Trick und Track: «Wer so gern mit Geld spielt, der muss ja doch wohl so ähnlich aussehen wie unser Onkel Dagobert.» Mit einem verschwörerischen Augenzwinkern gibt Donald seinen Neffen zu verstehen, dass er sieht, was sie sehen: Das Geheimnis des Domgespensts ist ein Fa-

In einer Grotte nahe der Insel Minidad in der Karibik liegt seit dem Untergang der Merry Mary, eines englischen Kriegsschiffs aus der Flotte von Sir Francis Drake, eine Kiste voll mit spanischen Goldmünzen. Ein alter Mann in eiserner Rüstung bewacht die Kiste und wartet darauf, dass der Admiral zurückkehrt und den Goldschatz für die Königin von England an sich nimmt. Er kann lange warten: Königin Elisabeth selbst erteilte den Geheimbefehl zur Versenkung des nach ihrer Cousine und präsumtiven Erbin Maria Stuart benannten Schiffes, um ihren abergläubischen Untertanen zu demonstrieren, dass ihre Rivalin unter einem Unstern geboren worden war. Als der erste Wächter spürte, dass seine Kräfte nachließen, nahm er auf der Insel einen Knaben gefangen, den er als seinen Nachfolger anlernte. Das hat sich seither alle fünfzig Jahre wiederholt; die Entführung findet in der sogenannten Nacht der Niedertracht statt, am 13. Juni. Nach einem ähnlichen Muster wird man sich die wiederholte Rekrutierung des Koadjutors mit dem Recht der Nachfolge im Amt des Münstermännchens vorstellen.

Zu einem unbekannten Zeitpunkt verließ Dexter oder Duncan Duck seine schottische Heimat, um seinen Bruder wiederzusehen, der sich nach Weltwanderjahren zwischen Argentinien, Malaya und Pompadour in Entenhausen niedergelassen hatte. Er kündigte dem Bruder den Besuch nicht an und sprach auch nicht sofort bei ihm vor, da er ihm sonst den Taler hätte zurückzahlen müssen, um den er ihn dreißig Jahre vorher angepumpt hatte, und das mit Zins und Zinseszins – bei riskanten Geschäften nahm Dagobert 50 Prozent. Das Münster bot ein Dach über dem Kopf, aus den Sitzkissen ließ sich ein bequemes Lager basteln. Mitten in der Nacht wurde der Kirchenasylant geweckt. Vor ihm stand ein von Kopf bis Fuß vermummter Alter, ungefähr so groß wie er. Er bot ihm eine Stellung an, die in den vier Bänden der Eignungstabellen von Professor Popoff nicht vorkommt, eine der ganz wenigen freien Stellen außerhalb des Firmengeflechts von Dagobert Duck, mit gesichertem Einkommen bei freier Zeiteinteilung, die dem Stelleninhaber erlaubte, einer Liebhaberei wie dem Modellbau zu frönen.

Es ist anzunehmen, dass der Verwalter der Wünschelbrunneneinnahmen aus diesem Topf das Nötige für einen standesgemäßen Lebensunterhalt entnehmen durfte. Der Überschuss wurde ohne Absenderangabe wohltätigen Zwecken zugeführt – im Waisenhaus am Müllweg oder in der Suppenküche von Kummersdorf ging mit schöner Regelmäßigkeit eine Postanweisung von einem unbekannten Gönner ein. Eine Tradition der verdeckten Resozialisierung von Gelegenheitsgewinnen ist in Entenhausen belegt: Sebastian Sandig, ein hochrangiger Pfadfinderoffizier mit dem bescheidenen Brotberuf des Nachtwächters, sammelte einige Monate lang den nach einem Erdbeben aus der Deckenritze eines verlassenen Stollens rieselnden Goldstaub, trug das Gold unter Vorspiegelung von Schürferfolgen in der Wüste auf die Bank und sparte für den Bau des neuen Klubhauses der Fieselschweiflinge in der teuren Nachbarschaft des Münsters. Da kein Damenkomitee von Freundinnen feiner Fundraising-Arbeit wie Frau Kürbis den Abfluss der Brunnengelder überwachte, bekam niemand mit, dass im Münsterenterich irgendwann der Familiengeist die Oberhand gewann und die Auszahlungen auf null gebracht wurden. Man hatte einen Duck zum Almosenier und damit den Bock zum Gärtner gemacht.

Warum war im Münster die Pfründe des schwarzen Kassenwarts ursprünglich einmal eingerichtet worden? Die Frage führt uns zurück in die Epoche der Deutungskämpfe um das kirchliche Erbe, die Zeit der Beschlagnahmung des von den letzten Mönchen geräumten Münsters durch die Stadt. Zwei Vorschriften tradiert der Kirchenvolksmund für die Nutzung der Wunderkräfte des Brunnens: Was man hineintaucht, verliert man nicht, und wenn man drei Kupfermünzen hineinwirft, darf man sich etwas wünschen. Was sie hineintauchten, werden die Kirchenbesucher gewöhnlich wirklich nicht verloren haben, weil sie auf die sichere Verwahrung des gesegneten Gegenstandes besonders geachtet haben dürften. Von den mit dem Kupfermünzopfer beglaubigten Herzenswünschen gingen manche in Erfüllung, manche nicht. Dagobert Duck opfert seine drei Münzen vergeblich: Der über dem Brunnenrand ausgesprochene Wunsch, dass der musikalische Zugangscode für den Geldspeicher geheim bleiben möge, erfüllt sich nicht. Duck verliert auch die in den Brunnen hinabgelassene Flöte.

Die Verbindung zwischen dem kupfernen Obulus und der erbetenen Gnade konnte auch der Frömmste nur glauben, nicht sehen. Was man aber immer wieder sah oder doch mit der Hellsicht des begründeten Verdachts ahnte, war eine schwarz behandschuhte Hand, die durch einen Spalt im Mauerwerk griff und Münzen aus dem Wasser fischte. Nach dem Abzug aller Habitträger spielte der schwarze Mann die Rolle des letzten aller Mönche. Jahrhundertelang tragen die Gläubigen ihr Erspartes zum Brunnen, und alles fällt dem Klerus in die Hände. Der Mummenschanz des Münstermännchens ist ein Stück antiklerikales Mysterientheater, die Dramatisierung der polemischen Redefigur der toten Hand, des Arguments, dass die Kirche jede Erbschaft annimmt und nie etwas herausgibt.

Wohin sind die letzten Mitglieder des Münsterkonvents gegangen? Wessely verweist auf eine erstaunlich lebendige Einsiedlertradition in der näheren und weiteren Umgebung Entenhausens. Im Umkreis des Münsters rundet sich in Wesselys versöhnlicher Sicht die Geschichte des abendländischen Klosterwesens: Die ersten Mönche seien Anachoreten gewesen, und die letzten Mönche seien wieder Anachoreten geworden. Charles Hamilton, der per Annonce einen Insassen der Einsiedlerklause seines Landschaftsgartens Painshill Park suchte, hätte wohl besser einen Filzkopfjäger nach Entenhausen geschickt, da der Mann, der sich auf die Anzeige meldete und einen Siebenjahresvertrag unterschrieb, sich schon nach drei Wochen in den Pub absetzte. Laut Vertrag durfte sich der Klausner «unter gar keinen Umständen die Haare, den Bart und die Nägel schneiden». Sie pfeifen auf Pomade, auf Seife, Kamm und Schwamm: Das eint die Einsiedler, mit denen die Entenhausener in Berührung kommen, wobei das Element der Provokation der bürgerlichen Saubermänner, deren hygienische Aufgeklärtheit in eine Heidenangst vor Millionen Bakterien umschlägt, unterschiedlich stark ausgeprägt ist. Mancher Gottesmann pfeift nur nichtöffentlich, allein vor seinem Schöpfer.

In einer alten Hütte in einem Wäldchen gleich hinter der Stadtgrenze wohnt ein begabter Tüftler, der nie vor die Tür geht, was ihm den Ruf eines komischen Heiligen eingetragen hat. Er ist Vegetarier, wie der Spitzname des knickrigen Kohlrabi-Apostels verrät. Obwohl sein gewaltiger schwarzer Bart ausreichen würde, um seine Blöße zu bedecken, trägt er ein wollenes Gewand, wie es auch Hamilton seinem Hungerkünstler vorschrieb. Was Mittel zur Abschirmung seiner Klausur angeht, scheut er die Verwendung industriell gefertigter Materialien nicht. Beeindruckend sind die sportlichen Reserven des Stubenhockers. Man ahnt die Umrisse einer asketischen Praxis, wie sie laut Hartmut Hänsel die Essenz der Weisheit der Wüstenväter ausmachte: «Als Athlet Christi ringt der Mönch seine Leidenschaften nieder und erlangt eine Haltung innerer Klarheit und Lauterkeit, wodurch Offenheit für Gott möglich wird.»

Ein Mann von sanfterer Gemütsart ist der sogenannte Schnee-Einsiedel, der sich in eine Höhle oberhalb des reizenden kleinen Gebirgsdorfs Oberlawinenbrunn zurückgezogen hat. Wer im Örtchen dessen Reize vermarktet, um Spaßtouristen anzuziehen, nennt ihn einen komischen alten Kauz. Ohne Anstoß erregt zu haben, zieht er den Vorwurf antisozialen Verhaltens auf sich. Als der von den Feriengästen eingeschleppte Musikindustrielärm ihm auch jenseits der Schneegrenze jede Möglichkeit der Andacht raubt, packt er noch einmal sein Bündel, um eine höhere Höhle aufzusuchen. Er führt eine eiserne Ration Kartoffeln bei sich und lebt in Gemeinschaft mit der Tierwelt.

Am äußersten Rand der Zivilisation, in einer Höhle über einer Biegung des Kickmiquikflusses, die auf der Landkarte gerade noch verzeichnet ist, haust der Einsiedler, der seine Lebensform ausdrücklich in die Tradition der christlichen Anachorese stellt: Erasmus, der Eremit. Nicht aus Mangel an Gelegenheit (es gibt alleinstehende Damen in der Nachbarschaft, die spirituellen Beistand gebrauchen könnten), sondern aus Überzeugung hält er am Zölibat fest: «Ich habe keine Freundin und will auch keine.» Dem Besucher gegenüber tritt er als Lehrer auf, indem er ihn nach biblischem Brauch mit «mein Sohn» anredet. Das wollene Gewand, an dem Hamiltons Gartenordnung noch festhielt, um das weibliche Publikum nicht zu verschrecken, hat Erasmus abgestreift. Vom Stadium der vollkommenen Bedürfnislosigkeit ist er nur noch einen Schritt entfernt, eine einzige Sache auf der Welt gibt es, der er im Geiste noch nicht entsagt hat. Just diese Sache führen Tick, Trick und Track mit sich; ihr Onkel tauschte sie mit ihnen gegen einen

Musterkoffer mit Kosmetika: eine Dampforgel. Ulkig nennen es die Neffen, dass sie genau das verkaufen können, was der fromme Bruder sich wünscht.

An den Entenhausener Schulen gibt es gemäß amerikanischer Tradition wohl keinen Religionsunterricht. Wie Wessely in Basel darlegte, ist das Bedürfnis des Eremiten alles andere als kurios. Die Orgel ist das klassische Instrument der Großkirchen und damit jenes triumphierenden liturgischen Regiments, das Erasmus hinter sich gelassen hat und das hinter ihm untergegangen ist. Die Spannung zwischen dem einsamen Gottesfreund, der der Welt abhandengekommen ist, und den großen Klostergemeinschaften, deren Mönche je nach Orden alle mit einem Bein oder anderthalb Beinen in der Welt stehen, ist verschwunden. In seiner Höhle möchte Erasmus, Treuhänder der monastischen Überlieferung in allen Filiationen, jenes himmlische Brausen erzeugen, das einst das Gewölbe des Entenhausener Münsters erfüllt hat. Wenn Erasmus selbst sein Noviziat noch im Münsterkonvent absolviert hat, dann zeigt sein Ordensname, dass die Endzeit des Klosters im Zeichen desselben großherzigen Humanismus stand wie die Anfänge. Erasmus von Rotterdam schrieb ein Handbuch des christlichen Ritters, in dem wahrscheinlich schon Erasmus Erpel seine Bestimmung ausbuchstabiert fand. Die letzten Klassen der Klosterschule wurden auf Schiller- und Scharnhorstschule aufgeteilt, aber indem die Mönche ein Beispiel gaben, haben sie Schule gemacht. Ihr moralischer Einfluss wirkt in der säkularen Stadtwelt überall nach.

Max Weber fand seine Lehre von der innerweltlichen Askese im modernen Wirtschaftsleben in einer pointierten Bemerkung Sebastian Francks wieder, der sowohl katholischer Priester als auch lutherischer Pfarrer gewesen war und sein Leben als konfessionsloser Drucker und Verleger beschloss: «Du glaubst, du seist dem Kloster entronnen; es muss jetzt jeder sein Leben lang ein Mönch sein.» Sogar die Strengsten unter den Religionsvirtuosen finden in Entenhausen Nachahmer. Die für die von Platthaus untersuchte Fluchtkultur charakteristischen Besenkammer-Aufenthalte sind eine städtische Variante der Anachorese. Zwar verkünden diese Zimmerreisenden mit schwärmerischer mystischer Emphase, sie zögen sich aus der Welt zurück, um ihr Elend zu genießen. Die Wahl einer Klause innerhalb der eigenen vier Wände hat aber den Vorzug, dass der Einsiedler durch die verschlossene Tür Verfügungen in allen geschäftlichen und familiären Angelegenheiten treffen kann. Als Dagobert Duck einmal für einige Wochen zur

Regeneration in einer Höhle außerhalb der Stadt Quartier nahm, musste er nach seiner Rückkehr feststellen, dass sein als Generalbevollmächtigter eingesetzter Neffe sein gesamtes Barvermögen verliehen hatte.

Die Armenspeisung, die einst an den Feiertagen im Refektorium stattfand, muss heute von privater Seite organisiert werden. Daisy Duck hat zu diesem Zweck einen Verein mit dem Namen Gute Nachbarschaftshilfe gegründet. Die Anknüpfung an die klösterliche Tradition manifestiert sich darin, dass als Termin für den Freitisch der evangelische Feiertag des Bußtags gewählt wurde. Im Mittelalter konnte der Eintritt ins Kloster die Lebensbuße ersetzen, die der Gläubige auf dem Sterbebett ablegte. Am Bußtag verwandelt sich die Bürgerschaft in eine Klostergemeinschaft für einen Tag. Der Nachbarschaftshilfsverein wirbt mit zwei Bibelzitaten, dem von Paulus in seiner Abschiedsrede in Milet zitierten Wort Jesu «Geben ist seliger denn nehmen» (Apostelgeschichte 20, 35), und dem frei übersetzten Rat des Tobit an seinen Sohn Tobias «Teil dein Brot mit einem Stiefkind des Lebens» (Tobit 4, 16). Als Donald Duck sich weigerte, am Bußtag seinen ihm zugelosten Vetter Gustav Gans zu bewirten, weil dieser ein Schmarotzer und Schnorrer von Beruf sei, handelte er nicht unbiblisch, sondern beherzigte die von Tobit nachgeschobene Mahnung: «Spende dein Brot beim Begräbnis der Gerechten, gib es nicht den Sündern!»

Eduard Wehmeier veröffentlichte 1979 eine für die donaldistische Soziologie wegweisende Untersuchung über die Bedeutung des Angelsports für das Freizeitangebot der Stadt Entenhausen. Sein wichtigster Befund war, dass das Angeln im Gumpensee keine Modesportart der Reichen ist, sondern eine Sache der kleinen Arbeiter und Angestellten, deutlich erkennbar an der einfachen Kleidung und einem Mienenspiel, das vom Stress der Arbeitswelt gezeichnet ist. Während Adelsfamilien wie die Billroths und Boskops dem Kloster Ländereien überschrieben und dafür ihre mit Ritterrüstungen geschmückten Familienbegräbnisse im Münster unterhalten durften, spendeten die einfachen Leute Fische, um den hohen Bedarf an den Fasttagen zu decken. Der Lachsklub, der im Winter geschlossen zu den Eislöchern auf den See hinauszieht, war ursprünglich eine Laienbruderschaft.

Auch der Chorgesang der Mönche ist nicht ohne Echo verklungen. Beim feierlichen Einzug von Staatsgästen tritt der Männergesangverein an. Die ehrsame Gilde der Stadtpfeifer, gegründet im Ausgang des neunzehnten Jahrhunderts, kultiviert die hohe

Kunst des chorischen Vortrags von Texten zur Stadtgeschichte, einen Sprechgesang in der Tradition der lutherischen Rezeption des gregorianischen Chorals. Bei der Feier zum hundertsten Geburtstag der Gilde wurde den Gästen ein bei der Bäckerei Bullerjahn bestellter Riesenauflauf serviert, aus dem beim Anschneiden vierundzwanzig Jungpfeifer herausmarschierten – nur eines der von Torsten Gerber zusammengetragenen Beispiele für den Entenhausener Brauch der Kollektivspeisung.

Gangolf Seitz stellte 1982 in seinem Bochumer Vortrag zur Gesundheitssituation in Entenhausen fest, dass die angewendeten Therapien den modernen Menschen teilweise antiquiert anmuten, dass aber in ihrer Einfachheit offenkundig auch das Geheimnis einer Wirksamkeit liegt, die der Effizienz der hiesigen Apparatemedizin überlegen ist. Die Vorliebe für Hausmittel und die Zurückhaltung gegenüber Medikamenten der pharmazeutischen Industrie zeigen, dass man auf das Erfahrungswissen der Klostermedizin zurückgreifen kann. Der Schiffsarzt der Andenexpedition der Entenhausener Wissenschaft behandelt das Bauchgrimmum imposantum colossale der wissenschaftlichen Teilnehmer mit einer Flasche Rizinus. Das Öl aus der von Albertus Magnus gelobten Frucht des Wunderbaums war im Mittelalter eines der beliebtesten Abführmittel. Hingegen beruhen die Heilmethoden des Sanatoriums, in das sich Donald Duck nach seinem Abschied aus dem Speditionsgeschäft einweisen ließ, auf der Negation der Lehren Hildegards von Bingen. Wegen seines Nervenzusammenbruchs wurde ihm dort eine Pflaumenkur verordnet. Für die Kirchenlehrerin aus Rheinhessen gehörte die Zwetschge zu den Küchengiften; Hildegard schrieb ihr das Gegenteil einer nervenberuhigenden Wirkung zu: Sie sei für den Menschen so schädlich wie Unkraut, weil sie «die bitteren Säfte in ihm vermehrt und alle Krankheiten, die in ihm sind, hervorsprudeln lässt».

Von den großen christlichen Festen, die den Jahreslauf gliederten, hat nicht nur Weihnachten in säkularer Zeit seinen Platz behauptet. Zu Ostern veranstaltet der Entenhausener Damenklub einen Korso mit Blaskapelle. Angeführt wird der Umzug vom größten Kinderfreund von Entenhausen, den die Kinder in einer Vollversammlung im Theater gewählt haben. Der Kinderfreund fährt dem Festzug allerdings nicht mit einem Auto voran, sondern geht zu Fuß, während er Ostereier unter das Volk wirft. Statt dass ihm zugejubelt wird, zieht er Spott auf sich in seinem Hasenkostüm. Er ist der Stellvertreter Christi, der die Kinder zu sich kommen ließ, nimmt in der verweltlichten Prozession den Platz des Osterlamms ein – die Langohren des Kostüms sind eine Konzession an die Laizisten. Aber die Zeiten des antiklerikalen Karnevals im Münster, den vielleicht Freimaurer in der Stadtregierung ausgeheckt hatten, sind Vergangenheit. Der Wachmann, der jahrelang Lachattacken gegen das Übersinnliche ritt, handelte womöglich aus Eigeninitiative, könnte ein Freund der Giordano-Bruno-Stiftung sein. Da er seinen Dienst alleine versah, entfiel jedenfalls kollegiale Kontrolle, so dass wir nicht ohne weiteres von vorschriftsgemäßem Verhalten des hasenfüßigen Scherzbolds ausgehen können.

Uwe Mindermann verglich 1988 in seinem Münchner Vortrag über Entenhausener Antworten auf die Gretchenfrage das Münster mit Stonehenge: «eine uralte Kultstätte, deren Sinn wir immer noch nicht voll erfassen können». Daran ist richtig, dass gerade die Geheimnisse dem gotischen Altbau seinen Platz im Herzen der Entenhausener sichern. Aber es ist doch mehr damit gesagt, dass das Münster laut Erika Fuchs «der Stolz der Stadt» ist. Die Kirche ist für die Stadt keine Gegenmacht mehr. Daher konnten in die Zivilreligion Entenhausens christliche Formen und christliches Ethos einfließen. An Napoleon, dem Helden der Entenhausener Aufsteigergesellschaft, der den Papst 1804 nach Paris kommen ließ, um in Notre-Dame die Kaiserkrönung Karls des Großen nachzuspielen mit dem Unterschied, dass der Kaiser sich diesmal selbst krönte, durften sich die Stadtväter orientieren, als sie kostspielige Vorkehrungen für die dauerhafte Konservierung des Münstergebäudes trafen. Gut vorstellbar, dass nach der Deichbruchkatastrophe doch noch einmal ein Gottesdienst im Münster zelebriert wurde, eine Feier des Dankes und der Buße: Man blickte empor zum Deckengemälde und gelobte, dem feindlichen Meer, das beim Deichfest von der Gipsfigur eines Drachen symbolisiert wird, mit der aufmerksamen Hingabe des heiligen Georg entgegenzutreten. Unvorstellbar, dass nach einem etwaigen zweiten Fußballweltmeistertitel Englands die Königin sich zur Siegesfeier in Stonehenge einfindet.

Die Stadtobrigkeit beschloss nach dem Abriss der Klostergebäude, den Platz um das Münster nicht wieder zur Bebauung freizugeben. Neben den enormen laufenden Instandsetzungskosten muss man auch diesen Verzicht auf den Verkauf besten Baulands würdigen, um zu ermessen, wie viel den Entenhausenern der Stolz ihrer Stadt wert ist. Dank dem Sicherheitsabstand zwischen Stadt und Kirche präsentiert sich das Münster heute in herrlicher Freiheit wie keiner seiner Schwesterbauten unter den gotischen Kathedralen.

Wo also liegt Entenhausen? Was sehen wir von der Spitze des Münsterturms aus? Dieser Ort mit den geographischen Koordinaten von Boston ist zugleich die östlichste Stadt Amerikas und die westlichste Stadt Europas, eine Hauptstadt jenes Westens, dessen Geschichte Heinrich August Winkler geschrieben hat: der Weltgegend, in der die Freiheit von der Religion sich aus der Religion entwickelt hat, weil sich den heiligen

Schriften «ein Ja zur Emanzipation des Menschen und zur Säkularisierung der Welt» entnehmen ließ. In Entenhausen ist man tolerant gegenüber der eigenen Geschichte, stolz auf das, was man nicht mehr ist. Winkler wird nicht müde, die Produktivität der von Jesus selbst eingeführten Unterscheidung zwischen den Abgaben, die dem Kaiser zu zahlen sind, und den Schulden bei Gott zu betonen. In Entenhausen wurde ein dritter Weg entdeckt: Dagobert Duck möchte weder dem Staat noch der Kirche Steuern zahlen, sondern jede Münze bei sich behalten, wobei es ihm gleich ist, ob ins Metall ein Kopf geprägt ist, ein Wappen, ein Adler oder eine Ente. Die drei Kupfermünzen, die er in den Brunnen warf, sind wieder in sein Eigentum übergegangen. Gemeinsam mit seinem verlorenen Bruder vollendete er das Münster aus Münzen.

Im «Figaro» vom 16. September 1904 veröffentlichte der Schriftsteller Marcel Proust einen Artikel mit dem Titel «Der Tod der Kathedralen». Die Verabschiedung des Gesetzes über die Trennung von Staat und Kirche stand bevor, und Proust führte Klage darüber, dass die Kontinuität der Gottesdienste abzureißen drohte, die aus der in Jahrhunderten akkumulierten Summe frommer Zuwendungen finanziert wurden. Die Spender waren in den Kathedralen noch anwesend, verewigt als Fensterfiguren, nicht nur Fürsten, sondern auch Bürger: Kaufleute, Schmiede, Fleischer und Schuster. Doch sie sollten nach dem Willen des Gesetzes «die Messe nicht mehr hören, die sie sich gesichert hatten, als sie die glänzendste ihrer Münzen für den Kirchbau stifteten». Die Kette der Geschlechter war gerissen: «Die Toten herrschen nicht mehr über die Lebenden. Und die Lebenden, vergesslich, erfüllen nicht mehr die Gelübde der Toten.»

Nachdem das Münstermännchen in den Ruhestand gegangen war, wurden die Katakomben für das Publikum geöffnet. Ein Kunstwerk im Kunstwerk wie die Replik des Münsters hätten sich die Kirchenbesucher nicht träumen lassen, als sie die glanzärmste ihrer Münzen in den Kirchenunterbau hinabwarfen. Der Kulturkritik, die bei allen Bürgern Entenhausens *perduftia spiriti* diagnostiziert, muss die Duckforschung widersprechen. Auch in Entenhausen herrschen die Toten nicht mehr über die Lebenden. Aber die Lebenden erfüllen auf ihre Weise die geheimen Wünsche der Toten.

Hin- und Nachweise

Abkürzungen: FC = Four Color Comics; WDC = Walt Disney's Comics and Stories; DD = Donald Duck; US = Uncle Scrooge; MM = Micky Maus; TGDD = Die tollsten Geschichten von Donald Duck; HD = Der Hamburger Donaldist; DD = Der Donaldist

Angegeben sind die amerikanische Originalveröffentlichung sowie in der Regel die Erstveröffentlichung in der «Micky Maus» und die Veröffentlichung in den «Tollsten Geschichten». Weitere Nachdrucke, etwa im «Goofy-Magazin» oder in der Serie der «Klassik-Alben» im Format der Asterix-Hefte, lassen sich in der Datenbank *www.barksbase.de* nachschlagen. Die deutsche «Barks Library» im Albumformat bringt den Text der Erstübersetzung von Dr. Erika Fuchs. Wegen der Benutzung der amerikanischen Druckvorlagen wurden in dieser Gesamtausgabe leider die gezeichneten Pengwörter nicht übersetzt. Denselben Mangel hat die luxuriöse «Carl Barks Collection», die die Fuchsübersetzungen in der Fassung letzter Hand bietet. Auf der «Barks Library» basiert die «Entenhausen Edition», von der seit 2010 alle zwei Monate ein Album erscheint. Von den ersten 50 Nummern der «Tollsten Geschichten» wurde ein Faksimile-Nachdruck veranstaltet.

Seite 2: Der Echtheitstest, FC 199, Barks Library (DD) 25

Seite 6: Motto: Michael Stolleis, Entenhausen als selbstreferentielles System, in: D.O.N.A.L.D.-Kalender 1998–1999 (DD-Sonderheft 36), 88–103, hier 89, Wiederabdruck (ohne Bilder): Miloš Vec, Marc-Thorsten Hütt, Alexandra Margarete Freund (Hrsg.), Selbstorganisation, ein Denksystem für Natur und Gesellschaft, Köln 2006, 188–195

Seite 7: Jagd nach der roten Magenta, FC 422, MM 1–3 / 73, TGDD 88; Die sieben Städte von Cibola, US 7, MM 38–41/61, TGDD 107; Der verlorene Zehner, US 5, MM-Beilage 36–43/61, TGDD 90; Distelstraße: Erfüllte Wünsche, WDC 268, MM 51/63, TGDD 52; Der Stein der Weisen, US 10, MM-Beilage 6–11/60, MM 19–22/76, TGDD 104

Seite 9: Schuttabladeplatz: Der Bienenkrieg, WDC 158, MM 6/54, TGDD 130; Kapitalist: Der Rinderkönig, US 69, MM 23–25/68, TGDD 76

Seite 10: Willi Hirdt (Hrsg.), Romanistik. Eine Bonner Erfindung, 2 Bde., Bonn 1993; The Barks Collector 1–42, 1976–1990, The Duckburg Times 1–24/25, 1977–1992; Jon Gisle, Donaldismen, Oslo 1973

Seite 11: Sirius und Uranus: Wettrennen zum Mond, WDC 93, MM 36/58, TGDD 22; Der Schmuggler, WDC 197, MM 23/57, TGDD 19

Seite 12: Panorama: Der reichste Mann der Welt, WDC 138, MM 10/52, TGDD 11; Athletenfiguren: Die Wette, WDC 88, MM 1/52, TGDD 11; Bruno Diepen, Die tollsten Details im zeichnerischen Werk von Carl Barks, HD-Sonderheft 4 (1980); ders., Mehr Details aus dem Werk von Carl Barks, DD-Sonderheft 18 (1986); Landkreis Gänseburg: Die Vogelscheuche, US 21, MM 31/74, TGDD 128;

Kronberg: Jagd nach der roten Magenta, FC 422, MM 1–3/73, TGDD 88; Drahthaarindianer: Der schwarze Mittwoch, WDC 230, MM 34/60, TGDD 26; Kakimaw: Der große Regen, WDC 202, MM 8/58, TGDD 20; Afghanistan: Die Ausreißer, WDC 169, MM 7/55, TGDD 14; Kubistan: Das Wundermehl, WDC 164, MM 3/55, TGDD 13; Unstetistan: Der Schatz des Marco Polo, US 64, TGDD 150; Mars und Venus: Weltraum-Briefträger, US 53, MM 45/65, TGDD 64; Planetoiden: Die Insel im All, US 29, MM 29–31/62, TGDD 49; Besuch vom Planeten Diana, US 65, MM 17–19/68, TGDD 74; Verwandtschaft: Der Schneeverdampfer, FC 1073, MM 7/61

Seite 13: Kettenhotels: Die Bewährung, WDC 206, MM 29/58, TGDD 21; Delphin: Reise in die Vergangenheit, US 16, MM 6–8/61, TGDD 42; von Kielwasser: Der Regatta-Spezialist, US 27, MM 28/61, TGDD 79; Hermann Heimpel, Die Vener von Gmünd und Straßburg 1162–1447. Studien und Texte zur Geschichte einer Familie sowie des gelehrten Beamtentums in der Zeit der abendländischen Kirchenspaltung und der Konzilien von Pisa, Konstanz und Basel, Göttingen 1982, Bd. 1, 18; Der Schneemann-Preis, WDC 196, MM 25/57, TGDD 23

Seite 14: Posaunenchor: Die drei dreckigen Ducks, WDC 43, TGDD 212; Wikinger: Familie Duck auf Nordpolfahrt, FC 256, MM-Sonderheft 3, TGDD 8; Der goldene Helm, FC 408, MM-Sonderheft 18, TGDD 1; Gottfried Benn, Weinhaus Wolf, Stuttgarter Ausgabe, Prosa 2, Stuttgart 1989, 221–241, hier 231; Jürgen Wollina, Entenhausen, DD-Sonderheft 55 (2008); ders., Reiseführer Entenhausen – Die schönsten Sehenswürdigkeiten, Köln 2010 (jeweils mit Plan zum Ausfalten); Intertel: Vergebliches Streben, WDC 90, MM 47/58, TGDD 22; Die großen Detektive, WDC 61, MM 39/58

Seite 15: D. Duck-Allee: Weihnachten für Kummersdorf, FC 367, MM-Sonderheft 21, TGDD 3; David Duck: Verhängnisvolle Verwechslung, WDC 201, MM 21/58, TGDD 20, Schillerstraße: Die Macht der Töne, FC 263, TGDD 78; Böcklinstraße: Ein Fest der Liebe, Firestone Give-away 1949, Disney-Sonderalbum 4; Friedensallee: Der Bienenkrieg, WDC 158, MM 6/54, TGDD 130; Grünkohlstraße: Familie Duck auf Nordpolfahrt, FC 256, MM-Sonderheft 3, TGDD 8; Landwirtschaftsausstellung: Erntesegen, WDC 205, MM 35/58, TGDD 22

Seite 16: Hafenpanorama: Die magische Sanduhr, FC 291, TGDD 79; Bananen: Der zählende Papagei, FC 282, MM 33–34/58, TGDD 94; Leierkasten: Der güldene Wasserfall, US 22, MM 40–42/84, TGDD 258; Haifischzähne: Lore aus Singapore, WDC 65, MM 10/53, TGDD 12

Seite 17: Spinat: Unternehmen Inselfrieden, US 4, TGDD 91; Runkelrübe: Die Gurkenkrise, DD 54, MM-Beilage 19–25/60, MM 16–19/77, TGDD 108; Risiko: Zauber des Orients, US 37, TGDD 85; Deichfest: Undank ist der Welt Lohn, WDC 288, MM 35/65, TGDD 59; Elias Canetti, Masse und Macht, Werke, München o. J., 201

Seite 18: Exportkaufmann: Seemannslos, WDC 53, MM 49/78, TGDD 110; Popanz: Reise in die Vergangenheit, US 16, MM 6–8/61, TGDD 42; Posaunenfabrik: Zwei Streithähne, WDC 159, MM 9/57, TGDD 17; Henner Löffler, Wie Enten hausen, DD 119 (2003), 30–37; Stollen: Grüner Salat, US 51, MM 43–45/65, TGDD 62; Stausee: Der arme reiche Mann, FC 386, MM-Sonderheft 10, TGDD 4; Festessen: Freuden des Drachensteigenlassens, WDC 68, MM 3/53, TGDD 4

Seite 19: Jacob Burckhardt, Griechische Kulturgeschichte, Bd. 4: Der hellenische Mensch in seiner zeitlichen Entwicklung, Kritische Gesamtausgabe, Bd. 22, hrsg. von Leonhard Burckhardt, Barbara von Reibnitz, Alfred Schmid und Jürgen von Ungern-Sternberg, München 2012, 83; Wettrennen zum Mond, WDC 93, MM 36/58, TGDD 22; Wettfahrt auf dem Mississippi, US 11, MM 2–4/61, TGDD 45; Das Bootsrennen, WDC 255, MM 4/63, TGDD 33

Seite 20: Der zweitreichste Mann der Welt, US 15, MM 10–12/61, TGDD 78; Der reichste Mann der Welt, US 27, MM 20–22/60, TGDD 89; Das Maitänzchen, WDC 270, MM 19/64, TGDD 54; Die Entenhausener Herbstparade, WDC 277, MM 44/64, TGDD 56; Burckhardt, Griechische Kulturgeschichte, Bd. 4, 83; Falkner: Fundevogel, WDC 240, MM 20/61, TGDD 29; Erdfloh: DD 79, MM 45/62

Seite 21: Motto: Der reichste Mann der Welt, WDC 138, MM 10/52, TGDD 11; Im Land der Zwergindianer, US 18, MM 52/61–1/62, TGDD 80; Weltausstellung: Donald der Pfiffikus, WDC 263, MM 30/63, TGDD 34; Burckhardt, Griechische Kulturgeschichte, Bd. 4, 257f.

Seite 22: Ruhmeshalle: US 15, MM 26/57; Hartmut Hänsel, Ach so. Sie sind Professor. Das ist etwas anderes, HD 49 (1985), 5–8; Ernst Horst, Alma Matertera – Bericht über eine Elite-Universität, HD 48 (1984), 22–27; Riesenameisen: DD 60, MM 31–33/59, TGDD 92

Seite 23: Volker Gerhardt, Kulturelle Evolution. Philosophische Anmerkungen zu einem nicht erst seit Darwin aktuellen Programm, in: ders., Julian Nida-Rümelin (Hrsg.), Evolution in Natur und Kultur, Berlin 2010, 185–204; Puhwedel: Freuden des Drachensteigenlassens, WDC 68, MM 3/53, TGDD 4; Gündher von Grün: Die Kunst des Werfens, WDC 279, MM 37/65, TGDD 135; Patentmakler: Rivalen, US 34, MM 22/62, TGDD 85

Seite 24: Geburtshaus: Knapp vorbei ist auch daneben, FC 1095, TGDD 106; Senkblei: Geld oder Ware, WDC 99, MM 15/76; Seefest: Fischfimmel, US 39, Mickyvision 4/64, TGDD 137

Seite 25: Schande: Das olympische Feuer, WDC 286, MM 48/65, TGDD 63; Burckhardt, Griechische Kulturgeschichte, Bd. 4, 109; Helden-Stadion: Blubberlutsch, WDC 282, MM 25/65, TGDD 59; «Der Kraftathlet»: Jedenfalls Muskelschmalz, WDC 69, MM 6/80, TGDD 115

Seite 26: Die Reisetaube, WDC 139, MM 9/52, TGDD 11; Kampf der Drachen, WDC 42, TGDD 78; Golfspieler: Himmelhoch jauchzend, zu Tode betrübt, WDC 131, MM 4/76, TGDD 97; Straßenecke: Wettrennen zum Mond, WDC 93, MM 36/58, TGDD 22; Serge Hediger, «Morgenpost? Hallo, hallo?» Die Presse in Entenhausen, DD 134 (2009), 40–47; Chefredakteur: Das Wundermehl, WDC 164, MM 3/55, TGDD 13; Geheimstraße: Der Supermensch, WDC 107, MM 2/52, TGDD 3

Seite 28: Der reichste Mann der Welt, WDC 138, MM 10/52, TGDD 11; Der Lockruf des Mondgoldes, US 49, MM 22–23/65, TGDD 58

Seite 30: Pinkepott: Die Goldgrube der Königin von Saba, US 55, MM 9–11/67, TGDD 67; Das Hypnotisier-Spiel, WDC 145, MM 6/53, TGDD 12

Seite 31: Gastprofessor: Eine würzige Geschichte, US 39, MM 27–29/63, TGDD 51; Burenkrieg: Der Selbstschuss, WDC 134, MM 6/52, TGDD 10; Kaiser Franz: Nordische Nächte, FC 62, MM 4–6/75, TGDD 105; Udo Jürgens: Segelregatta in die Südsee, March of Comics 41, TGDD 87; Ramses: Schuster, bleib bei deinen Leisten! US 25, MM 14/67, TGDD 66

Seite 32: Wollina, Reiseführer Entenhausen, 35; Georg Wilhelm Friedrich Hegel, Vorlesungen über die Ästhetik II, Werke, hrsg. v. Karl Markus Michel, Bd. 14, 1986, 293; Georg Wilhelm Friedrich Hegel, Vorlesungen über die Philosophie der Geschichte, Werke, hrsg. v. Karl Markus Michel, Bd. 12, 1986, 265

Seite 33: Jacob Burckhardt, Über das Studium der Geschichte, Kritische Gesamtausgabe, Bd. 10, hrsg. v. Peter Ganz, München 2000, 274; Friedrich Nietzsche, Zweite unzeitgemäße Betrachtung: Vom Nutzen und Nachteil der Historie für das Leben, Werke, Bd. 1, hrsg. v. Karl Schlechta, München 1954, 213; Gute Nachbarschaftshilfe, WDC 147, MM 9/53, TGDD 119

Seite 34: Moderne Erziehungsmethoden, WDC 92, MM 20/77, TGDD 116

Seite 35: Der Schneemann-Preis, WDC 196, MM 25/57, TGDD 23; Andreas Platthaus, Ästhetik in Entenhausen, Teil 3: Denkmäler, DD 74 (1990), 30–36, hier 30; Turnvater Jahn: US 19, MM 1/69; Der heldenmütige Stationsvorstand, WDC 164, MM 10/54, TGDD 9

Seite 36: Düsseldorf: Das eigene Grundstück, WDC 271, MM 53/66, TGDD 65

Seite 37: Johnny A. Grote, Who's Who in Entenhausen. Mit Biographien von Andreas Platthaus, Stuttgart 1997, 33; Wollina, Reiseführer Entenhausen, 23; Johnny A. Grote, Der Stammbaum der Ducks. Mit Biographien von Andreas Platthaus, Stuttgart 1999, 175; Matthias Oppermann, Die Ente als Citoyen. Republikanismus und Bürgerbewusstsein in Entenhausen, DD 112 (2000), 34–52, hier 41

Seite 38: Jagdgewehr: Jagdfieber, WDC 87, TGDD 100; Kanone abfeuern: Die Riesenroboter, US 58, MM 41–43/66, TGDD 68; Kanone laden: Der reichste Mann der Welt, US 27, MM 20–22/60, TGDD 89

Seite 39: Franz Schnabel, Deutsche Geschichte im neunzehnten Jahrhundert, Bd. 3: Erfahrungswissenschaften und Technik, Freiburg [4]1954, 441; Ersatzteile: US 22, MM 36/58; Verkehrsmuseum: Vom Pech verfolgt, WDC 251, MM 30/62, MM 3/85, TGDD 32; Hundertjahrfeier: Rennen der Oldtimer, US 34, MM 27/62, TGDD 49; Kanonen: Der reichste Mann der Welt, US 27, MM 20–22/60, TGDD 89; Fort Fliegentrutz: Der große Zerstörer, WDC 264, MM 31/63, TGDD 34

Seite 40: Der wackere Dorfschmied, WDC 239, MM 17/61, TGDD 28

Seite 41: Glibberbibb: Geld oder Ware, WDC 99, MM 15/76

Seite 42: Säuselfein, Knall: Der Schlangenbeschwörer, FC 318, MM-Sonderheft 23, TGDD 5; Klimperer: Der Weg zum Ruhm, WDC 165, MM 2/55, TGDD 13; Richter Gnädig: Die Schauergeschichte von Schloss Schauerstein, US 63, MM 24–27/67, TGDD 69; Munkel und Kunkel: Der tollkühne Taucher, WDC 177, MM 5/56, TGDD 14; Ernst Horst, Alma Matertera, HD 48, 27; Dr. Clarsicht: Donald, der Münzsammler, WDC 50, MM 21/68, TGDD 74; Max Mörtel: Eine Party der peinlichen Art, WDC 91, MM 6/81, TGDD 110; Plappert: Moderne Erziehungsmethoden, WDC 92, MM 20/77, TGDD 116

Seite 43: Oppermann, Die Ente als Citoyen, DD 112, 42; Livius, Ab urbe condita, Buch 3, Kapitel 26–29; Deichhauptmann: Undank ist der Welt Lohn, WDC 288, MM 35/65, TGDD 59; Bergmann: Der Hund der Whiskervilles, US 29, TGDD 107; Schottland: Weihnachten für Kummersdorf, FC 367, MM-Sonderheft 21, TGDD 3; Ernst Horst, Drillingsgen und VerOnkelung. Ein Beitrag zur Paläopathologie der Ducks, DD 75 (1991), 8–11

Seite 44: Die fleißigen Ameisen, WDC 170, MM 9/55, TGDD 13; Backenbart: Verhängnisvolle Verkleidung, WDC 280, MM 1/89, TGDD 135; Onkel Deppi: Auf dem hohen Seil, WDC 49, MM 20/68, TGDD 76; David Duck: Verhängnisvolle Verwechslung, WDC 201, MM 21/58, TGDD 20; David Fürchtegott Duck: 13 Trillionen, FC 495, MM-Sonderheft 24, TGDD 2

Seite 45: Großonkel David Duck: Die Erbuhr, US 10, MM 6/57, TGDD 18

Seite 46: Das Gespenst von Duckenburgh, FC 189, TGDD 1

Seite 47: Waschschüssel: Ein Geschenk für Oma Duck, Christmas Parade 8, MM 18/57, TGDD 88; Platthaus, Denkmäler, DD 74, 30; Die Insel im All, US 29, MM 29–31/62, TGDD 49

Seite 48: Georg Christoph Lichtenberg, Sudelbücher, Heft G (183), Schriften und Briefe, hrsg. v. Wolfgang Promies, Bd. 2, München 1971, 166; Carl Schmitt, Der Nomos der Erde im Völkerrecht des Jus Publicum Europaeum, Berlin [4]1997, 102

Seite 49: Chu: Die Dokumente im Tropenwald, DD 46, MM 11–13/58, TGDD 46

Seite 50: Platthaus, Denkmäler, DD 74, 30; Thanksgiving: Jagdfieber, WDC 87, TGDD 100; Jagd auf Truthähne, MM 39/62, TGDD 32

Seite 51: Weltausstellung: Donald der Pfiffikus, WDC 263, MM 30/63, TGDD 34; Ernst Jünger, Tagebücher I: Der Erste Weltkrieg, Stuttgart 1961, 141; Oppermann, Die Ente als Citoyen, DD 112, 41

Seite 52: Duckomobil: Erinnerungen einer Chefsekretärin, FC 1150, MM 11/63, TGDD 175; Wettbewerb Schöner Garten: Blaue Blütenpracht, WDC 80, TGDD 137; Klub der Blumenfreunde: Pflanzenfimmel, WDC 214, MM 26/59, TGDD 25

Seite 53: Spökenkieker: Das große Bonbon-Malheur, WDC 175, MM 3/56, TGDD 16; Pfeilspitzen: Die sieben Städte von Cibola, US 7, MM 38–41/61, TGDD 107; Kriegerdenkmäler im Stadtpark: Der Glockendoktor, WDC 297, MM 9/68, TGDD 72; Spaziergänger: Der Schlangenbeschwörer, FC 318, MM-Sonderheft 23, TGDD 5

Seite 54: Gesellschaftsreporter: Eine Party der peinlichen Art, WDC 91, MM 6/81, TGDD 110; Der Kämpfer: Der reichste Mann der Welt, US 27, MM 20–22/60, TGDD 89

Seite 55: Lohengrin-Arie: Die Quizsendung, WDC 152, MM 11/54, TGDD 9; Ritterdramen: Ritter Eisenbeiß, WDC 128, MM 4/52, TGDD 130; Theaterfimmel, WDC 217, MM 21/60, TGDD 27; Thomas Mann, Über die Kunst Richard Wagners, in: ders., Rede und Antwort. Gesammelte Abhandlungen und kleine Aufsätze, Berlin 1922, 360–363, hier 361; Waberlohe: Der Hilfsbrieftaubenpostbote, WDC 174, MM 23/56, TGDD 133

Seite 56: Thomas Plum, Alliteration im Tierreich. Der Stabreim in seiner Funktion als zoologische Klassifikationsmethode, DD 54 (1985), 39; Abstauber: Gnadenlos, WDC 77, MM 3/77, TGDD 112; Zunder: Das olympische Feuer, WDC 286, MM 48/65, TGDD 63; Rollmops: Die Königin der sieben Meere, US 68, MM 6–9/79, TGDD 115; Geier: Der Falke Farragat, WDC 47, MM 35/79, TGDD 171; Fr. Ackermann, Der Stabreim mit besonderer Berücksichtigung seiner Anwendung in der modernen Poesie, St. Petersburg 1877; Theophil: Nächtliche Ruhestörung, WDC 178, MM 9/56, TGDD 40

Seite 57: Kritzler: Der Schlangenbeschwörer, FC 318, MM-Sonderheft 23, TGDD 5; Maler: Der Fischerlauf, WDC 294, MM 8/66, TGDD 92; Gruppe 47: Vorsicht, Turnierfrosch! WDC 108, MM 6/76, TGDD 129; Volker Reiche, Berühmt? Dichter zu wenig beachtet, HD 30 (1981), 4

Seite 58: Finanzamt: Der verhängnisvolle Kronenkork, US 6, MM 19–21/59, TGDD 77; Gangolf Seitz, Und was verdient so ein Arzt, frage ich euch? DD 118 (2003), 33–38; Kirsche: Die Kunst, Geld auszugeben, WDC 144, MM 5/53, TGDD 12; Hausbesuch: Donald der Münzsammler, WDC 50, MM 21/68, TGDD 74

Seite 59: Düsentrieb: Wellensalat, FC 1047, MM 25/61, TGDD 147; Dagobert: Der richtige Erbe, WDC 155, MM 5/54, TGDD 8; Hans von Storch, Klima in Entenhausen. Physikalische Grundlagen, HD 13 (1978), 10–13

Seite 60: Daimler: Rennen der Oldtimer, MM 27/62, TGDD 49; Mauer: Dem Ingeniör ist nichts zu schwör, US 14, MM 48/58, TGDD 143; Der Regenmacher, WDC 156, MM 7/54, TGDD 9; Sepp: Friedliche Ferien, WDC 142, MM 8/53, TGDD 12; Atom-Dezimator: Geschrumpfte Millionen, US 33, MM 52/62–1/63, TGDD 53

Seite 61: Drahtlose Übertragung: Zukunftsmusik, WDC 249, MM 9/62, TGDD 31; Reinhard Löw, Philosophie des Lebendigen. Der Begriff des Organischen bei Kant, sein Grund und seine Aktualität, Frankfurt am Main 1980; Hans von Storch, Anatidische Physik, DD 55 (1986), 3–10, hier 7

Seite 62: Scharnhorst-Schule: Der große Zerstörer, WDC 264, MM 31/63, TGDD 34; Schatzkarte: Die Dokumente im Tropenwald, DD 46, MM 11–13/58, TGDD 46

Seite 63: J. G. A. Pocock, Barbarism and Religion, bislang fünf Bände, Cambridge 1999–2011; Edward Gibbon, The History of the Decline and Fall of the Roman Empire, hrsg. v. David Womersley, London 1994, Bd. 3, 126f. (Kapitel 49); Schulpolizist: Die Schulschwänzer, WDC 100, MM 4/51, TGDD 11

Seite 64: Gerrit Walther, Niebuhrs Forschung, Wiesbaden 1993, 106ff. 177ff.

Seite 65: Franz Schnabel, Deutsche Geschichte im neunzehnten Jahrhundert, Bd. 1: Die Grundlagen, Freiburg [3]1947, 367. 382. 372

Seite 66: Weihnachtslotterie: Spielleidenschaft, WDC 136, MM 12/52, TGDD 11; Kinderfreund: Wahlkampf, WDC 151, MM 7/56, TGDD 16; Storch, Anatidische Physik, DD 56, 10; Das Münstermännchen, US 60, MM 48–50/67, MM 27–29/86, TGDD 71

Seite 67: Mt 13, 44; Grobian Gans, Die Ducks. Psychogramm einer Sippe, München 1970, 58f.; Helmut Thielicke, Zu Gast auf einem schönen Stern. Erinnerungen, München 1998; Stefan Jordan, Der Goldmond oder: Hat Entenhausen ein anderes Gravitationsgesetz? DD 56 (1986), 11–14; Verlorenes Mondgold, US 24, MM 15–16/75, TGDD 114; Der Traumstern, FC 1025, MM 21/77, TGDD 120; PaTrick Martin, Astronomia nova stellarum anatium, pars I: De Lunis, DD 125 (2005), 38–42

Seite 68: Hans Blumenberg, Die Genesis der kopernikanischen Welt, Frankfurt am Main 1975, 759; Sirius und Uranus: Wettrennen zum Mond, WDC 93, MM 36/58, TGDD 22

Seite 69: Duckamit: Donaldchens Mondfahrt, WDC

44, MM 10/78, TGDD 177; Der Feuerteufel, FC 108, TGDD 89; Hans Blumenberg, Die Vollzähligkeit der Sterne, Frankfurt am Main 1997, 470–473; Lächeln: Das Maitänzchen, WDC 270, MM 19/64, TGDD 54; Näschen: Der brave Feuerwehrmann, WDC 225, MM 3/60, TGDD 27; Scheibe ohne Merkmale: Spendieren oder Schikanieren, DD 26, TGDD 86; ohne Zacken: Undank ist der Welt Lohn, WDC 288, MM 35/65, TGDD 59

Seite 70: Blumenberg, Die Vollzähligkeit der Sterne, 175. 473; Jupiter, Löwe, Orion: Der freie Lauf der Phantasie, WDC 199, MM 1/58, TGDD 20; Hartmut Hänsel, Donaldische Raumfahrt II: Flug zu den Planeten, HD 14 (1978), 28f.; Vulkan: Wunder der Tiefsee, US 46, MM 14–16/65, TGDD 59; Weltraum-Briefträger, US 53, MM 45/65, TGDD 64; PaTrick Martin, Über die Entstehung intelligenter Arten durch natürliche Zuchtwahl, DD 104 (1998), 16–26

Seite 71: Immanuel Kant, Kritik der praktischen Vernunft, Akademieausgabe, Bd. 5, Berlin 1913, 161f.

Seite 72: Blumenberg, Die Vollzähligkeit der Sterne, 481. 349

Seite 73: ebd., 73. 56

Seite 74: Gans, Die Ducks, 35ff.; Blumenberg, Die Vollzähligkeit der Sterne, 508

Seite 75: Hammurabi: Die vielen Gesichter der Gundel Gaukeley, US 48, MM 39–41/76, TGDD 136; Attila: Falsch wie Gift, WDC 76, TGDD 93; Barbarossa: Test am Graupelpass, WDC 125, TGDD 80

Seite 76: Die Krone des Dschingis Khan, US 14, MM 45–47/61, TGDD 52; Burckhardt, Über das Studium der Geschichte, 275; Ulrike Meyfarth: Vorsicht, Turnierfrosch! WDC 108, MM 6/76, TGDD 129; Freddy Quinn: Undank ist der Welt Lohn, WDC 288, MM 35/65, TGDD 59

Seite 77: Tipsy Topper: Das Kind der Wildnis, US 62, TGDD 83; Harro Hopper: Die olympische Idee, WDC 188, MM 2/57, TGDD 17; Heino: Eine würzige Geschichte, US 39, MM 37–39/63, TGDD 51; «Micky Maus»: Blubberlutsch, WDC 282, MM 25/65, TGDD 59; Der Supermensch, WDC 107, MM 2/52, TGDD 3; Der Witz mit den Wüstenratten, DD 52, MM 3/61, TGDD 28; Plappert: Moderne Erziehungsmethoden, WDC 92, MM 20/77, TGDD 116; Hans Hass: Der tollkühne Taucher, WDC 177, MM 5/56, TGDD 14; Fernsehprogramm: Glück und Glas, DD 68, MM 22/60, TGDD 39

Seite 78: Die Quizsendung, WDC 152, MM 11/54, TGDD 9; «Komet»: Alaska-Katastrophe, US 59, MM 3–5/67, TGDD 65

Seite 79: Friedrich Nietzsche, Jenseits von Gut und Böse. Vorspiel einer Philosophie der Zukunft, Werke, hrsg. v. Karl Schlechta, München 1954, Bd. 2, 686; Oper: Fährmann ahoi! WDC 260, MM 10/63, TGDD 33; Der Pony-Express, WDC 234, MM 42/60, TGDD 26; Napoleonhut: Der Herrenspecht, WDC 57, MM 31/58, TGDD 21

Seite 80: Unfallversicherung: Berufssorgen, WDC 180, MM 13/56, TGDD 15; Bürgermeister: Der Hundefänger, DD 45, MM 39/72, TGDD 174; Der russische Rassehund, WDC 70, MM 39/76, TGDD 104; Holzwürmer: Der arme reiche Mann, FC 386, MM-Sonderheft 10, TGDD 4; Lützow: Erfinderpech, FC 1047, MM 32/61, TGDD 28; Requisiten: Ein poetisches Weihnachtfest, Christmas Parade 26, TGDD 84; Tobias Drossel, Beschilderung in Entenhausen, DD 128 (2006), 37–46; Feldtelefon: Das große Ölgeschäft, US 30, MM 18–20/61, TGDD 79; Pförtner: Der reichste Mann der Welt, US 27, MM 20–22/60, TGDD 89; Müllkippe: Gepumpter Glaserkitt, WDC 48, MM 23/79; Sorgenraum: Land unter der Erdkruste, US 13, MM 46–49/75, TGDD 111

Seite 81: Georg Simmel, Die Großstädte und das Geistesleben, Gesamtausgabe, hrsg. v. Ottheim Rammstedt, Bd. 7, Frankfurt am Main 1995, 116–131, hier 127; Zoo: Traum und Wirklichkeit, WDC 101, TGDD 93; «Mein Kampf»: April! April! WDC 127, Barks Library (WDC) 18

Seite 82: Völkerkundemuseum: Der goldene Helm, FC 408, MM-Sonderheft 18, TGDD 1; Friedrich Nietzsche, Aus dem Nachlass der achtziger Jahre, Werke, hrsg. v. Karl Schlechta, München 1954, Bd. 3, 833; Reinhard Löw, Da kommen die Zähne von den Enten her, HD 7 (1977), 2; Mustergut: Geld fällt vom Himmel, WDC 126, MM 3/52, TGDD 10; John Stuart Mill, Utilitarianism, London 1863, 14

Seite 83: Schachermann: Das eigene Grundstück, WDC 271, MM 53/66, TGDD 65; Dicky: Maharadscha für einen Tag, March of Comics 4, TGDD 81; Sokrates: Geld oder Ware, WDC 99, MM 15/76; Barko: Alaska-Katastrophe, US 59, MM 3–5/67, TGDD 65; Spürobold: Das Münstermännchen, US 60, MM 48–50/67, TGDD 71; Posaunenchor Poppenbüll: Die drei dreckigen Ducks, WDC 43, TGDD 212

Seite 84: Hartmut Hänsel, Kurzberichte aus dem donaldischen Institut für Raumfahrt, HD 32 (1981), 13; Popoff: Der Schlangenbeschwörer, FC 318, MM-Sonderheft 23, TGDD 5; Rechenzentrum: Riskante Geschäfte, WDC 275, MM 27/65, TGDD 59; Uwe Lambach, Computer in Entenhausen – antiquiert oder revolutionär? DD 143 (2012), 3–13, hier 11

Seite 85: Georges Simenon, Maigret und der geheimnisvolle Kapitän, zit. nach Josef Quack, Die Grenzen des Menschlichen. Über Georges Simenon, Rex Stout, Friedrich Glauser, Graham Greene, Würzburg 2000, 33; Monsieur Donald: Donald hat Geheimnisse, WDC 308, MM 43/68, TGDD 74

Seite 86: Bombopoff: Donald der Pfiffikus, WDC 263, MM 30/63, TGDD 34; Säuselfein: Der Schlangenbeschwörer, FC 318, MM-Sonderheft 23, TGDD 5; Poplischek: Musikalischer Unfug, WDC 85, MM 40/95, TGDD 219; Backpflaumen: Die Riesenroboter, US 58, MM 41–43/66, TGDD 68; Volkshochschule: Die Schauergeschichte von Schloss Schauerstein, US 63, MM 24–27/67, TGDD 69; Roland B. Wais, Entenhausen – Mahnung und Vorbild, HD 36 (1982), 7ff.; Oberförster: Familie Duck auf Ferienfahrt, Vacation Parade 1, MM-Sonderheft 16, TGDD 2

Seite 87: Lore aus Singapore, WDC 65, MM 10/53, TGDD 12; Familie Duck auf Nordpolfahrt, FC 256, MM-Sonderheft 3, TGDD 8; Deichbruch: Undank ist der Welt Lohn, WDC 288, MM 35/65, TGDD 59; Die Riesenroboter, US 58, MM 41–43/66, TGDD 68

Seite 88: Straßenpflaster: Erfüllte Wünsche, WDC 268, MM 51/63, TGDD 52; Urmensch: Wie gewonnen, so zerronnen, WDC 104, MM 11/57, TGDD 17; Donald, der Herr über alle Geschöpfe, WDC 192, MM 13/57, TGDD 18; Karl Jaspers, Vom Ursprung und Ziel der Geschichte, München 1949, 19

Seite 89: Jürgen Habermas, Ein Bewusstsein von dem, was fehlt, in: Michael Reder, Jochen Schmidt (Hrsg.), Ein Bewusstsein von dem, was fehlt. Eine Diskussion mit Jürgen Habermas, Frankfurt am Main 2008, 26–36, hier 29; Walter Abriel, Was essen wir zu Weihnachten? HD 15 (1978), 9f.; Bauchgrimmum: Im Land der viereckigen Eier, FC 223, MM 11–15/63, TGDD 50

Seite 90: Walter Abriel, Zur Kenntnis von Wasserblau $C_7H_{12}O_6$, DD 55 (1986), 11–14; Verhängnisvolle Verwechslung, WDC 201, MM 21/58, TGDD 20; Die flinken Schwimmer, WDC 190, MM 25/58, TGDD 22; Carambia: Jagd nach der roten Magenta, FC 422, MM 1–3/73, TGDD 88; Die Intelligenzstrahlen, WDC 141, MM 1/53, TGDD 12

Seite 91: bewässerter Weizen: Der Regenmacher, WDC 156, MM 7/54, TGDD 9; Ede Wolf: Die Schafcowboys, FC 1010, MM 32/60, TGDD 95; Thomas H. Huxley, Evolution and Ethics. The Romanes Lecture, Delivered in the Sheldonian Theatre, May 18, 1893, London 1893; «Essen Sie linksherum!» Der Gastro-Kritiker der F.A.Z., Jürgen Dollase, über Frittenbuden, Sterneköche, launische Gourmets und sein neues Buch, die «Kulinarische Intelligenz», Focus, 19. Juni 2006; Pastinaken: Das goldene Vlies, US 12, TGDD 77

Seite 92: Magen: Wunder der Tiefe, WDC 237, MM 23/61, TGDD 29; Oberlawinenbrunn: Der Schnee-Einsiedel, WDC 137, MM 7/52, TGDD 10; Die olympische Idee, WDC 188, MM 2/57, TGDD 17; Geheimdienst: Gefährliches Spiel, FC 308, TGDD 81; Schausteller: Die Jagd nach der Brosche, FC 300, MM 11–13/59, TGDD 24; Das olympische Feuer, WDC 286, MM 48/65, TGDD 63

Seite 93: vierköpfiger Stadtrat: Das Gold der Inkas, US 26, MM 24–26/60, TGDD 42; Konsul von Brutopia: Das Geheimnis des schwarzen Kastens, US 57, MM 16–19/66, TGDD 64; Kloppenburg: Eine Party der peinlichen Art, WDC 91, MM 6/81, TGDD 110; Ballerstedt: Der Schlangenbeschwörer, FC 318, MM-Sonderheft 23, TGDD 5; Konsul in Hondurica: Touristen-Tragödie, WDC 248, MM 36/86, TGDD 132

Seite 94: Unstetistan: Der Schatz des Marco Polo, US

64, TGDD 150; Pass: Der Wünschelbrunnen, US 25, MM 10/60; Liste: Glück und Glas, US 38, MM 5–7/63, TGDD 138; Rederecht: Friedliche Ferien, WDC 83, MM 26/78, TGDD 116; Sagebiel: Rosenmontagsrummel, WDC 254, MM 8/77, TGDD 134; Seidelbast: Ein kleines Missgeschick, WDC 204, MM 9/58, TGDD 20; Bundespräsident: Der Schlangenbeschwörer, FC 318, MM-Sonderheft 23, TGDD 5

Seite 95: Anti-Hexen-Gesetz: Anschlag auf den Glückstaler, US 43, MM 30–32/71, TGDD 84; Anfrage: Der verhängnisvolle Kronenkork, US 6, MM 19–21/59, TGDD 77; Karl Härter, Policey und Strafjustiz in Entenhausen: Wo steht die Bildergeschichte des öffentlichen Rechts im vormodernen Europa? Rechtsgeschichte 19 (2011), 114–129, hier 118; Andreas Platthaus, The General Theory of Money Circulation, Materialism, and Greed. Teil 1: Alptraum für alle! Wirtschaft in Entenhausen, DD 72 (1990), 32–46. Teil 2: Cashflow, DD 73 (1990), 13–23, hier Teil 1, 45; Staatsbank: Der Fluch des Abbadon, US 70, MM 13–14/68, TGDD 92

Seite 96: Lars Kaschke, Die Panzerknacker AG. Mythos und Wirklichkeit, DD 78 (1991), 48–58, hier 48f.; Hans-Ulrich Wehler, Bismarck und der Imperialismus, Köln 1969

Seite 97: Äolsgebirge: Geistermusik, FC 1095, MM 1/63, TGDD 96; Rosenmontagsrummel, WDC 254, MM 8/77, TGDD 134

Seite 98: Emil Erpel: Das Bootsrennen, WDC 255, MM 4/63, TGDD 33; Frau Komarek: Der geizige Verschwender, US 47, TGDD 85; Fräulein Rührig: Eine würzige Geschichte, US 39, MM 27–29/63, TGDD 51; Lagerplatz: Der teure Smoking, US 32, MM 49/61, TGDD 141

Seite 99: Weihnachten für Kummersdorf, FC 367, MM-Sonderheft 21, TGDD 3; Die Spitzen der Gesellschaft, US 41, MM 27–29/64, TGDD 55; Klub der Millionäre: Der unwürdige Neffe, WDC 269, MM 42/63, TGDD 35; Klub der Milliardäre: Ein poetisches Weihnachtfest, Christmas Parade 26, TGDD 84

Seite 100: zäher als die Zähesten: Der arme reiche Mann, FC 386, MM-Sonderheft 10, TGDD 4; Rudermannschaft: Donald, der Haarkünstler, WDC 272, MM 14/64, TGDD 36

Seite 101: Gangolf Seitz, Put! Put! Put! oder: Die Last des Kleinen, DD 89 (1994), 267–274, hier 270; Zwerg: Wie gewonnen, so zerronnen, WDC 104, MM 11/57, TGDD 17; halbe Portion: Das olympische Feuer, WDC 286, MM 48/65, TGDD 63; der Kleine: Das Bootsrennen, WDC 255, MM 4/63, TGDD 33; Knie: Die olympische Idee, WDC 188, MM 2/57, TGDD 17; Arbeitsplatte: Die Jagd nach der Brosche, FC 300, MM 11–13/59, TGDD 24; Flinte: Tauschhandel, WDC 52, TGDD 91; Jagdfieber, WDC 87, TGDD 100

Seite 102: Emil Erpel: Der reichste Mann der Welt, WDC 138, MM 10/52, TGDD 11; Korallen-Königin: Der Fluch des Albatros, WDC 312, MM 25/67, TGDD 71; Busfahrer: Geld fällt vom Himmel, WDC 126, MM 3/52, TGDD 10; Burenkrieg: Der Selbstschuss, WDC 134, MM 6/52, TGDD 10; J. A. Hobson, Imperialism. A Study, London 1902

Seite 103: General Wasserhuhn: Der Schneemann-Preis, WDC 196, MM 25/57, TGDD 23; Erich Kästner, Über Anthropophagie und Bildungshunger, in: ders., Wieso warum? Ausgewählte Gedichte 1928–1955, Berlin 1985, 258; Hans von Storch, Werner Krauß, Die Klimafalle. Die gefährliche Nähe von Politik und Klimaforschung, München 2013

Seite 104: Immanuel Kant, Prolegomena zu einer jeden künftigen Metaphysik, die als Wissenschaft wird auftreten können, Akademieausgabe, Bd. 4, Berlin 1911, 253–384, hier 383; Bräuche: Spendieren oder Schikanieren, DD 26, TGDD 86; Dudelsack: Die Entenhausener Herbstparade, WDC 277, MM 44/64, TGDD 56; al Hambam: Die Goldgrube der Königin von Saba, US 55, MM 9–11/67, TGDD 67; Der goldene Helm, FC 408, MM-Sonderheft 18, TGDD 1

Seite 105: René Goscinny, Albert Uderzo, Die große Überfahrt. Großer Asterix-Band XXII, Stuttgart 1977

Seite 106: Leutseligkeit: Der unwürdige Neffe, WDC 269, MM 42/63, TGDD 35

Seite 107: Christoph Förster, Der Mythos vom Codex

Raptus – ein Beitrag zum Nomos Entenhausens, DD 54 (1985), 32–35, hier 34; Schmitt, Der Nomos der Erde, 102

Seite 108: Florida: Die Sumpfgnome, FC 62, MM 44–47/76, TGDD 106; Die schwimmende Insel, WDC 226, MM 27/60, TGDD 27; «Mammon vincet omnia»: Auf großem Fuß leben, US 45, MM 20/77

Seite 109: Carl Schmitt, Raum und Rom – Zur Phonetik des Wortes Raum, in: ders., Staat, Großraum, Nomos. Arbeiten aus den Jahren 1916–1969, hrsg. v. Günter Maschke, Berlin 1995, 491–495, hier 491; Matthias Oppermann, Die große Illusion, DD 118 (2003), 4–29, hier 20; Sachsenspiegel II, 59 und 35; Kickmiquick: Die Macht der Töne, FC 263, TGDD 78; Nirgendwoische Wälder: Die vielen Gesichter der Gundel Gaukeley, US 48, MM 39–41/76, TGDD 136; Andreas Platthaus, Wander-Phantasie. Alle Umwege führen nach Indien, DD 141 (2011), 5–28, hier 7

Seite 110: Oppermann, Die große Illusion, DD 118, 20f.; Ioannis Gryphiandri icti De insulis tractatus: ex ictis, politicis historicis, et philologis collectus, ut omnibus hisce usui esse possit in quo plurimæ cognatæ quæstiones de mari, fluminibus, lacubus, littoribus, portubus, aquæductibus, aggeribus, navigationibus, alluvionis alveique incremento, etc. excutiuntur, Frankfurt am Main 1624, Caput XIX: De inventione insulae, 263–271

Seite 111: Die Insel im All, US 29, MM 29–31/62, TGDD 49; Verlorenes Mondgold, US 24, MM 15–16/75, TGDD 114; Carl Schmitt, Gespräch über den Neuen Raum, in: Staat, Großraum, Nomos, 552–572, hier 567; ders., Die Ordnung der Welt nach dem Zweiten Weltkrieg, ebd., 592–618, hier 595f.

Seite 113: General Grauwacke: Der geheimnisvolle Professor, WDC 244, MM 19/62, TGDD 31

Seite 114: Die Königin der sieben Meere, US 68, MM 6–9/79, TGDD 115; Dingos: Das Kind der Wildnis, US 62, TGDD 83; Carl Schmitt, Völkerrecht, in: ders., Frieden oder Pazifismus? Arbeiten zum Völkerrecht und zur internationalen Politik 1924–1978, hrsg. v. Günter Maschke, Berlin 2005, 701–840, hier 709

Seite 117: Schmitt, Der Nomos der Erde, Seite 102; Barbara Stollberg-Rilinger, Des Kaisers alte Kleider. Verfassungsgeschichte und Symbolsprache des Alten Reiches, München 2008, 11

Seite 118: Die Schatzkammern König Salomons, US 19, MM 2–4/59, TGDD 100; Georg Wilhelm Friedrich Hegel, Die Verfassung Deutschlands, in: ders., Politische Schriften, mit einem Nachwort von Jürgen Habermas, Frankfurt am Main 1966, 23–139, hier 85; Uwe Johann Friedrich Mindermann, Faust – Der Tragödie erster Teil. 17. Szene – 1. Vers – 3. Zeile, DD 64 (1988), 10–16, hier 14; Viola Dioszeghy-Krauß, Hart auf hart, oder: Wo der Spaß aufhört, DD 126/127 (2006), 64–71; dies. und Bernd Krauß, Carpe Canem – oder was? Die Rolle des Ketschers im Tun, Denken und Fühlen Entenhausens, DD 129 (2007), 4–11; Viola Dioszeghy-Krauß, Tabus und To Dos in Entenhausen: MM – Möbel Mysterien, DD 143 (2012), 25–58; Die Jagd nach der Brosche, FC 300, MM 11–13/59, TGDD 24

Seite 119: Gerlinde Giergans: Jagd nach der roten Magenta, FC 422, MM 1–3/73, TGDD 88; Mameluck Duck: Wie gewonnen, so zerronnen, WDC 104, MM 11/57, TGDD 17

Seite 120: Stausee: Der arme reiche Mann, FC 386, MM-Sonderheft 10, TGDD 4; Oppermann, Die große Illusion, DD 118, 20; Jean-Jacques Rousseau, Abhandlung über den Ursprung und die Grundlagen der Ungleichheit unter den Menschen, Stuttgart 2003, 74; Schmitt, Der Nomos der Erde, 49; Ronald Dworkin, Bürgerrechte ernstgenommen, Frankfurt am Main 1984

Seite 121: Immanuel Kant, Die Metaphysik der Sitten, Akademieausgabe, Bd. 6, Berlin 1914, 323f.

Seite 122: Förster, Der Mythos vom Codex Raptus, DD 54, 34; Meerrettich: 13 Trillionen, FC 495, MM-Sonderheft 24, TGDD 2; Hexe Hedwig: Spendieren oder Schikanieren, DD 26, TGDD 86

Seite 123: Juxenburg: Der Schlangenbeschwörer, FC 318, MM-Sonderheft 23, TGDD 5; «Helden des Alltags»: Der brave Feuerwehrmann, WDC 225, MM 3/60, TGDD 27; Masselmann: Wie wird man berühmt? WDC 245, MM 2/62, TGDD 30; Simmel, Die Großstädte und das Geistesleben, 129

Seite 124: Müllmann: Donald hat Geheimnisse, WDC 308, MM 43/68, TGDD 74; Hypnotiseur: Reise in die Vergangenheit, US 16, MM 6–8/61, TGDD 42; Federal Reserve Bank of St. Louis, Annual Report 2012; Francis Wharton, A Commentary on the Law of Agency and Agents, Philadelphia 1876, 413f. (§ 619)

Seite 125: Judith N. Shklar, American Citizenship. The Quest for Inclusion, Cambridge, Mass., 1991; Die Schauergeschichte von Schloss Schauerstein, US 63, MM 24–27/67, TGDD 69

Seite 126: Yacht: Segelregatta in die Südsee, March of Comics 41, TGDD 87; Thomas Hobbes, Leviathan, hrsg. v. Richard Tuck, Cambridge 1991, 107 (Kapitel 15); Cass Sunstein, Richard H. Thaler, Nudge. Wie man kluge Entscheidungen anstößt, Berlin 2009; Hobbes, Leviathan, 190 (Kapitel 26)

Seite 127: ebd., 375 (Kapitel 42); Gerd Roellecke, Kalte Verachtung und obszöner Respekt. Politische Layouts nach 1806 und 1945, in: ders., Staatsrechtliche Miniaturen, hrsg. v. Otto Depenheuer, Stuttgart 2013, 9–22

Seite 128: Volk von Museumsbesuchern: Der goldene Helm, FC 408, MM-Sonderheft 18, TGDD 1; Neil MacGregor, Eine Geschichte der Welt in 100 Objekten, München 2012; Baseball: Knapp vorbei ist auch daneben, FC 1095, TGDD 106; Die Quizsendung, WDC 152, MM 11/54, TGDD 9

Seite 129: Obeliskoff: Vudu-Hudu-Zauber, oder: Ein Zombie geht durch die Stadt, FC 238, TGDD 83; Hobbes, Leviathan, 93 (Kapitel 14)

Seite 130: Schwarzer Einser: Gute Vorsätze, WDC 64, MM 1/54, TGDD 88; Rupp: Seid nett zueinander, WDC 229, MM 43/60, TGDD 132; Kommt zur Küstenwache! WDC 94, MM 44/78, TGDD 117; Surf-Club: Verhängnisvolle Verkleidung, WDC 280, MM 1/89, TGDD 135

Seite 131: Reisen auf die schnelle Tour, WDC 273, MM 10/64, TGDD 55; von Kielwasser: Der Regatta-Spezialist, US 27, MM 28/61, TGDD 79; Gesetz und Ordnung: Der Schrecken der See, WDC 283, MM 6/65, TGDD 55; Salamis: Die schwarze Suppe, WDC 292, MM 6/66, TGDD 64; Scotland Yard: Der Spuk von Gumpensund, MM 4–6/60, TGDD 47

Seite 132: Tipsy Topper: Das Kind der Wildnis, US 62, TGDD 83; Fröhlicher Landmann: Die Stadt der goldenen Dächer, US 20, MM 44–46/59, TGDD 47; Unstetistan: Der Schatz des Marco Polo, US 64, TGDD 150; Brutopia: Das Geheimnis des schwarzen Kastens, US 57, MM 16–19/66, TGDD 64; Georg Brandes, William Shakespeare, Leipzig 1896, 413. 423

Seite 133: Helmut Castrop, Die Sonette, in: Shakespeare-Handbuch. Die Zeit – Der Mensch – Das Werk – Die Nachwelt, hrsg. v. Ina Schabert, Stuttgart 1978, 641–668, hier 665; William Wordsworth, Scorn not the Sonnet, The Complete Poetical Works, London 1904, Bd. 8: 1823–1833, 67; Heinrich Detering, Hierher kommt der Teufel, um zu seufzen. Visionär der Sünde: Bob Dylans Bildungsroman und seine Songs, Frankfurter Allgemeine Zeitung (Literaturbeilage), 26. November 2004; Lord Lumberjack: Die Fuchsjagd, WDC 87, TGDD 98; Maulwurfsnester: Das harte Naturgesetz, WDC 189, MM 7/57, TGDD 17

Seite 134: Baron Boskop: Die Fuchsjagd, US 30, MM 36/61, TGDD 30; hungernde Spatzen: Familie Duck auf Nordpolfahrt, FC 256, MM-Sonderheft 3, TGDD 8; ohrlose Ohreulen: Spielleidenschaft, WDC 136, MM 12/52, TGDD 11; Der Hundefänger, DD 45, MM 39/72, TGDD 174; Andreas Platthaus, Tombouctou, mon amour, DD 84 (1993), 8–24

Seite 135: Besenkammer: Himmelhoch jauchzend, zu Tode betrübt, WDC 131, MM 4/76, TGDD 97; Der Regenmacher, WDC 156, MM 7/54, TGDD 9; Verhängnisvolle Verwechslung, WDC 201, MM 21/58, TGDD 20; Donald der Pfiffikus, WDC 263, MM 30/63, TGDD 34

Seite 136: Gerhard Roth, Wie entscheide ich am besten? Power-Point-Präsentation, Itzehoe 2010, Folie 28; Semmelbauch: Die Ausreißer, WDC 169, MM 7/55, TGDD 14; Mathearbeiten: Die Zugkatastrophe, WDC 195, MM 18/57, TGDD 19; Schiller-Schule: Der Bienenkrieg, WDC 158, MM 6/54, TGDD 130; Schillers Briefwechsel mit Körner. Von 1784 bis zum Tode Schillers, Dritter Teil: 1793–1796, Berlin 1847, 87

Seite 138: Arthur Conan Doyle, The Hound of the

Baskervilles, The Oxford Sherlock Holmes, Oxford 1993, 150 (Kapitel 14); Hajo Aust, Die Gumpe. Lebensader Entenhausens, DD 73 (1990), 24–29

Seite 139: Jürgen Wollina, Entenhausen, DD-Sonderheft 55 (2008); Benno Blitz: Die olympische Idee, WDC 188, MM 2 / 57, TGDD 17; Kronus-Raumkreuzer: Die Insel im All, US 29, MM 29–31 / 62, TGDD 49; Register: Wie gewonnen, so zerronnen, WDC 104, MM 11 / 57, TGDD 17

Seite 140: Andreas Platthaus, Wie tief man doch sinken kann! DD 121 (2001), 6–30, hier 24

Seite 142: Haiti: 13 Trillionen, FC 495, MM-Sonderheft 24, TGDD 2; Fischerboot: Die magische Sanduhr, FC 291, TGDD 79; Acapulco: Seemannslos, WDC 53, MM 49 / 78, TGDD 110; Püstele: Im Land der viereckigen Eier, FC 223, MM 11–15 / 63, TGDD 50; Kampf der Raketen, WDC 212, TGDD 131; Joe Schneider, U.S.A. aus donaldistischer Sicht, HD 16 (1978), 15ff.

Seite 143: Knoblismus: Wappen oder Zahl? WDC 149, MM 2 / 54, TGDD 179; Alexander von Humboldt, Reise in die Äquinoctial-Gegenden 1799–1804, Bd. 2, Bremen 2009, 27

Seite 144: Hochhäuser: Die magische Sanduhr, FC 291, TGDD 79; Todestal: Rieselgold, WDC 221, MM 48 / 59, TGDD 27; Hilfspostbote: Der Eilbrief, WDC 150, MM 11 / 53, TGDD 12; Sacramento: Der große Kampf, WDC 207, MM 24 / 59, TGDD 25; Bauarbeiter: Der reichste Mann der Welt, US 27, MM 20–22 / 60, TGDD 89

Seite 145: Im alten Kalifornien, FC 328, TGDD 94; Donald als Ritter, WDC 198, MM 26 / 57, TGDD 19; Fürstenkind: Der Aprilscherz, WDC 211, MM 14 / 59, TGDD 24; jedermann Millionär: Geld fällt vom Himmel, WDC 126, MM 3 / 52, TGDD 10; Elke Imberger, Ritter Donald und die Minne, HD 19 (1979), 3–6; PaTrick Bahners, Was ist eigentlich der Herr Duck für einer? DD 87 (1994), 4–25; Norbert Elias, Die höfische Gesellschaft. Untersuchungen zur Soziologie des Königtums und der höfischen Aristokratie, Frankfurt am Main ^{4}1989, 331

Seite 146: PaTrick Bahners, Der Knoblismus der Gesellschaft. Ein Fragment soziologischer Aufklärung, DD 82 (1992), 21–28; Wolf Singer, Keiner kann anders, als er ist. Verschaltungen legen uns fest: Wir sollten aufhören, von Freiheit zu reden, Frankfurter Allgemeine Zeitung, 8. Januar 2004

Seite 147: Immanuel Kant, Reflexionen zur Anthropologie, Akademieausgabe, Bd. 15, Berlin 1923, 173f.; Elias, Die höfische Gesellschaft, 332; weggetreten: Gartenfreuden, WDC 129, MM 32 / 76, TGDD 97; Elias, Die höfische Gesellschaft, 331; Edmund Burke, Reflections on the Revolution in France, hrsg. v. J. G. A. Pocock, Indianapolis 1987, 66; Baronin Billroth: Donald als Ritter, WDC 198, MM 26 / 57, TGDD 19

Seite 148: ungeniert: Der unwürdige Neffe, WDC 269, MM 42 / 63, TGDD 35; Golddetektor: Verhängnisvolle Erfindung, WDC 73, MM 1 / 78; Der Lockruf des Mondgoldes, US 49, MM 22–23 / 65, TGDD 58

Seite 149: «Wie werde ich Goldgräber?»: Der große Kampf, WDC 207, MM 24 / 59, TGDD 25; «Wie werde ich Tierbändiger?»: Dressur eines Kojoten, WDC 219, MM 37 / 59, TGDD 26; «Wie werde ich Schauspieler?»: Theaterfimmel, WDC 217, MM 21 / 60, TGDD 27; «Wie werde ich Cowboy?»: Cowboy-Künste, WDC 55, MM 3 / 59, TGDD 23; «Wie werde ich Privatdetektiv?»: Die großen Detektive, WDC 61, MM 39 / 58; «Du und …»: Das Bootsrennen, WDC 255, MM 4 / 63, TGDD 33; Zauberkunststücke, WDC 82, MM 45 / 68, TGDD 82; Moser: Friedliche Ferien, WDC 83, MM 26 / 78, TGDD 116; Raymond Aron, Le Figaro, 25. Januar 1963, zit. nach Daniela Hoyer, Charles de Gaulle und die Massenmedien. Wie ein Politiker Presse und Rundfunk instrumentalisierte, Sankt Augustin 1998, 148

Seite 150: Fräulein Kraus: Fährmann ahoi! WDC 260, MM 10 / 63, TGDD 33; S. H.-Kreuz, U. R.-Stern, T. B.-Spange: Der Lockruf des Mondgoldes, US 49, MM 22–23 / 65, TGDD 58

Seite 151: Andreas Platthaus, Ästhetik in Entenhausen, Teil 4: Der Entenhausener Film, DD 76 (1991), 31–40, hier 33; Winzroller: Lockende Ferien, WDC 262, MM 25 / 63, TGDD 50; Schanghaien: Der Schrecken der See, WDC 283, MM 6 / 65, TGDD 55; Der goldene Helm, FC 408, MM-Sonderheft 18, TGDD 1; Gruslich: Tag der Gefahr, US 36, MM 45 / 62, TGDD 119; Filmtiere: Die Fuchsjagd, WDC

87, TGDD 98; Hollywoodjacke: Der brave Feuerwehrmann, WDC 225, MM 3/60, TGDD 27

Seite 152: Tell: Ritter Eisenbeiß, WDC 128, MM 4/52, TGDD 130; Palmsand: Wie wird man berühmt? WDC 245, MM 2/62, TGDD 30; Kinolaufen: Der arme reiche Mann, FC 386, MM-Sonderheft 10, TGDD 4; Kinoeinnahmen: Die Kunst, Geld auszugeben, WDC 144, MM 5/53, TGDD 12; Chomsky: Tim Adams, Question time, The Observer, 30. November 2003; Wirtschaftsungeheuer: Die sieben Städte von Cibola, US 7, MM 38–41/61, TGDD 107; Mustang-Mine: Der Witz mit den Wüstenratten, DD 52, MM 3/61, TGDD 28; kopflos: Kühnes Experiment, US 26, MM 26/60, MM 34/77, MM 9/04

Seite 153: perduftia spiriti: Wiedersehen mit Klondyke, FC 456, MM 52/59–2/60, TGDD 44

Seite 154: Das Bootsrennen, WDC 255, MM 4/63, TGDD 33; Die sieben Städte von Cibola, US 7, MM 38–41/61, TGDD 107

Seite 155: Bombay: Der fliegende Holländer, US 25, MM 8–10/60, TGDD 39; Romano Scarpa, Donald und der «Fliegende Schotte», Lustiges Taschenbuch 8; Stephen T. Garrahy, David J. Weber, Francisco de Ulloa, Joseph James Markey, and the Discovery of Upper California, California Historical Quarterly 50 (1971), 73–77; Richard Crawford, Lost treasure: Mystery of explorer Ulloa's Spanish galleon still unsolved, Los Angeles Times, 31. Mai 1990

Seite 157: Frank E. Manuel, Fritzie P. Manuel, Sketch for a Natural History of Paradise, Daedalus 101 (1972), 83–128, hier 117ff.; Heinrich von Kleist, Über das Marionettentheater, Sämtliche Werke und Briefe, hrsg. v. Helmut Sembdner, München 1993, Bd. 2, 338–345, hier 345; Quakfuß: Der Aprilscherz, WDC 211, MM 14/59, TGDD 24

Seite 158: immer gefragt: Einsame Insel zu verkaufen, WDC 235, MM 5/67, TGDD 67; Norden: Zurück zur Natur! WDC 274, MM 7/64, TGDD 35; Imi-Ata: Einsame Insel zu verkaufen, WDC 235, MM 5/67, TGDD 67; Physik: Der richtige Erbe, WDC 155, MM 5/54, TGDD 8; Thomas Babington Macaulay, Francis Bacon, in: ders., Critical and Historical Essays (Everyman's Library), London 1907, Bd. 2, 290–398, hier 373; Hajo Aust, Das Entenhausener Schulwesen im Spannungsfeld von Repression und Reform, DD 78 (1991), 22–29; Hawaii: Unternehmen Inselfrieden, US 4, TGDD 91

Seite 159: Semmelbauch: Die Ausreißer, WDC 169, MM 7/55, TGDD 14; Wilfried Tost, Globen in Entenhausen, DD 142 (2012), 10–18; Nordpol: Ein Weihnachtsmärchen, Firestone Giveaway 1948, MM 48/80; Die schwimmende Insel, WDC 226, MM 27/60, TGDD 27; Platthaus, Wander-Phantasie, DD 141

Seite 160: Mondumrundung: Donaldchens Mondfahrt, WDC 44, MM 10/78, TGDD 177; Professoren: Wettrennen zum Mond, WDC 93, MM 36/58, TGDD 22; Neuseeland: Die goldene Nase, US 11, MM 7–8/58, TGDD 46; J. G. A. Pocock, The antipodean perception, in: ders., The Discovery of Islands. Essays in British History, Cambridge 2005, 3–23; Wettfahrt auf dem Mississippi, US 11, MM 2–4/61, TGDD 45

Seite 161: Reisebüro: Die Kunst, reich zu werden, US 7, MM 10/58, MM 15/79; Das gibt es nur in Texas, US 23, MM 37/59, TGDD 45; Bombay: Der fliegende Holländer, US 25, MM 8–10/60, TGDD 39; Friedrich Schlegel, Über die Sprache und Weisheit der Indier. Ein Beitrag zur Begründung der Altertumskunde, nebst metrischen Übersetzungen indischer Gedichte, Heidelberg 1808, 193. 188. 192

Seite 162: Popanz: Reise in die Vergangenheit, US 16, MM 6–8/61, TGDD 42; Schlegel, Über die Sprache und Weisheit der Indier, 191; Maharadscha für einen Tag, March of Comics 4, TGDD 81; Zasterabad: Der reichste Mann der Welt, WDC 138, MM 10/52, TGDD 11; Meckerabad: Wer sucht, der findet, WDC 103, MM 44/75, TGDD 117; Schlegel, Über die Sprache und Weisheit der Indier, 191

Seite 163: Plaudervogel: Ein Meister seines Fachs, WDC 222, MM 49/59, TGDD 25; SS Plutonia: Wunder der Tiefsee, US 46, MM 14–16/65, TGDD 59; Geschenke: Die Entenhausener Herbstparade, WDC 277, MM 44/64, TGDD 56

Seite 164: Goethe, Faust II, Vers 11187f.; Samboria: Der Glockendoktor, WDC 297, MM 9/68, TGDD 72; Bagdad: Das Kind der Wildnis, US 62, TGDD

83; Venedig: Reisen auf die schnelle Tour, WDC 273, MM 10/64, TGDD 55; Seide: Eine Schreckensnacht, WDC 89, MM 8/55, TGDD 14; Tee: Lore aus Singapore, WDC 65, MM 10/53, TGDD 12

Seite 165: zäher als die Zähesten: Der arme reiche Mann, FC 386, MM-Sonderheft 10, TGDD 4; Pompadour: Die Stadt der goldenen Dächer, US 20, MM 44–46/59, TGDD 47; Tibet: Der verhängnisvolle Kronenkork, US 6, MM 19–21/59, TGDD 77; Putschistan: Die Spitzen der Gesellschaft, US 41, MM 27–29/64, TGDD 55; Malaya, Kormorane, Mongolei: Der arme reiche Mann, FC 386, MM-Sonderheft 10, TGDD 4; Schlegel, Über die Sprache und Weisheit der Indier, 178; Die Schatzkammern König Salomons, US 19, MM 2–4/59, TGDD 100

Seite 166: Heinzelmännchen: Unternehmen Inselfrieden, US 4, TGDD 91; Süßholz: Segelregatta in die Südsee, March of Comics 41, TGDD 87; Kokosnüsse: Der Aprilscherz, WDC 211, MM 14/59, TGDD 24; Poppenbüll: Die drei dreckigen Ducks, WDC 43, TGDD 212; Kronberg, Quakenbrück: Jagd nach der roten Magenta, FC 422, MM 1–3/73, TGDD 88; Tuntenhausen: Das große Suchen, WDC 227, MM 23/60, TGDD 25; Oberkotzau: Der Regenmacher, WDC 156, MM 7/54, TGDD 9; Rehau: Der heldenmütige Stationsvorstand, WDC 162, MM 10/54, TGDD 9; Klein-Schloppen: Das positive Echo, WDC 215, MM 19/59, TGDD 25

Seite 167: Ochsenkopf: US 9, MM 50/61; Waldstein: Piratengold, FC 9, TGDD 73; Die Zugkatastrophe, WDC 195, MM 18/57, TGDD 19; Der Stein der Weisen, US 10, MM-Beilage 6–11/60, MM 19–22/76, TGDD 104

Seite 168: Walther Köhler, Ernst Troeltsch, Tübingen 1941, 1; Satanszacke: Die Macht des Geldes, MM 8/53, TGDD 9; Nadelzinne: Gute Geldanlage, WDC 67, MM 7/58, TGDD 20; Der Falke Farragat, WDC 47, MM 35/79, TGDD 171

Seite 169: Seltene Münzen, WDC 130, MM 3/76, TGDD 107; Oberjoch: Die Eignungsprüfung, WDC 266, MM 14/73, TGDD 137; Teufelsmoor: Spendieren oder Schikanieren, DD 26, TGDD 86; Hasenheide: Wie du mir, so ich dir, WDC 72, MM 21/78, TGDD 216; Die schwimmende Insel, WDC 226, MM 27/60, TGDD 27; Carl Schmitt, Staatliche Souveränität und freies Meer. Über den Gegensatz von Land und See im Völkerrecht der Neuzeit, in: ders., Staat, Großraum, Nomos, 401–430, hier 415

Seite 170: Ammenmärchen: Die Dokumente im Tropenwald, DD 46, MM 11–13/58, TGDD 46

Seite 171: Ernst Horst, Unser Freund – das Atom. Teil 1: Die Wahrheit über Entenhausen, HD 34 (1982), 3–7; ders., Dein Freund – das Atom. Nachträge zu Teil 1 nebst einer Antwort an die Kritiker, HD 37 (1982), 4ff.; ders., Unser Freund – das Atom. Teil 2: Die Wiege der Entenheit. Teil 3: Dr. Jekyll und Mr. Hyde, HD 40/41 (1983), 34–38

Seite 172: Röntgen: Das große Bonbon-Malheur, WDC 175, MM 3/56, TGDD 16; Magische Mahntinte, US 24, MM 45/59, TGDD 144; Urankпöpfe: Verirrt! WDC 191, MM 12/57, TGDD 17; Die Weihnachtswäsche, WDC 184, MM 27/57, TGDD 19; Atmosphäre: Die Prüfung, WDC 187, MM 6/58, TGDD 21; Andreas Platthaus, Bomben für friedliche Bürger, DD 62 (1987), 24–30, hier 24

Seite 173: Lust: Die schwimmende Insel, WDC 226, MM 27/60, TGDD 27; Ulrich von Hutten, Epistola vitae suae rationem exponens, in: Willibald Pirckheimers Briefwechsel, Bd. 3, bearb. v. Hartmut Scheible, hrsg. v. Dieter Wuttke, München 1989, 400–425, hier 425; David Friedrich Strauß, Ulrich von Hutten, Erster Teil, Leipzig 1858, 329; Der Stein der Weisen, US 10, MM-Beilage 6–11/60, MM 19–22/76, TGDD 104

Seite 174: Dirk von Petersdorff, Die Teufel in Arezzo. Gedichte, Frankfurt am Main 2004; Kritzler: Der Schlangenbeschwörer, FC 318, MM-Sonderheft 23, TGDD 5; Heribert Illig, Das erfundene Mittelalter. Die größte Zeitfälschung der Geschichte, Düsseldorf 1996; Schanghaien: Der Schrecken der See, WDC 283, MM 6/65, TGDD 55; Goldmachen: Der Stein der Weisen, US 10, MM-Beilage 6–11/60, MM 19–22/76, TGDD 104

Seite 175: Ernst Horst, Wir haben unsere Erde von den Ducks nur geborgt, Frankfurter Allgemeine Zeitung, 31. März 2007; Das Münstermännchen, US 60, MM 48–50/67, TGDD 71

Seite 176: Christian Wessely, Das Entenhausener

Münster – eine erste Annäherung, DD 145 (2013) 4–19; Willibald Sauerländer, Die Königin der Kathedralen. Zum 800. Jubiläum: Die Bischofskirche von Reims verkörpert die Symbiose von kirchlicher und weltlicher Gewalt, Süddeutsche Zeitung, 8. November 2011; Tag der offenen Tür: Erlebnisse einer Weihnachtsgans, WDC 220, MM 52 / 59, TGDD 27; alte Frau: Glück und Glas, US 38, MM 5–7 / 63, TGDD 138; Der Schneemann-Preis, WDC 196, MM 25 / 57, TGDD 23

Seite 177: Patentante: Der Fluch des Albatros, WDC 312, MM 25 / 67, TGDD 71

Seite 178: Horoskop: Freitag, der 13., US 31, MM 3 / 62, TGDD 31

Seite 180: Fräulein Kraus: Fährmann ahoi! WDC 260, MM 10 / 63, TGDD 33

Seite 182: Im Land der Zwergindianer, US 18, MM 52 / 61–1 / 62, TGDD 80

Seite 183: Fort: Die Geldquelle, US 21, MM 20–22 / 62, TGDD 112; Untermenschen: Die Quelle des nie versiegenden Vergnügens, WDC 291, MM 12 / 67, TGDD 67; Jan Assmann, Moses der Ägypter. Entzifferung einer Gedächtnisspur, München 1998, 67; Kanalisation: Der teure Smoking, US 32, MM 49 / 61, TGDD 141; Schwarze Nase: Anglerfreuden, WDC 167, MM 5 / 55, TGDD 13; Drahthaarindianer: Der schwarze Mittwoch, WDC 230, MM 34 / 60, TGDD 26

Seite 184: Idol-Irritatoren: Boshafte Kobolde, DD 26, TGDD 91

Seite 186: Minidad: Der Geist der Grotte, FC 159, TGDD 82

Seite 187: riskante Geschäfte: Weihnachten für Kummersdorf, FC 367, MM-Sonderheft 21, TGDD 3; Sandig: Rieselgold, WDC 221, MM 48 / 59, TGDD 27; Frau Kürbis: US 8, MM-Sonderheft 31

Seite 188: Gordon Campbell, The Hermit in the Garden. From Imperial Rome to Ornamental Gnome, Oxford 2013, 60–64; Bakterien: Friedliche Ferien, WDC 142, MM 8 / 53, TGDD 12

Seite 189: Kohlrabi-Apostel: Die Kunst des Verkaufens, WDC 39, TGDD 109; Hartmut Hänsel: Der Witz mit den Wüstenvätern. Auf diese Worte können wir bauen: Anselm Grün gibt der neuen Zeit altbewährte Ratschläge, Frankfurter Allgemeine Zeitung, 6. Juli 2000; Der Schnee-Einsiedel, WDC 137, MM 7 / 52, TGDD 10; Erasmus: Die Macht der Töne, FC 263, TGDD 78

Seite 190: Weber: Wolfgang Reinhard, Lebensformen Europas. Eine historische Kulturanthropologie, München 2004, 437; Besenkammer: Himmelhoch jauchzend, zu Tode betrübt, WDC 131, MM 4 / 76, TGDD 97; Die Schauergeschichte von Schloss Schauerstein, US 63, MM 24–27 / 67, TGDD 69; Höhle: Wehe dem, der Schulden macht, WDC 124, MM 23 / 90, TGDD 192

Seite 191: Gute Nachbarschaftshilfe, WDC 147, MM 9 / 53, TGDD 119; Eduard Wehmeier, Die Bedeutung des Angelsports für das Freizeitangebot der Stadt Entenhausen sowie für die Freizeitgestaltung Donalds, HD 19 (1979), 15–18; Lachsclub: Der Sofaexpress, WDC 186, MM 3 / 57, TGDD 18; Männergesangverein: Der reichste Mann der Welt, WDC 138, MM 10 / 52, TGDD 11; Stadtpfeifer: Kein Meister fällt vom Himmel, WDC 210, MM 10 / 59, TGDD 23

Seite 192: Torsten Gerber, Facciamo festa tuttavia! Festkultur in Entenhausen, DD 105 (1998), 10–25; Gangolf Seitz, Zur Gesundheitssituation in Entenhausen, HD 35 (1982), 27–34; Sanatorium: Ein Meister seines Fachs, WDC 222, MM 49 / 59, TGDD 25; Hildegard von Bingen, Das große Hausbuch, München 1998, 35; Ostern: Wahlkampf, WDC 151, MM 7 / 56, TGDD 16

Seite 193: Mindermann, Faust – Der Tragödie erster Teil. 17. Szene – 1. Vers – 3. Zeile, DD 64, 13; Deichbruch: Undank ist der Welt Lohn, WDC 288, MM 35 / 65, TGDD 59; Heinrich August Winkler, Geschichte des Westens. Von den Anfängen in der Antike bis zum 20. Jahrhundert, München 2011, 308

Seite 194: Marcel Proust, Der Tod der Kathedralen, Nachgeahmtes und Vermischtes, Frankfurter Ausgabe, hrsg. v. Luzius Keller, Bd. 2, Frankfurt am Main 1989, 194–205, hier 205